Nengli kailu

能力开路：

小学语文教学能力训练

xiaoxue yuwen jiaoxue nengli xunlian

语文教学能力的17个"一"

主　编　张先华　巩建华

副主编　叶正国　姚爱萍　杨春霞　杨志勇

编　委（以姓氏笔画为序）

马　红　孙健秀　汤小芳　李雪琴

何　俊　何春燕　罗　军　罗　君

梁　艳　曾方林　廖学军

四川大学出版社

责任编辑:段悟吾
责任校对:喻　震
封面设计:墨创文化
责任印制:王　炜

图书在版编目(CIP)数据

能力开路：小学语文教学能力训练 / 张先华，巩建
华主编. —成都：四川大学出版社，2013.6
(2020.4 重印)
　ISBN 978－7－5614－6846－3

　Ⅰ.①能… 　Ⅱ.①张… ②巩… 　Ⅲ.①小学语文课－
教学研究 　Ⅳ.①G623.202

中国版本图书馆 CIP 数据核字（2013）第 120589 号

书名　　能力开路:小学语文教学能力训练

主　　编　张先华　巩建华
出　　版　四川大学出版社
地　　址　成都市一环路南一段 24 号 (610065)
发　　行　四川大学出版社
书　　号　ISBN 978－7－5614－6846－3
印　　刷　三河市兴国印务有限公司
成品尺寸　148 mm×210 mm
印　　张　9.625
字　　数　267 千字
版　　次　2013 年 6 月第 1 版
印　　次　2020 年 4 月第 4 次印刷
定　　价　52.80 元

◆读者邮购本书,请与本社发行科联系。
　电话:(028)85408408/ (028)85401670/
　(028)85408023　邮政编码:610065
◆本社图书如有印装质量问题,请
　寄回出版社调换。
◆网址:http:∥press. scu. edu. cn

序：增强教学能力，避免眼高手低

（一）

学好语文学科对于小学生现在的成长和将来的发展都具有非常重大的意义。然而，语文学科的重要作用能否充分发挥，很大程度取决于语文教师的教学能力。这些年来，国家新一轮基础教育课程改革（以下简称"新课改"）的实施使小学语文教学在教育理念、教学内容、教学方式和教学改革等方面取得了可喜的成绩，教师也在这些方面取得了长足的进步，小学语文课堂教学呈现出蓬勃生机。

但是，实施新课改的过程中也暴露出了小学语文教师自身存在的一些问题，其中一个很突出的问题就是一些小学语文教师的教学能力不能适应新课改所提出的新的、更高的要求。

其一，对语文教学的认识不正确、不深刻，致使语文课堂的学科特点不鲜明，出现了"种了别人的地，荒了自己的田"的现象。

其二，语文教学的目标意识不清，导致教学的过程、手段偏离教学目标，出现"少、慢、差、废"的不良后果。

其三，有的课堂一味地追求"生成"，把自主权全部还给学生，课堂成了自由牧场。

其四，有的教师缺乏文本解读的意识和能力，只能跟在教参、名师后面人云亦云，使语文课堂失去了创造性和个性色彩。

其五，还有的是因为教师个体的现代教育技术水平、朗读水平、简笔画等基本功不过关，使得课堂教学的魅力大打折扣。

……如此种种，不一而论。

因此，如何培养和进一步提升小学语文教师的教学能力，对于新课程的深入实施，以及真正提高学生的语文素养，具有极为重要的意义。可以说，随着新课改不断地推广与深入，教师教学能力的更新和提高，语文教师的教学能力已经成为教育改革面临的重要问题。甚至可以说，教师专业能力的更新和提高，已经超越教师的个人层面，成为提高学校教学水平和质量所必须面对的问题，成为推进教育整体改革所必须面对的问题。语文教师必须增强教学能力，避免眼高手低、心有余而力不足。

（二）

　　我们把小学语文教师的教学能力十分形象地概括为十七个"一"，在本书中分十七章进行逐一介绍。作为一名小学语文教师，有了一双语文行家的眼光，就能够深刻、全面地理解语文的特点和学科思想，让语文课充满浓浓的"语文味"；有了一手清秀的汉字，就能对学生的汉字书写起到良好的示范作用，指导学生写出工整、美观的中国字；有了一身过硬的简笔画功夫，就能化难为易，变抽象为直观，激发小学生的学习兴趣；有了一副好口才，就能用语言创设情境，使课堂更富有感染力；有了一笔好文章，就能引领学生从"乐于写"到"学会写"，最终实现"善于写"。在课堂教学中，有了一例好的开头，教学就成功了一半；有了一例好的练习，能力的训练就能到位；有了一例好的板书，教学的重难点就立刻凸显；有了一个好的课件，就能如虎添翼、事半功倍；有了一个好的班级语文博客，就能拓展语文学习的渠道。要想成为一名语文教学的行家，需要掌握讲课的要领、程序和方法；掌握一堂好课的标准及评课方法，才能完成规范、翔实、操作性强的教学设计。在教学设计中，学情的分析必须准确，目标的设定必须具体，教材的解读必须正确而深刻。只有这样，在上课的时候才能做到胸有成竹、游刃有余，面对复杂多变的教学情境充分展现一个优秀语文教师的素养和智慧。

（三）

　　南北朝时期著名的文学理论家刘勰说："观千剑而后识器，操千曲而后晓声。"他是用比喻说明文学鉴赏能力是在文学鉴赏活动中培养和提高的。同样道理，语文教学能力也是在语文教学活动中培养和提高的。

本书的一个鲜明特点就是坚持"教学能力是在教学活动中形成、发展、表现出来的"理念，认定要深刻认识并提升教学能力，必须从教学活动过程的角度入手，从教学活动的动态过程来研究小学语文教师的教学能力。

本书的第二个特点就是，重点关注能力训练，创设了多种生动真实的教学情境来指导练习，目的是练出教学能力。

本书的第三个特点就是，每一章都相互关联又相对独立，首先精讲要领，然后提供丰富多彩的典型的正反案例供读者欣赏与反思，并有编者的反思和评析，以期达成思想、技艺上的充分交流和切磋。

（四）

最后，我们对如何阅读本书提几点建议。

第一，带着问题来读。平时的教学实践中出现了困惑和问题，阅读的针对性就会提高，收益就会增强。

第二，善于总结和反思。本书重在案例解析和能力训练。这些案例并不能概括日常教学中的一切情况，需要读者联系实际，举一反三。能从中引发更多的思考，形成更多的策略，是我们的期待。

第三，每一章的最后都有能力训练题目。能力在反复的训练中才能形成，希望大家不要坐而论道，要认真践行。

我们相信，只要你按照本书的指引，做好这十七个"一"，你的语文教学能力就会逐步提升，从而成就你的语文教育梦。

张先华　巩建华
2013 年 3 月

目 录

第一章 学科基础：
有一双语文行家的眼睛

> **学习提示**
>
> 　　语文涵盖的内容很多：听、说、读、写是语文，字、词、句、篇是语文，思悟辨赏是语文，圈点批注是语文。本章我们重点从语文本色的视角，指导语文教师如何把培养学生"听、说、读、写、思"的能力作为自己的教学任务。希望大家在"要领指导"中得到启迪。

能力意义

　　回望过去，肩负着传承祖国母语教育任务的语文教学，虽历经多次改革，却始终难以摆脱高耗低效的困境，甚至还落得个"误尽苍生是语文"的骂名。语文教师缺失了语文意识，语文课失去了"听说读写思"的语文味。到目前，把语文课上成思品课、科学课、历史课、故事课的现象依然比较普遍。大量的非语文的元素、泛语文现象涌进语文课堂。太多的资料补充、多媒体演示，冷落了教科书；话语霸权，导致课堂教学生态失衡；形同虚设的小组讨论、全班交流，减损了语文学习的效果。甚至，有的小学语文专家也痛批语文教学患上"夜盲症、多动症、高热病、水肿病"。

　　所以，语文课堂要摒弃那些"花架子"，还原语文课的本色，突出语文原色。我们要牢记：语文课堂要唱好"听、说、读、写、

思""五字经"。要恪守语文姓"语"不动摇；强化语言学习，落实能力、方法、习惯的培养。用语文的眼睛去看语言，用语文的耳朵去听声音，用语文的嘴巴去交谈，用语文的心灵去感受、去思考、去体验。同时还要引导学生做一个学习语文的有心人，在学习一篇课文时，不仅关注它写了什么，而且关注它是怎么写的，为什么要这么写。让语文课堂应和时代的脉动、顺应社会的需求、浸润生活的芬芳；让语文能成为学生的最爱，使每一个生命会因语文而流光溢彩。

案例反思

俗话说：大道至简。语文教学理应在纯粹的语文元素中进行。立足于语文教语文，即用语文的方式教语文。

案例一：滥用多媒体——语文不可言说的痛

一位教师执教《找秋天》，先让学生们交流课前搜集到的各种关于秋天的资料，接着逐个演示关于秋天的多媒体课件。屏幕上忽而是金黄的稻浪，学生大呼："哇！秋天真美啊！"忽而是火红的苹果，学生大呼："哇！秋天好美啊！"忽而是黄澄澄的甜梨，学生大呼："哇！秋天太美啦！"最后让学生以自己喜爱的方式表达对秋天的赞美。于是，有的学生以舞蹈表演，有的学生以唱歌展示，有的学生以绘画汇报。整堂课气氛热烈，风风火火，好一派情趣盎然。

反思：看了这个案例，我们不禁要问，这样的语文课还姓"语"吗？在课堂上，教师把音乐、美术和舞蹈这些元素一股脑儿地带入课堂，堆砌在一起。课堂上学生没有品尝到"听、说、读、写、思"的语文味。教师没能正确引导学生静心涵咏，潜心会文，超越时空与文本、作者对话，进行思维的碰撞、智慧的砥砺和情感的交流，而简单地诉之以多媒体的视觉冲击。在某种意义上说我们的语文教学正在成为学生功利性阅读、浅阅读的帮凶。

案例二：教师的话语霸权——失衡的课堂教学生态

《只有一个地球》教学片段：

（生阅读课文）

师：我看见，读完以后，你们的脸色变得凝重了。老师知道大家的心情在发生着变化。来，和大家交流一下，读完课文以后，你的心情怎样？

生1：我很惭愧。

师：继续往下说，你为什么惭愧？

生1：我为人们这样滥用资源而感到惭愧，因为他们贪婪。

师（充满激情）：你为那些贪婪的滥用资源的人们感到惭愧，因为你感到你也是他们中的一员！还有哪位同学说说？

生2：我感到吃惊。

师：为什么吃惊？

生2：因为全世界这么多人，如果人人都像课文中所写的那些人一样随便破坏地球环境，我们在地球上将无法生存了。

师（激情赞叹）：是啊，如果地球上的人都像文中那些贪婪无耻的人的话，那么我们的地球将毁于一旦。你的心情如何呢？

生3：我感到憎恨。

师：对那些愚蠢的无知的人们感到憎恨。

反思：

从上面的教学片段，我们看到课堂缺失了平等对话。我们是否可作如下的追问：

A. 人们非常贪婪，滥用资源，造成生态灾难，因为与他们同类，所以我们一定也要感到惭愧。换言之，社会上那么多犯罪分子，是不是因为我们与他们是同类，就应该为他们的犯罪行为进行忏悔，就要背上他们罪恶的名声？

显然，我们的孩子是无辜的，一部分人犯下的错误，不能让我们的孩子去救赎，让他们的心灵从小就背上沉重的十字架。课堂是学生生命成长的乐园，不是忏悔的教堂。

B. 人文教育的基石和归宿是什么？

我们知道，课堂教学生态包括四个基本要素：教师、学生、教学内容和教学方法。健康的教学生态追求一种师生的亲和性，学生发展的建构性，动态的调节性和不受约束的创新性。语文教学，在具体的教学实践活动中，要更多地凸现语文味，在课堂上要凸现"动情诵读、静心默读"的"读味"，"圈点批注、摘抄书作"的"写味"和"品词品句、咬文嚼字"的"品味"。而在这个教学片断中，教师宏大的话语霸权淹没了教学活动中民主、互动的对话氛围，使语文课失去了它应有的语文色彩。

要领指导

既然语文就是要培养学生的"听、说、读、写、思"等能力。那么，语文教学就应该围绕提高学生的"听、说、读、写、思"的能力及品质去教，围绕培养学生的学习及思维的方法和习惯去教，围绕让学生树立积极的人生态度和正确的价值观去教。

一、关于以"听"的能力为立意的语文教学

听是一种重要的技能，也是学生综合素养的体现。语文教师有责任对学生进行良好倾听习惯的培养。只有学会倾听、善于倾听，才能在与他人交谈时作出积极准确的应对。

听讲。听讲是学生获取系统知识的重要渠道。让学生在倾听教师的讲解中学会择录重点、学会质疑；在倾听同学的阐述观点中论证自己的观点，学习表达方式、说话技巧。

听写。听写是一种接受并储存信息的好方法，是学习知识的主要途径。教师可以遵循由浅入深、由简单到复杂的原则对学生进行听写训练。先让学生听记重要的词语、句子，逐步要求他们听记中心意思和重要片断，之后再让他们自由听记。

听辨。听辨是培养独立思考能力的重要方法。教学中，我们要求学生在倾听的时候，不仅要能把握住对方表达的正确的信息，也要鉴别各种失误：包括发音不准、词不达意、层次不清、话不对题等，更要引导学生一边听一边思考，鼓励学生从不同的角度评价所听的内容，提出不同的见解或问题。

二、关于以"说"的能力为立意的语文教学

语言是人类重要的交际工具。用语言来表情达意的过程就是"说"。语文教学上的"说"，应该是一种学生主动用自己的语言来表达自己思想的技能训练。

有话敢说。我们经常会发现有不少学生在课堂上"金口难开"。分析其原因，有的是因为教师过于严厉而不敢发言；有的是因为怕答不好被同学笑话而不敢开口；有的是因为准备不充分而无话可说；还有的是对话题不感兴趣而甘于"默默无闻"。所以，语文教师首先要改变自己的课堂角色，从课堂统治者转变为合作者，成为学生的学习伙伴，鼓励他们畅所欲言，并且引导他们言之有物，而不是顾虑重重。这一点不但对他们的语文学习，甚至对他们的性格形成都有重要影响。其次，要给学生提供充分的发言机会，在课堂中教师要放弃话语霸权，多把时间交给学生，让他们有机会思考和提出自己的见解。要让学生懂得，不清楚的问题可以向教师或同学发问，要敢于表达，答错了可以自己纠正或请同学帮忙，以取长补短。

有话可说。小学语文新课程标准（以下简称"新课标"）为学生提供了丰富的说话内容，我们要围绕教学内容，对学生进行多种形式的说话训练。例如，评述训练：抓住课文中的一个情节、一个细节、一个动作、一段对话乃至一个句子、一个词等进行分析；续说训练：抓住课文意犹未尽、耐人寻味的结尾，引导学生进行续说；补说或扩说训练：发挥想象，对课文省略或简写的情节进行扩充；观察说话训练：引导学生自主观察和发掘说话内容，学校的校

牌、大街上的路标、商店的商品、汽车上的乘客、公园里的花草……都可成为说的话题。

有话会说。学生说的过程中经常会出现语无伦次、无头无尾、随意拈来、重复啰唆等问题，而教师要做的就是通过训练让学生把话说顺、说活、说准，做到言之有物、言之有序、言之有义、言之有情。也就是说，让学生在说之前，就想清楚自己要说的内容和要表达的中心；在说的过程中要组织好语言，想清楚说的顺序，使自己的表达通顺而符合规范，同时做到落落大方，配合适宜的肢体语言，避免拉衣角、吐舌头、搔脑袋等小动作。

三、关于以"读"的能力为立意的语文教学

正确、流利、有感情地朗读课文，这是小学语文教学中要求读的基本目标，也是衡量一节语文课教学任务完成与否的一项基本标准。

读正确。这是阅读教学在朗读方面最低层次的要求，语文教师要把读正确当做硬任务，当做一项"保底工程"，要求人人过关。读正确的指标有：发音要准确、响亮，吐字要清晰、圆润，做到"六不"、"三到"。"六不"：不丢字，不添字，不错字，不重复，不唱读，不读破句子。"三到"，即心到、眼到、口到。注意力集中，防止有口无心。

读流利。这是在正确读的基础上才能达到的，其主要指标是做到"六不"、"三到"。"六不"：不断读，不读破句，不重复字句，不指读，不唱读，不看一个词读一个词、看一句话读一句话。"三到"，即嘴到、眼到、心到。也就是嘴里读到这个词的时候，眼睛就看到下面一个词甚至几个词；嘴里读这句话时，心里就想到下面一句话，做到心口合一。

读出感情。有感情地朗读是在正确、流利读的基础上才有可能达到的。主要指标有：能准确读出词语、句子重音，能正确处理语法停顿、逻辑停顿，做到语速合适，节奏自然，能读出句子不同的

语气、语调。以其语调高低的变化、节奏的急缓、语速的快慢来感受文章的音韵美。通过入境入情、声情并茂地读，使写在纸上的死的语言从声音里得其意味，变成活的语气。用自己富有情感的声音表达出文本的思想内涵和文本对自己感情的触动。

普希金说：我的语言和着和谐的节奏，和着嘹亮的韵脚，随着梦涌流。当学生在琅琅书声中，用心灵去体会语言、去体验节奏时，课堂上便涌动起最简单的美丽。

当然，培养学生掌握科学的阅读方法，形成精读能力，拓宽学生的阅读面，训练学生的泛读、速读能力是我们的任务，需要长期坚持，才能让学生真正走进快乐阅读的幸福园地。

四、关于以"写"的能力为立意的语文教学

我们经常叹息学生写出来的作文干巴巴，没有灵气。这些挤出的文字不是为了表达和交流的需要从心里自然"流"出来的。究其原因，是因为无话可说，无内容可写。因此，语文教师要善于牵线搭桥，帮助学生搭起生活与写作的桥梁，引导学生用全部感官和心灵去书写自己最熟悉的生活。

写活动。爱玩是孩子们的天性，学生最喜欢玩的活动就是游戏，让活动渗入习作训练中，或者说让学生在活动中习作，玩中学写，写中再现玩趣，习作也就成为最轻松平常的事了。我们相信，老鹰捉小鸡的游戏、捉迷藏的游戏、猜谜语等游戏都会使他们笔下生花；吹泡泡、踢键子、跳大绳、添鼻子等活动等都能在学生笔下熠熠生辉。

写生活。生活是习作的源泉，习作就是把生活写出来。作家、编剧写作要体验生活，要到生活的园地里采风。孩子们的习作就是要把他们平日所见、所闻、所做、所想写出来。我们可以引导学生写房前屋后轻轻摇曳的竹影，写草地上翩翩起舞的蝴蝶，写交警娴熟的指挥手势，写餐桌上的闲聊，写一次实验、一张照片、一个过客，等等。让习作成为他们忠实的记录者，成为他们最好的伙伴。

写学习。学生用心去体会语言的玄妙，把握数学的奥秘，认识大自然的规律，感受运动的快乐，欣赏音乐的意蕴，解读形色的美妙……就是在积累信息，这些信息都可以转化为文字，都是学生习作很好的素材。仿写语文课本中的一段排比句，记录科学课上自己动手做实验的过程，再现自己在音乐课上聆听到一段美妙旋律时的心情、美术课上观察到的色彩形状的变化等都可以让学生以前干巴巴的习作转化成美妙的文字。

习作是一个人应该具备的正常生存能力，一种高尚的精神活动，一种反映出一个人各方面能力的综合性思维活动。我们要引导学生以平常心对待习作，把习作当成知心朋友，对它诉说心事，对它畅想前程。真正把习作看成是一种轻松而又愉快的学习或生活过程。

五、关于以"思"的能力为立意的语文教学

语文教学上"思"的内涵很丰富，可以理解为"思想"、"思维"、"思考"，也可以理解为"思绪"、"情思"等。"思"可以通向自我澄明和自由，可以通向公共知识与法度，能让我们的语文教学目标——"工具性与人文性统一"得以实现。语文教学要用"思"去创造一个既丰富多彩又富于意义与价值的语文生活。

传播思想。巴尔扎克说：一个能思想的人，才真是一个力量无边的人。语文教师不是知识之师，而是思想之师、道德之师，甚至应该是学生的幸福导师，社会道德伦理的传承之师。语文教师应该成为一个因有思想而有尊严的人，同时还要培养有思想和有尊严的人。要通过大量的语文实践，传播科学思想、美学思想、艺术思想……让学生因此变得更加理性，变得力量无边。

培养思维。只有具备了较高的思维能力，掌握了一定的思维方法，一个人才能对学习和工作应付自如。因此，语文教学重视对学生的思维训练。引导学生借助文本载体，从不同的角度去看问题，发现别人从未想到（或还没有公开发表过）的新论点；做新组合，

不怕与别人不一样或不合常理，将所有的看法、想法和想象以不同的方式重新组合；找出事物彼此之间的关系，将不类似的事物联系起来；形象思维、逻辑思维、发散思维、辐射思维、辩证思维等都是我们训练的内容。

传承文化。新课标中写道："语文课程丰富的人文内涵对学生精神领域的影响是深广的，学生对语文材料的反应又是多元的。因此，应该重视语文的熏陶感染作用，注意教学内容的价值取向，同时也应尊重学生在学习过程中的独特体验。"这段话明确告诉我们：语文教师应该努力挖掘教材中的"文化孕育点"，在课堂上营造文化气息，通过语言文字向学生传递祖国的、世界的和历史的、现代的多元文化，培养学生的"人文素养"，做文化的传承者。语言不仅仅是一种工具，还是强烈的人道、人生、人性、人格意向的载体。学习语言，不只是学习语言知识，历练语言能力，更是情感教育、文化熏陶，从而丰富心灵，培养品德，完善人格结构，从真正意义上育人。所以成功的语文教学需要师生共有一种根植于语言人文精神的人伦情怀、人生体验、人性感受，充分激活本来凝固化的语言，充分施展个性，造就一种痴迷如醉、回肠荡气的人化情境。

案例欣赏

我们向往的语文，应该是像滋润心田的山泉。学习语文，就像在山涧听泉，而语文课堂，便像是山泉流过的地方。我们要让学生在语文课上有听山泉流过的恬静和舒服，在丰富多彩的语文田地里，感受语文学习的无穷魅力，并能随着课堂忍俊不禁、怦然心动，甚至潸然泪下。

案例一：于永正老师《圆明园的毁灭》教学片断

（上课。师板书课题，要求同学们随着教师的板书边读边书写，写毕再齐读一遍课题）

师：读课题也要注意感情。大家学习完课文后再读题目，我相信就会读得不一样了。阅读课文，遇上生字，那上面有拼音，多读几遍记住它。下面大家自己认真读课文。

师：读了这篇课文，你心里是什么滋味？有什么感受？

生1：我觉得很可惜，这么好一座圆明园竟被英法联军给破坏了。

生2：我认为，如果不是清政府腐败无能，那么圆明园也就不会被毁灭了。

生3：我们曾为圆明园而感到骄傲。后来被英法联军毁坏了，我心里感到愤愤不平。

师：哦，她的心里感到愤愤不平。还有不同的感受吗？心里是什么滋味？用一句话来回答。

生1：我心里非常难过。

生2：我心里非常的愤怒。

师：（板书：难受、怒、恨、惜）现在请你再读课题。（生读）感情变了，表情也变了。大家心里很难受，又恨又怒，又感到很可惜，这就是同学们读了课文后的心情。读哪一段时你的心情最恨、最怒、最难受？

（生回答是第五自然段，师提醒同学把那种最难受、最可恨、最可气的感情读出来。生齐读）

师：我很注意看，很注意听了，同学们已经把可惜、难受、愤恨、愤怒的感情交织在一起了。再读一遍，把你的心情、感受写在脸上。

（两生有感情地朗读）

师：它表达的不仅是她（作者）个人的感情，也是我们所有中国人的感情。哪位同学再来读？

（另一生更有感情地朗读）

师：这是对帝国主义强盗的控诉！大家齐读。

（生读。师板书：拿走、搬运、毁掉、放火）

师：这就是英法联军犯下的罪行。最可恨的是，他们为了毁灭罪证，最后放起火来。他们的罪证难道能让大火毁灭掉吗？

生齐：不能！

师：前面用了一个"闯"字，活现了英法联军的强盗行径。一可恨能拿走的拿走，二可恨拿不动的搬走，三可恨搬不走的就毁掉，最可恨的是最后还要放火烧掉，企图毁灭罪证。同学们，让我们再读一遍，读出中国人的恨！

（学生带感情地朗读）

赏析：我们从以上的教学片断可以清楚地看到，于老师没有涉及繁琐的分析和串讲串问，而是致力于引导学生读。在学生初读后询问学生有何感受，是什么滋味，使学生初步把握朗读的情感基调，进而能自主地读出"难受"与"可惜"互杂，"愤恨"与"愤怒"交加的语气语调。言为心声，声音富于情感后，教师又进一步引导同学们要把这种心情和感受"写在脸上"，这样的读可谓既有"声"又有"色"，不但使"以读代讲"、"以读悟情"落到了实处，而且提升了层次。教师"以情激情"，学生"以读悟情"，水涨船高，相得益彰。

案例二：方利民老师《我应该感到自豪才对》教学片段

师：现在，女同学都是骆驼妈妈，方老师问问骆驼妈妈，你对骆驼讲了三句话，你认为哪句最有水平，为什么？

生：我认为"多亏了我们的脚掌长得又大又厚，如果我们的脚掌也像小红马那样陷进沙子里怎么拔得出来呢"这句话最有水平。

师：骆驼妈妈都认为这句话有水平，那你说说理由，让小骆驼心服口服。

生：我先把我们脚掌的样子和好处说得很清楚，又说出了如果像小红马那样的脚掌的危险性，这样我的孩子听了就相信了。

生：中间我还用"多亏……如果……"来加以说明。

师：你能用"多亏……如果……"说驼峰、眼毛的特点和好处吗？

生：多亏我们的驼峰，能储存养料，如果我们的背也像小红马那样平坦，在沙漠里走不饿死才怪呢！

生：……

师：一学就会了，第一句改成"多亏我们背上长驼峰"就更正确了。

生：多亏我们的眼毛有两层，如果我们的眼毛也像小红马那样只有一层，沙漠里风沙多，风沙刮进眼睛就糟了。

生：……

赏析：在方老师的这个教学片断中，我们不难看出言语的发展离不开扎实的句式训练。教学时教师拥有一双慧眼，引导学生捕捉精美的语言，再指导他们积累运用。课堂上，方老师利用文本资源，先引导学生欣赏骆驼妈妈的言语特色，再不失时机地指导学生用"多亏……如果……"的言语形式，重组文本提供的言语材料，完成新的表达。这种借鉴规范的言语材料来提高学生言语能力，是本课的一大亮点，正充分体现了语文课用教材来教的理念。

我们知道母语教学的本质价值就是促使学生言与意的积极感悟、内化、转换，进而使学生能运用个性的言语表达读者"独特"的感受、体验和理解。这样，不但把自己的个性化见解表达出来了，而且在说的过程中，相互启发，越说越具体，越说越丰富多彩，在多向交流中发展了思维能力，锻炼了口语表达能力。这样的语文课才是我们追求的语文课。

能力训练

1. 请谈谈下面《雪地里的小画家》课堂教学片段缺失了哪些语文教学的元素？

师：同学们，咱们平时是怎么画画的？

生：我们平时画画要用纸和彩笔。

生：……

师：那，小动物们又是怎样画画的？

生：他们用脚在雪地里踩，没用纸和笔。

师：真轻松，真简单，走一走，跑一跑，几步就成了一幅画，太了不起了！难怪大家都说他们是雪地里的小画家。

……

师：咦，青蛙为什么没参加？

生：它在洞里睡着啦！

师：多好玩的冬天呀！青蛙为什么要在洞里睡觉呢？

生：青蛙身上没毛。

生：青蛙怕冷。

生：……

师：大家说的都没错。青蛙的确怕冷，冬天它只能睡在暖和的地方，不吃也不动，一直睡到第二年的春天，天气暖和了，才出来活动，这种现象叫冬眠。

……

2. 请谈谈下面《爱如茉莉》教学片断设计最突出的特点。

（1）默写三组词语：①茉莉花；②平淡无奇、洁白纯净、缕缕清幽；③袅袅清香、弥漫诗意。然后用黑板上的一个或几个词语描述茉莉花。

（2）用发现的眼睛关注细节：一句话，一个动作，一个眼神；

用心感受精美的语言：一个词，一个句子，在充盈着真爱的字、词、句旁边写上自己的感想。引导学生静心读文、画句并写批注，在交流过程中教师做适当点拨、提升。

（3）仿照文中"爱如茉莉，平淡无奇，洁白纯净，素雅温馨"写一句话，谈谈你对爱的理解，要求运用打比方的手法，写出爱的特点。

3. 请根据下面两段课堂实录写一篇评课稿。

课堂实录一：

师：今天我们要学习的《矛与盾》跟以往的寓言有什么不同？

生：今天要学的寓言是文言文。

师：谁能说说怎样才算学好了这则寓言呢？

生：肯定要明白这则寓言告诉我们什么道理。（教师板书：明寓理）

生：这是一篇文言文，肯定要读得通顺。（教师板书：读通顺）

生：最好还要背出来。（教师板书：背熟练）

生：文言文比较深奥，要结合课本注释理解每个句子的意思。（教师板书：解文意，并用箭头连成"学习四步法"简洁板书）

师：同学们，今天我们就一起按照你们自己提供的古文"学习四步法"来学习《矛与盾》。

接着教师引领学生运用刚才他们自己总结出来"读通顺—解文意—明寓理—背熟练"的顺序机动地学习。

课堂实录二：

同学们，学了《矛与盾》有什么启发？

生：我觉得做人要实事求是，不能夸大其词。

生：我的启示是"说话千万要注意前后一致，不然会出现自相矛盾的笑话"。

生：我觉得"多大的头配多大的帽子，多大的帽子配多大的头，说话和事实要一致"。

生：楚人卖矛和盾是一种商业行为，他夸奖他的矛好盾好实际上是在做广告，他的自相矛盾的话违背了商业诚信。我的启示是做生意也好，做人也好，要讲诚信。

师：说得多好啊，做生意也好，做人也好，要讲诚信。在这点上，老师要多说几句：同学们，你们遭遇过假货吗？

生：上个礼拜，我妈妈买了一块名牌手表，结果这个星期就坏了。

生：我爸爸是个商人，他说现在骗子很多，每做一个生意都要格外小心。

生：我从电视上看到，在深圳火车站连乞丐都有假的……

师：同学们，我们中国自古以来被称为礼仪之邦，大家认为该怎样解决"诚信危机"这个社会问题？

生：首先我们每个人要讲诚信。

生：我们还要宣传诚信，让全社会讲诚信。

生：用法律来奖赏诚信，用法律来制止不讲诚信。（鼓掌）

4．在下列案例中体现了教师的哪些机智？你觉得语文教师在课堂上应该具备哪些语文眼光？

一位教师上的《放弃射门》，在教学已经到了尾声，她让学生总结一下对福勒的认识，升华一下人物的品质。不料，一个酷爱足球的学生用从网上搜集到的资料，对福勒的为人提出了异议。这位学生认为福勒并不像大多数同学说的那样，具有高尚的道德风尚，以下便是他搜集到的有关福勒的部分资料：

1999 年因为两次被激怒时行为不当被禁赛 6 场，并被处以创纪录的 32000 英镑的罚款。

2001 年 10 月在英格兰队和希腊队之间关键的 2002 世界杯预选赛中，和队友史蒂夫·麦克马那曼深夜饮酒。

2001 年在一次利物浦队训练中和助理教练菲尔·汤普森发生争吵并且拒绝道歉，因此被利物浦队长期放在替补席上，还差点离开利物浦队。

不久前转会到利兹联队的福勒被视为英格兰最具潜质的前锋。在新队友为他举行的欢迎会上，他一身军装，随身还携带一把仿真的玩具枪。当一个自称是记者的人拿照相机将福勒拍下的时候，已经失去理智的福勒一把夺过那台价值1万多英镑的数码相机，狠狠地摔在地上，并且不忘对它的主人施上一番拳脚。随后福勒被警察带到了拘留所，并在那里度过了一个别有滋味的晚上。相信他一定会想到去年的这个时候，他在利物浦市中心和一帮小混混打架，结果鼻梁骨被打断的情景。

师：很有挑战性的一个观点啊！你说要放弃这篇激情四溢的课文，能说说理由吗？

生1：一个人的道德如此败坏，喝酒、打架、恶意报复、嘲笑他人、吸毒泡吧，我们怎能学习他呢？

师：这位同学的观点很独特，相信其他同学也一定有自己的想法，能像这位同学一样勇敢地说一说吗？

生2：我认为，福勒先前的表现是好的，不但球踢得好，而且为了不伤队友而放弃射门是很真诚、很高尚的。所以不应该放弃这一课。

生3：我认为前面的同学说得都很对。才华并不是骄傲和横蛮的资本，福勒现在的表现是不好，但《放弃射门》这一课中的福勒是值得赞扬的。我们不能因为他现在的表现不好，就否定他过去的优秀，所以《放弃射门》无需放弃。

师：真精彩！看来，福勒是否应该放弃射门值得讨论，这篇课文是否要放弃也值得讨论。刚才同学们是仁者见仁，智者见智，很有水平。其实，同学们的争论反映出的一个问题是：该怎样评价一个人。不能以偏概全，要就事论事，这样才是客观公正的评价。如果我们用福勒现在的表现与《放弃射门》中的福勒作比较，你感觉怎样？

生（提出观点的那位）：更感觉那时的福勒可爱、可敬，更为他失去了这样的美好品质而感到遗憾。

师：说得真好！一篇课文，让我们认识了一个真实的福勒，一个有优点有缺点的福勒。我们既为他骄傲，又感到遗憾。这篇文章给我们带来的东西可真不少，那么《放弃射门》这篇课文该不该放弃？

生（齐声）：不该。

师：对了，一篇课文该不该留并不重要，重要的是我们用怎样的方法去学，用怎样的心态去读，只要我们有收获，课文的价值就是存在的。

第二章　汉字书写：
写一手清秀的汉字

学习提示

　　本章内容与一般的写字教材所讲的知识有所不同，主要是针对大家平时在写字的过程中表现出的常识性错误进行讲解，把整个汉字及偏旁用拟人、拟物、对比等方式进行具体化、形象化、兴趣化地教学，力求把复杂的问题简单化，并以结构教学为主，给大家一个引导。本章的范例字均用中性笔书写，力求做到和大家平时所用的笔一致。

能力意义

　　学习写字能使大家提高审美能力和文化艺术修养，形成写字特长及爱好。写字是一个人的基本技能，写得比一般同学好，容易获得教师的青睐和在班集体中的威信乃至社会的认可，使自己增加自信心。孩子从小受到良好的写字教育，不仅能够提高他们的写字素养和艺术修养，而且对培养严谨而踏实的学习态度、自觉刻苦的学习能力具有重要意义，对一个人的文化素养、道德情操、性格的形成也起着潜移默化的作用。

　　写字练习是一种生动的动态系统，始终要求专注。写好每一个字，都需要大脑指挥手和眼睛配合完成，双手不同的动作及其与全身肢体的协调配合，使大脑的左右半球的技能获得同时发展并增进互相协调能力。无数事例证实，学习过写字的孩子，在理解能力、接受能力、想象力和创造性思维能力等方面，都显著高于一般孩子。

案例反思

以下案例字均是学生或教师平时书写的字。

一、偏旁没有变形

1. 上面两个字的不足之处是：木字旁和谷字旁没有收缩。

2. 我们在写左右结构字时，左偏旁要写窄一些：捺画要变成点画，同时，横画和撇画（有横向的笔画）也要写得短一点。

如果框的大小一定，一个框可以容得下一个胖人；如果要将两个人在框里面，那只能容得下两个瘦人了。我们写字也一样，一个格子里，写左右结构的字，两个偏旁就应挤一点，左偏旁收敛一些。

请看字例：

木	谷	禾	米	火	手	言	方	子	弓
校	欲	秋	粮	炮	扰	语	旅	孩	引
木	谷	禾	米	火	扌	讠	方	孑	弓

从以上对比字例中我们可以看出："木"字和"校"字都占一格，是一样大；"谷"字和"欲"字都占一格，也是一样大。但是，

作为左偏旁的"木"字旁和"谷"字旁与单独的"木"字和"谷"字，是不一样大的。而且，"木"字旁和"谷"字旁，它们的捺画变成了点画，整个"身子"也比单独成字时变"瘦"了。因为它们变"瘦"了，所以与右边组合起来的字显得整体协调，精神抖擞。口诀是：左偏旁，捺变点，"身"变瘦。

大家不妨模仿写一下下面的字。

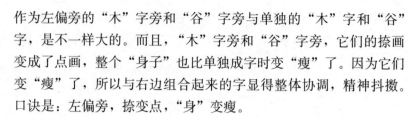

二、撇捺不够舒展

1. 上面两个字，它们的不足之处是：撇捺写得太短，撇捺下面的字又写得太大。

2. 上下结构的字，如果有撇捺，应适当写长一点，以增加字的宽度，与其他部分组成一个字，才有整体效果。另外，撇捺应适当写平一点，特别是捺画，才能给下面的字留下足够的空间，不能有被"压迫"的感觉。撇捺下面的字还应适当写小一点，但笔画要稍粗，这样看起来才有力。

请看图例：

老鹰在天上飞的时候，它的双翅展开显得很宽，而头和身子则显得小了许多。

请看字例：

全　合　会

上面三个字是我们课本内常用的宋体字，我们许多同学照着它去写，为什么写出来的字不好看呢？这就是印刷体和手写体的区别所在。请看下面的手写体。

全　合　会　令　仑　条　金　春　乔　寨

大家可以对照印刷体和手写体写一写"全"、"合"、"会"字。相对而言，手写体的字是不是好看一点呢？因此，大家在写上下结构有撇捺的字时，撇捺的笔画要稍长一点，而撇捺下面的字相对要写小一点，这样看起来才大小协调，手写体的美感也自然出来了。这就印证了我们看老鹰在天空中翱翔的英姿：双翅长，身子小。口诀是：上下结构字，撇捺如老鹰的翅膀。

大家不妨模仿写一下下面的字。

夸	奋	卷	秦	爸	登	香	盒	各	脊

三、局部稍显局促

1. 上面两个字，它们的不足之处是：包围结构里面的笔画与竖笔靠得太近，有缩在"屋"里的感觉。左右包围结构的字，如果把里面的部分紧靠竖笔，这样的写法使人感到整个字没有放开，局部稍显局促，不落落大方。

2. 左右半包围的字，在书写时，里面的笔画应向框外伸出"头"来。

请看图例：

乌龟如果不把头伸出来，那么它只有死路一条，因为它会看不见，也吃不着东西。我们把"习"字的横折钩弯起来，形成一个乌龟的身子，在点和提之间加一个乌龟的脑袋，如下面图解"习"字，就像一个昂头的乌龟。

请看字例：

习 在 司 勾 厄 匀 武 左 病 被

我们把半包围结构里面的部分往外写一些，字就会显得潇洒漂亮多了。在我们平时写字时，主要应注意把上面的横画适当写短一点，这样才不会把里面的字全部压在框内。口诀是：半包围结构不龟缩。

大家不妨模仿写一下下面的字。

尾 尼 习 在 辰 应 序 局 或 虎

四、结构过于松散

1. 上面两个字，左右、上下两个部分隔得太开。有的人在写左右、上下结构字时，把左右、上下隔得很开，造成了结构过于松散，本来是一个字而看起来像两个字。

2. 左右结构的字，右边的第一个笔画应紧靠左边写；上下结构的字，下边的第一个笔画应紧靠上边写。

请看字例：

教 优 得 级 旅 池 硬 志 思 奇

从上面字例可以看出，左右结构的字，一般情况下，右边的第一个笔画应尽量靠近左边的笔画（有时第二个笔画也应靠近左边）。我们如果写左右结构的字有了这种感觉，字的形状就不会松散了。另外，在写左右、上下结构字时，还要注意笔画与笔画之间的穿插协调，主笔（后面会专门讲）突出，其余的笔画都收缩并靠近一些，这样给人感觉是收放自如，伸缩有度，美不胜收。

大家不妨模仿写一下下面的字。

改	德	沈	浅	孩	鸣	晓	猿	聆	利

要领指导

一、字的大小控制

对于一个初学写字的人，你给他讲主笔突出、中宫收紧、重心平稳，他不一定清楚主笔、中宫、重心。你给他讲，俯点要凌空取势，起笔轻落，右下重按即收，呈下俯之势，横钩要起笔承上笔之势，行笔向右略上，转角方中带圆，刚柔相济，出钩干脆有力，他更是云里雾里。

对于一个初学写字的人，我们先要求把字的大小写到一样。这个要求教师懂，学生也懂。如果一篇字大小一样，整个版面看起来就干干净净，清爽有致。

学习写字，大多使用田字格。那么，田字格里面的字写多大才会显得漂亮呢？我们平时在街上的时候，看见一个人很胖，觉得不好看，同样，如果看见一个人很瘦，也觉得不好看，这说明好不好看在人们心里是有一定标准的。多大的字在田字格里面是最好看的呢？经过长期研究发现，"八份满"的字是最好看的：把格子的四边平均分成十份，上下左右各留出一份空白，中间就只剩下八份了。实际上，汉字的笔画有多有少，在书写的过程中我们应当把笔画少的字适当地写小一点，"六份满"就可以了。

在田字格中的字无论笔画多少，字的大小应控制在 6 份~8 份的范围之内，字才会"不胖也不瘦"，整篇文章看起来，字的大小也比较均匀，给人以美感。

练习：

沉	湘	流	不	尽	屈	子	怨	何	深

二、基本笔画书写

汉字是由笔画组成的，笔画是构成汉字的最小结构单位。汉字结构千变万化，不同的笔画表现的线条形态不同，同一种笔画在不同字的结构中又表现为不同形态的线条。

概括起来，主要有以下特点。

1. 直与弧。一般横、竖为直；撇、捺、钩为弧。书写时，要做到直如线，弧如弓，直而不僵，弧而不弱。在同一排字中，最基本的笔势要统一，如：横画的角度要一致。这样，整排字看起来不零乱，和谐统一，给人以美感。

练习：

三	川	人	文	什	卡	生	全	行	衣

2. 弯与折。一般带有弯的笔画，如竖弯、竖弯钩的弯处为弯；折画的折处为折。书写时，弯处要圆转，用提笔；折处要折中带圆，用顿笔。做到弯而不软，折而无死角。

练习：

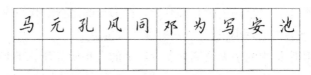

马	元	孔	风	同	邓	为	写	安	池

3. 长与短。这是相对笔画之间而言的，是根据字的结构需要决定的。如长横相对短横为长，短横相对长横为短；长竖相对短竖为长，短竖相对长竖为短。长撇与短撇也是同理。粗与细，这也是笔画之间相比较而言的，是因笔尖用力大小不同而形成的。如横、竖下笔和收笔较重，线条粗；行笔较轻，线条较细，带有尖状的笔画。如撇、钩、捺、提画的下笔和行笔较重，线条较粗；收笔时（捺画的下笔处）用提笔，线条细、出尖。

练习：

天	国	代	近	青	改	形	壳	花	何

4. 斜与正。这是指汉字笔画形态的可变性。同一种笔画在不同结构类型的字中形态会发生一些变化，以求得结构的平稳。比如撇画，在"人"字中写成斜撇，而在"皮"字中就要写成竖撇；横画在"上"字中要平，而在"也"字中就要写成左低右高的斜横。这样，"也"字的笔画才均匀，重心才平稳。

练习：

人	也	飞	戈	史	皮	他	线	波	气

三、独体字的书写

1. 笔画稍长。独体字一般情况下笔画较少，在一篇作品中，为了和其他的字相协调，各个笔画应稍微写长一些，以达到和其他字一样"饱满"，不会显得过于"渺小"而影响整体效果。

2. 笔画稍粗。笔画的粗细是可以掌握的。我们平常用的中性笔，如果手用力一点，笔画就会粗一些；手放松一点，笔画就会细一点。在写独体字时把笔画写粗一些，再结合字形，看上去就会显得"结实"，字刚劲的效果也就出来了。

练习：

才	元	女	凡	水	心	书	氏	本	目

四、上下结构字的书写

1. 上紧下松。把上下结构的字比喻成一个人：上面部分是"头"，下面是"腿"。相对身体而言，"头"当然要小（紧）一点，如果头大了，这个人走路可能都走不稳。有时还会有"两个头"的字，如"想、笔、然"等字，这时候仍然要把"两个头"收紧，以免造成"头"过大而影响字的稳定。

练习：

兰	矛	光	要	想	家	弄	奖	急	寻

2. 主笔突出。上下结构的字，整个字易写得很"瘦"，这是因为和左右结构的字相比，它的宽度不够。这就要求我们要把有横向的笔画，如横、捺、撇写长一些，适当增加它的宽度，使它的身体看起来显"胖"一点。

练习：

奇	异	灵	委	皇	全	色	谷	香	互

3. 竖画稍长。在上下结构的字中，竖画（包括竖钩、横折钩等竖画）作为"腿"，应比其他笔画要写长一点，特别是在字的下部的竖画，更要稍长，不然整个字看起来就会有"武大郎"的感觉。

练习：

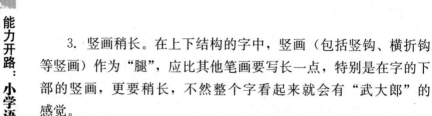

字	弄	梁	范	水	苏	免	背	录	毕

五、左右结构字的书写

1. 左右两边不能脱节。在写左右结构字时，初学者往往容易把左右两边"分家"，这个问题在案例分析时作了详细解说，这里就不再赘述了。

练习：

险	信	份	杨	祸	斜	松	吹	玫	邪

2. 两边的字都要显"瘦"。因为它由两个字组成，而整个字的大小又只能有一个字那么大，所以左右两边的字都只能"减肥"了。

练习：

玩	珠	贱	敢	教	够	款	院	貌	龄

3. 一笔突出（有时两笔），其余的笔画都收缩。有的同学在写字时，把字写得很大，主要原因是每一笔画都写得较长（或其中有几个笔画写得长），整个字既松散，又臃肿，好像吹大了的气球一样，里面充满了空气（各笔画之间空隙太大），给人一种"虚胖"

的感觉。一般情况下，竖、捺可以写长一点。

练习：

林	峰	料	胡	跟	欣	破	硬	铲	积

4. 笔画多，相对宽；笔画少，相对窄。左右结构的字一般情况下，一边笔画多，一边笔画少。要注意宽窄搭配：笔画多的部分相对宽一些，笔画少的部分相对窄一些，这样搭配才能体现和谐美。

练习：

说	球	珠	部	端	将	烂	族	驰	斌

六、包围结构字的书写

1. 左右半包围结构字。此种结构的字的书写前面作了详细讲解，此不赘述。

练习：

厅	历	唐	武	疗	忐	君	司	蜀	包

2. 上包围。这种包围结构的字主要是上三面包围。书写时，里面的部分不能缩也不能掉：用框内 2/3 的空间来写里面的部分。

练习：

闪	同	圆	问	闪	闭	间	闲	闹	风

3. 下包围。这种包围结构的书写与左右包围有点类似：里面的部分"脑袋"要伸出来。

练习：

凶	幽	函	画	凼	山	毯	旭	魁	飓

4. 全包围。这种包围要注意两点：一是框要写大一点（这就如我们吃东西，嘴里有东西口就张大一点）；二是框内的笔画要收缩，尽量使里面看起来空白均匀，不拥挤。

练习：

国	园	围	圆	回	团	因	田	囚	围

七、特别提示

1. 心字底、四点底、右三撇、反文旁应整体作为主笔。前两个在整个字中应是最宽的，它上面的部分要注意收缩；后两个在整个字中应是最长的，左面的部分相对要收缩。

练习：

思	想	您	热	烈	形	彬	教	改	玫

2. 走之底。凡是走之底的字，它下面的捺画应当最长（应以走之里面笔画的最右边位置开始出捺脚），其余的笔画相对收缩（特别是走之旁里面的部分）。另外，捺画不能写得太平，笔画应稍重，不然就会给人一种无力的感觉。

练习：

远	近	追	过	道	邀	遂	建	起	趁

3. 斜钩。一般情况下，要把斜钩写长一点（特别是左右结构字，斜钩是主笔）。另外，斜钩的上面部分要尽可能地往左边的笔画靠近一些，以免造成字的中间部分空间较大。我们身体如果是倾斜的，背后有墙可靠，身体就不会倒下去；如果身体离墙太远，再向后倾斜，可能就要倾倒了。斜钩左边的部分就是"一堵墙"。

练习：

代	线	钱	我	戏	武	成	伐	纸	域

4. 弯钩是竖钩的变体。弯钩像一个站直的人（竖钩）在头和脚都不动的情况下弓腰驼背（弯钩）。这里弓腰驼背的弧度不能太大，否则人会很难受。也就是说，在书写弯钩时，稍微有一点弧度就可以了。另外，弯钩的起笔和钩的根部要在一条竖线上，使人感到"弯钩不弯"，而是站直了的。

练习：

子	好	家	象	犯	狠	狂	犹	豺	貌

5. 儿字要分开，中间撇捺要分开。在单独写儿字时，撇画和竖弯钩是不是分开的呢？它们的"头"并未碰到一起，但如果儿字和其他笔画组合到一起时，许多同学就不把它们分开了，而是把两个"头"连在了一起，这样造成字的局部拥挤，影响了字的整体效果。

如果撇捺在字的中间位置，要把它们分开写，才不会对下面的字形成压迫感。另外，捺画稍写平一些，下面的笔画适当写小一点，但要有力，才能承受上面的重量（前面已有范例字）。

练习：

儿	尤	犹	优	尾	光	完	免	党	流

6. 三点水。明明是两点一提，为什么叫"三点水"呢？原来下面的提叫"提点"，也就是说，提画要写到点画一样的短（实际应比一般的点画稍长），才能叫"第三点"。三点的位置关系可以用一个小括号来规范它们：小括号顶点为上点位置，小括号中间为中点位置，小括号最下面为提点位置（提点的方向对准顶点位置）。

练习：

江	河	湖	海	洗	活	法	汤	池	洛

7. 悬针和垂露。在写字理论中，有一句话叫"笔断意连"。它是什么意思呢？就是说汉字的各个笔画之间有一根无形的"线"连在一起，这就好比我们小时候教师带我们玩开小火车的游戏一样，前面的同学要带后面的同学，最后的同学就没有这个任务了。

如果在一个字中，竖画的后边还有笔画，那么就用垂露（它还要回去带其他的笔画）；如果一个字中最后一个笔画是竖画，就用悬针（不用回去带其他笔画了）。

练习：

下	木	代	礼	状	牧	阮	中	斤	开

8. 两撇、三撇。上撇（或上两撇）短，下撇稍长。下撇从上

能力开路：小学语文教学能力训练

nengli kailu xiaoxue yuwen jiaoxue nengli xunlian

撇的中间位置起笔（双人旁的竖画也在第二个撇画的中间起笔）。所有撇画的起笔位置应在同一条竖线上。

练习：

行	德	彼	徒	很	形	杉	彩	彤	彭

9. 竖与撇捺的位置关系。我们来看"木"字，如果把撇捺比成人的双手，竖画（竖钩、竖提）比成人的腿，从木字可以看出：手的位置比腿的位置要高。可是，在实践中，有许多同学把"手"写得比"腿"的位置还要低。

练习：

木	朱	良	米	衣	水	芽	家	辰	体

10. 四点底。你见过树木移栽吗？树木在移栽后，一般要用木头把树的下部撑住。四点也是一个道理：中间两点挺直托住字上面的部分，左右两边再"撑住"中间两点，使字显得平稳。

练习：

杰	羔	点	照	燕	焦	热	烈	煮	熟

11. 钩的方向。钩的方向只有两个：90°和45°。钩一共有五种基本钩（其余均是衍生钩）：横钩、竖钩、心钩、斜钩和竖弯钩。其中，横钩、竖钩、心钩的方向为45°，斜钩和竖弯钩的方向为90°。

请看图例：

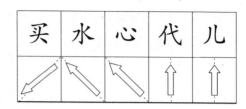

练习：

买	卖	原	汆	思	想	代	优	尼	钱

案例欣赏

案例一：黄佳琳作品欣赏

注：绵阳市御营小学六三班黄佳琳作品

潇洒流畅，意态从容是本幅作品给人的第一印象，这种印象主要来自于下面两个方面：

1. 字形上，突出了平稳之中的灵动之气。

一般教师在教写字的时候，强调顿笔回锋、棱角分明、字形平稳。这是可以理解的。因为，初学者一开始就强调灵动，容易使学生写出"藤藤字"：笔画之间模糊不清，偏旁部首变形等情况。现在学生一般情况下作业量较大（年级越高，作业量呈递增之势），这就出现了一个尴尬情况：一方面，教师布置作业较多，学生写的字数量也就大；另一方面，家长、教师又要求学生把字写得整整齐齐，看起来漂漂亮亮。结果弄得学生不知道如何是好：写慢点，一笔一画写得端正，但时间又不允许；写快点，作业能完成，但字又写得不好看。有许多家长遇到过这样的情况，子女在读学前班或一年级时，字写得很好，经常还要受教师表扬；而到了三年级以上，字越写越差，有很多学生因为字写得不好而饱受教师的批评。

如何改变这一尴尬局面呢？我们认为，教师在学生年龄越来越大时，应逐渐加入字的行楷元素教学，这个问题慢慢就能解决。

行楷是楷书的快写，是在楷书点画的基础上略加变动而适宜连笔书写的一种适用性很强的书体，是楷书的直接快写体。它比楷书行笔自由，可大大地提高书写速度。

黄佳琳同学这幅作品，从字形上显然加入了行楷笔法：点画之间的呼应关系十分明显，笔势灵动。这对于六年级学生来说实属不易，没有一定的写字基础是不可能的。

在作品中，第一排的"面"、"前"，第四排的"顽"、"自"，第五排的"沉"，第七排的"冲"，第八排的"生"、"的"等字，都体现了行楷的特征。对于年龄稍大一点的同学来说，认真学习上述字的连笔书写是一个很好的范例。

2. 在整体的和谐上，作品气息畅通，排列较为合理。

任何一幅经典作品都是注重整体视觉效果的，否则，将不可能成为好的作品，哪怕是一幅面积极小的作品也莫不如此。整体的完美表现离不开对动态倾向的追求。单体形态张力的显现及其表情动态是作品产生动感的先决条件，这是激活作品视觉魅力的重要因素。这幅作品体现了节奏的变化与统一：线条的美感，气韵的贯通。从头至尾的节奏变化，这一变化源于多种因素，包括线条的粗细、笔墨的浓淡、运笔的轻重、字体的收放和变形等。

平心而论，黄佳琳同学的这幅作品只能是一份书写较好的习作，离优秀还有很大的距离，最大的不足是字重心不够平稳，如"其""地""又""灾""他"等字。其次，个别字收得太紧，显得不大方，如："勇""救""数""撤"等字。再次，作品中有的字没有写在格子的正中，如"和""护""着"等字，愿她更勤奋努力，争取更上一楼。

案例二：曹文奕作品欣赏

注：绵阳市御营小学（五三班）曹文奕作品

清晰自然、笔力雄健是曹文奕同学这幅作品最大的特点，主要体现在以下两方面：

1. 字形平稳，结构合理。

唐朝著名书法理论家孙过庭说过：至如初学分布，但求平正；既知平正，务追险绝；既能险绝，复归平正。一幅楷书作品，平正是其首要任务。

我们来看一所小学评定书写的标准：书写规范、正确、工整、美观，字迹大小匀称，整体效果好。

学生开始学写字时的要求与书法要求是有区别的。第一，横平竖直的笔画。启蒙教师教写字讲横平竖直，这样使字显得比较平稳，而书法创作追求的是生动，横不平，竖不直，才能产生动感。第二，长短有序的线条。写字中不管是直线还是曲线，讲究宜长则长，宜短则短，这样能使字规整，而书法创作追求的则是反差和意外效果。第三，笔画位置和结构的准确。写字讲究笔画之间的对立、偏旁所占比例的大小及相互之间位置的准确，这样使字体显得规矩、庄重、好看，而书法创作追求新奇、趣味甚至诡谲。第四，字体形状的方整及大小的统一。汉字的形状及大小的统一，表现实用汉字的整齐美，而书法创作追求字体排列上的大小错落、节奏变化和对比效果，这常常靠字体大小的反差，字形的方、长、扁、圆等实现整体的效果。

在曹文奕同学的作品中，许多字都融入了书法的元素，如：第一排的"凡"，第三排的"展"、"现"等字，字形平稳之中显灵动，给人以美的享受。

2. 整体效果明显。

大家在学习课本知识时有没有发现，课本上的文字在同一格式下，大小都是一样的。这就给我们一个启示：不管是笔画多还是笔画少的字，我们在写文章的时候，它们的高矮、宽窄、大小应尽量写到一样，这样字的整体美感才会表现出来，给人以爽心悦目的感觉。

从作品中我们可以感觉到，一股内在的气流从"教"字开始，经过一番历程，从"的"字缓缓流出。在一幅楷书作品中，我们不仅会被其每一个精神抖擞的字所吸引，更会被其整齐划一的阵容所感染。

当然，曹文奕同学这幅楷书作品，仍有不少地方可圈可点。

"平"字两点靠得太近，"巨"、"生"字横画回锋拖泥带水，"大"、"反"等字的捺画生硬无力，"死"、"躯"、"教"等字左右拥挤，但这些只是小问题，提示即能改正。相信曹文奕同学会再刻苦努力，作品也将日臻完善。

能力训练

一、常见的十大不正确写法

1. "头重脚轻"型，如下图中的字。"摆"：上面"四"字写大了一点，看起来像一块石头砸下去。"接"：上面两横应短，"女"字的一横应长。"色"：上面的撇画应写短一点，横撇的横应短一些。"最"："日"字写大了，也写歪了。"马"：你见过脑袋与身子一样大的马吗？竖画应在横画的中间位置。"说"：口大了，撇和竖弯钩未站直，应再长一点。"各"：上面应收紧一些。

练习：

摆	接	色	最	马	说	各	写	字	党
冠	堡	奇	岸	想	琴	落	娶	昏	尾

2. "上下脱节"型，如下图中的字。前五个字的"心"应往上提，卧钩的起笔应无限接近上面的笔画。"察"字下面应往上提，"绍"的"刀"应往下靠。

练习：

想	志	总	蕊	察	绍	忍	思	悲	皇
望	弄	点	岩	艺	完	会	全	委	花

3. "左右脱节"型，如下图中的字。前五个字右面第一个笔画应靠近左边写，后两个字右面第二个笔画应靠近左边写。

练习：

数	语	请	得	狐	优	就	知	程	预
蜂	聪	姓	鸡	股	肢	衫	砍	朗	踏

4. "结构松散"型。如下面的字。前两个字中间部分应收紧，中间两个字横与横之间的距离太大，后两个字中间空白太大。

练习：

健	御	谁	全	树	载	教	雄	淮	武
配	贱	较	杨	政	故	敌	枯	祝	驴

5．"手低脚高"型，如下图中的字。撇捺如人的双手，竖画（竖钩、竖提、弯钩）如人的腿，"腿"应再长一点，它应比撇捺位置低。

练习：

家	袋	绿	来	表	木	体	保	长	采
依	妹	娘	谋	泳	课	麻	苯	策	巢

6．"龟缩"型，如下图中的字。左右半包围的字，里面的部分应当把"脑袋"伸出来。

练习：

在	席	习	勺	句	左	唐	房	疼	症
压	店	司	习	蜀	葡	萄	唇	尾	氧

7.“身未瘦”型，如下图中的字。左右两边的字都应变“瘦”。

练习：

值	植	校	枪	路	板	阮	你	供	飒
峰	财	救	散	赋	枕	骑	验	驶	妇

8.“儿、中间撇捺”未分开型，如下图中的字。分开后，它们之间的空白才能与整个字协调。

练习：

春	先	就	玩	境	无	乔	寒	蚕	赛
秦	誉	巷	瀑	优	尼	呢	党	流	现

9．"走之底内未收紧"型，如下图中的字。走之底里面的个别笔画未收，造成里面的字过"重"，下面的撇画"承"不起。

练习：

遵	遭	边	遂	近	进	还	远	追	过
连	迅	迈	道	邀	逼	逮	遣	建	起

10．"歪来倒去"型，如下图中的字。字的重心不稳。前两个"家"字弯钩的最右边应在中间，弯钩太弯。"邓"、"得"两字竖画不直。"它"字横钩下倾。"呢"字竖弯钩不平。"活"字上撇应是平撇。因此，我们在平时写字中，要做到"横平竖直，弯钩不弯"。

练习：

家	邓	得	它	呢	活	农	互	史	更
毛	母	龙	飞	况	么	发	心	女	牙

二、整体效果训练

古人云：远看整体效果，近看间架结构，细看基本笔画。这是对一篇作品好坏的基本评判标准。

整体效果要求：大小匀称，每个字之间大小相称，均匀；疏密合理，字距、行距疏密得当。

间架结构要求：字的重心平稳，端正、自然；比例恰当，左右、上下、包围等结构搭配合理、统一协调。

基本笔画要求：字体笔画准确，点、横、竖、撇、捺、提、钩、折等各具形象，笔画尽可能自然、美观、流畅。

1. 临摹练习。

（1）有格练习。

在格子内写字，要根据格子的大小来决定字的大小，一般说来，小学生所用的习字本格子较大，字最大只能写八分满。如果太大了，就不好看了。高年级所用的作文本，格子较小，可以写得较满。手写体一般不能写到印刷体那么标准，笔画多的字相对来说可以写大一点，以免看起来有被"捆绑"的感觉。

写	好	汉	字	对	于	提	高	学	生
素	质	弘	扬	民	族	文	化	加	强
对	学	生	的	爱	国	主	义	教	育
均	有	着	十	分	重	要	的	作	用

（2）通行格练习。

通行格里写字，字要写到格子正中，字与字之间不能太拥挤。字的上下均要有空，这样行与行之间才会界线分明，层次清楚。

> 人的一生应当这样度过：当回首往事的时候，他不致于因为虚度年华而痛悔，也不致于因为过去的碌碌无为而羞愧，在临死的时候，他能够说："我的整个生命和全部精力，都已经献给世界上最壮丽的事业——为人类的解放而斗争。"
>
> 录奥斯特洛夫斯基语

2. 印刷体文字手写练习。

学习印刷体字，最好用楷体，相对来说要接近手写体一些。我们应主要学习它的间架结构。

文	字	的	产	生	和	发	展	是	为
了	实	用	的	需	要	。	学	习	楷
书	不	仅	可	以	把	字	写	得	清
楚	、	端	正	、	美	观	、	漂	亮

第二章

汉字书写：写一手清秀的汉字

第三章　绘画训练：
画一幅简笔画

学习提示

　　本章探讨什么是简笔画，什么是教学简笔画；教师为什么要具有画教学简笔画的能力；语文教师画简笔画和使用简笔画的过程中容易出现哪些错误；怎样画简笔画；教学简笔画如何恰当地使用等内容。教师可对照学习简笔画的画法和使用方式，纠正一些教学中简笔画使用不当的行为。

能力意义

　　简笔画，就是用极为单纯的线条和图形在极为有限的时间和空间内迅速地概括物象最本质的特征的绘画。它是一种直观形象、鲜明生动、通俗简洁、易学易画的简单绘画类别。教学简笔画就是教师在课堂教学时结合教材内容所运用的简笔画，是教师在课堂上创造良好的教学环境，使学生在轻松愉快的气氛中学习知识和技能的主要手段之一。

　　简笔画能化抽象为直观，化复杂为简单，而且使用灵活机动，易于操作，无疑是最简洁实惠的教学手段，它在当今小学语文教学中所起的作用是不可小觑的，也是多媒体辅助教学手段不可替代的。

　　有专家做过这样的实验：只凭口述，三小时后记忆率为70%，三天后保持率为 10％；边看图边口述，三小时后记忆率为 85％，三天后保持率为 65％。因此，在小学语文教学中使用简笔画这种简洁洗练的绘画语言，不仅能把大千世界种种形象概括、融汇到课堂教学中，而且能使学生高度地集中注意力，心情愉快地学习知识。这样不但能大大减轻学生的学习心理负担，还能调动学生的形象思维，提高学生的思维能力、想象力和创造力，让原本枯燥乏味的文本形神兼备。教学图文并茂，虚实并进，使学生心无旁骛、思维集中，能大大提高学生语文学习的效益。其简单的绘画语言不受任何客观条件的限制。教师手持一支粉笔，不受外在客观条件的影响，把语言与画面融为一体，更为生动准确地反映文章内容，可以收到意想不到的积极效果，让学习成为一件趣事。

案例反思

《小蝌蚪找妈妈》这篇课文写了小蝌蚪在找妈妈的过程中，分别与鲤鱼和乌龟有一段对话，一位教师的简笔画设计如图一。

从整个简笔画来看，这位教师的绘画基本功扎实，所画的简笔画也很精美。让我们认真审视一下这个设计。

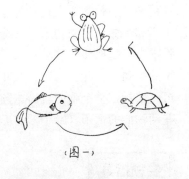

（图一）

教学简笔画的设计不仅仅是要求画面的布局合理，物体简洁，特点鲜明，更重要的是还要与文章所要表达的主要思想紧密地结合在一起，突出文章的主要内容和要表达的意思。这幅简笔画的设计布局美观大方，物体特点鲜明、简洁。但是，这幅简笔画并没有把课文的重点和难点表达出来，也就失去了简笔画在教学中的实际作用和意义。

《小蝌蚪找妈妈》是一篇科普文章，文章的重点和难点是了解小蝌蚪变成青蛙的成长过程，而不单单在于小蝌蚪和鲤鱼、乌龟之间的对话。所以，应该在这幅简笔画的基础上把小蝌蚪变成青蛙的变化过程呈现出来。这样一来，孩子们就能从简笔画中清晰地知道小蝌蚪变成青蛙的生长过程（先长出两条后腿，再长出两条前腿，最后尾巴不见了），从而突破这篇文章的教学难点。

一位教师给低段学生上《雪地里的小画家》这篇课文时，根据教学的推进，她先在黑板上画出小鸡、小狗、小鸭和小马的简笔画，接着又画出它们的脚印简笔画，最后又画上竹叶、梅花、枫叶、月牙（见图二）。

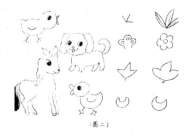

（图二）

图中小狗、小马的简笔画略显复杂。另外《雪地里的小画家》这篇文章的教学重点是指导学生理解课文内容，知道小鸡、小狗、小鸭和小马四种动物爪子（蹄子）的不同形状。在简笔画的设计过程中，只需抓住这些动物爪子（蹄子）的不同形状和我们平时所常见的事物（竹叶、梅花、枫叶、月牙）相似的地方，设计简笔画即可。这样，整个画面言简意赅，重点突出，孩子们很容易就知道这些动物们的爪子（蹄子）的形状了。

要领指导

一、画简笔画的要领

1. 简笔画的主要技法。

线描法。线条是最重要的绘画语言之一，许多绘画种类都以线条为主，如速写、素描、中国画等。教学简笔画也不例外，线条是它最基本的造型手段和造型语言。我们知道，用线可以概括出大自然中纷繁复杂的形象，不同的线条还能表达出不同的情感，如直线平稳、刚劲有力；曲线优美、活泼而富有变化；折线曲折、迂回而使人紧张。此外，线条的粗细、疏密、浓淡、虚实等都能使画面产生不同的效果，都能使形象产生不同的感受。

线面法。也称线面结合法，也就是在线条的基础上适当地加上一定的块面以丰富画面效果。

2. 不同种类的线条练习。

常用线条的练习：横线练习（从左到右）；竖线练习（从上到下）；斜线练习（左斜、右斜）；曲线练习；折线练习；弧线练习。

线条练习的要求是：轻重适宜，流畅，均匀，清晰，有力度感。

3. 怎样画准。

首先要多练习。练习少，有可能手头控制能力差。练习者可以在自己的原画上多修改几笔，看是否能达到满意效果，如果画准了，把这个图形再多画几遍，就能提高，这也就是"熟能生巧"。

其次要认真观察。有练习者可能对所画物象的结构不熟悉，经常会有"熟视无睹"的现象。要认真观察物象各部分的组合关系。例如，比例位置及各部分结合在一起的特点等，心明才会手巧。

第三要准确把握物象的造型和比例关系。建立起比例的概念，比如：画一个长方形，画了长边就要想到短边与长边的比例关系。

4. 在简化物象的过程中应注意的问题。

怎样简化？简笔画是一种符号式的绘画，并不是写实性绘画。简化的关键是要建立起符号的意识，用符号的方法来概括出大千世界。必须这样来确定自己的思路，如同在静物素描写生中，用几何形体来概括静物形体一样。具体画时，首先应明确什么是物象的主要特征。例如，长颈鹿的"长颈"为其主要特征，想一下，用什么样的几何形体才能把它表现出来。在简笔画中，则考虑用什么样的符号把它画出来，再增加一些必要的细节，最后编排运笔的前后顺

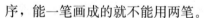

序，能一笔画成的就不能用两笔。

简化了不像怎么办？要把物象简化得恰到好处，关键是要抓住物象最能说明问题的特征。其实，程式化的造型都在寻找物象的共同因素，同时也要注意个别特征的区别。如电饭煲，画它的主要特征不在外形，而是在相连接的电线和插头，这些细小的东西往往也能成为简笔画设计的重要因素。在画一些特征不明显的物体时，可画些与其有联系的物体作为陪衬说明。

怎样避免造型的雷同？在学习简笔画的过程中，不动脑筋地一味模仿是造成简笔画千篇一律的根本原因。其实，明白简笔画的设计原理，就可以运用一些夸张的手法。比如鱼的身体可以用椭圆或者半圆形来画，也可以用方形、三角形来画。用相同的符号来表现不同的物象，用不同的符号来表现相同的物象，使"发散思维"得到发展。不同形体的物体"嫁接"到一起，可以出现意想不到的效果。

二、教学简笔画的使用要领

1. 丰富课堂教学内容时使用。

在课堂教学中，师生的互动与交流，除了语言（含口语、书面语、态势语等）外，利用形象的交流也十分重要，如：在讲到唐代王维的诗"明月松间照，清泉石上流"时，用语言的讲解交流就不如用一幅图画来表现更有说服力。

2. 拓展想象空间时使用。

想象是十分重要的，在素质教育中拓展学生想象的空间，对提高学生的创造意识起着重要的作用。图画能提高学生的形象思维能力，帮助学生拓展想象的空间。例如《咏鹅》一课，对于小学生来说，"鹅"并不陌生，而诗的意境才是学生难懂、教师难教的。一般的朗读、吟诵是很难让学生体会到意境的，而用寥寥几笔勾勒出一幅"曲项向天歌"的白鹅，学生们就不约而同地进入诗句所绘的境界，不同程度地体会到诗的意境，从而产生仿佛"眼见为实，耳听为实"的感觉，有的学生还会情不自禁地学着鹅的叫声。这种美感的产生，使学生既体会到诗歌的韵味，又发展了想象力。正如古人所说的"披文入情"。这种复合式的教学方法，既拓宽了教师传递信息的渠道，也增加了学生获取知识的途径。

3. 抽象具体结合时使用。

使抽象的东西形象化，使枯燥乏味的逻辑变得生动有趣，有增强记忆的效果。儿童的认知是一个从具体到抽象、从感性到理性的过程。因此，对于低年级学生来说，学拼音、识字、学词要与认识事物结合起来，而借助图画理解词义是最基本、也是最简便的方法，它可以帮助学生形象直观地理解词语。复述是进行口语表达的一种重要方式，教学有些课文时可以利用简笔画理清文章线索，帮助学生复述。

4. 促进理解领会时使用。

简笔画有利于释疑解难，活跃思维。利用简笔画能及时地为学生的思维活动提供必要的表象支撑，解除学生介于文字与实际情境间的思维障碍。如《詹天佑》一文中，学生很难理解火车在两个车头推拉下沿人字形路线行进这一情况，这时就可以在黑板上画一个简单的图形作为学生的思维的支点，学生阻滞的思维自然畅达了。

5. 活跃课堂气氛时使用。

低年级学生自控能力较弱，情感易变，思维带有很大的具体性，无意注意占优势，直观具体的事物和生动活泼的形式，更容易引起儿童的注意。教师如果进行重复单调的训练，儿童的注意力往往处于分散的状态，枯燥的讲解只会使学生丧失学习的兴趣。但是此时教师一旦把教学内容用生动有趣的简笔画描绘在黑板上，立即会形成学生的视觉兴奋点，课堂气氛因此而变得十分活跃。这种轻松愉快的教学情境，能激发学生浓厚的学习兴趣和持久的注意力，消除他们的学习疲劳。

6. 指导学生背诵时使用。

背诵是学生积累的一种有效手段。图文结合，能提高学生的背诵效率。例如背诵《荷花》一文之前，可以让学生边读边画千姿百态的荷花：有的展开两三片花瓣儿→有的花瓣全部展开了→有的还是花骨朵儿，让学生在画的同时，如同亲临荷花池，亲眼看着那一朵朵荷花，印象特别深刻，背诵时就利用画好的简笔画，效果会好得多。

7. 对学生进行审美教育时使用。

培养学生的审美能力，对学生进行形象的审美教育时可以使用简笔画。如白居易的《钱塘湖春行》，描绘了"早莺争暖树"、"新燕啄春泥"、"乱花迷人眼"、"浅草没马蹄"，它们组成了一幅美丽的早春图。此时利用简笔画将这幅美丽的早春图展现在学生面前，学生直观地感受到了诗境的美，受到了美的熏陶，体会到了祖国大好河山的美，从而激发起学生对大自然、对祖国的热爱之情。

案例欣赏

案例一：简笔画练习

右图是一位朋友为我们展示的用简笔画画猩猩和猴子的步骤。

画面既简单形象又抓住了动物的主要特点，几笔就成了一幅画。简笔画的优秀作品不仅在各类简笔画书刊中多有呈现，在一些网站上也均有展示。

案例二：运用简笔画识记汉字

二年级识字课上，一位教师在黑板上写上"战"和"站"，让学生观察两个字的相同点是什么。学生总结出这两个字都有一个"占"字。教师在黑板上写出两个大大的"占"

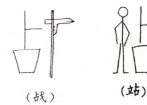
（战）　　（站）

字，标出音节"zhàn"，告诉学生"占"是"战"和"站"的声旁，表读音，而"戈"和"立"是两个字的形旁，表意思。接着在"占"字的右边画出一把戈（见左图），告诉学生"戈"是古代的一种曲头兵器，它跟打仗、作战有关。又在另一"占"的左边简笔画出一个站立的人（见右图），让学生明白"立"就是站立的意思。然后，让学生分别给这两个字组词。

在本堂课上，教师通过形象生动的简笔画，让学生一下子就分清了"战争、战斗、战场、战役、作战"等都是带"戈"的"战"字；而"站立、站好、站队"等就是带有"立"的"站"字，达到了利用简笔画帮助学生辨析形近字的目的。

由此可见，在识字教学中，简笔画可以非常广泛地使用，因为汉字本身就是很具有图画美的一种文字。很多独体字本身就是由"简笔画"演变而来的，比如"日、月、水、火"等。利用学生的年龄特征和思维特点，运用简笔画帮助学生识记独体字、辨析形近字是个很好的办法。

案例三：巧用简笔画理解词语

一位教师在教学《燕子》一课时，有这样的教学片断：

师：你认为"几痕"用得准确吗？为什么？

生：不准确。电线应用"几根"来形容。

师：课文中为什么用"几痕"而不用"几根"呢？

（出现暂时冷场）

这时教师在黑板上画了两组线：

....   ———————————
....   ———————————
....   ———————————

（生恍然大悟）

生："几痕"表现了电线若有若无。

生："几痕"写出了电线隐隐约约、看不太清楚的特点。

生："几痕"反映了从远处看电线的真实情况。

生：用"几痕"能跟优美的画面相协调，用"几根"就平淡无味了。

师：大家说得真好。再看最后的比喻句，把什么比作什么？

生：把燕子歇在电线上的情景比作"正待演奏的曲谱"。

师：这样比喻贴切吗？

（生一时无语）

教师又在线条上添了几笔：

（生若有所悟）

生（齐）：贴切！

《燕子》一课的第四自然段中"电线杆之间连着的几痕细线，多么像五线谱哇"。作者用的是"几痕"细线，而不是我们常用的数量词"几根"细线，这是学生理解的难点。另外，学生对作者把燕子歇在电线上的情景比作"正待演奏的曲谱"也很不理解。这两处难点，执教者没有采用讲解法，而是利用简笔画作巧妙的点拨，收到事半功倍的效果，加深了学生的理解和记忆，明显地提高了课堂教学的效率。

在很多教学实践中，简笔画都能起到帮助学生认识作者准确用词的目的。另外，还能帮助学生理解修辞手法使用的准确性。对简笔画在教学中的作用，前苏联教育家苏霍姆林斯基给予了很高的评价："这种在讲课过程中随手而就的图画，比现成的，甚至比起彩色的图画来都有其很大的优点。"

案例四：运用简笔画促进理解，领会文章内容

在《詹天佑》一课的第五自然段的教学中，教师先和学生一起，根据文章所写的内容，在黑板的中央用粉笔勾勒出居庸关和八达岭的简笔画，再让学生读课文，根据课文描述的特点，来区分这两幅画分别是什么地方。然后，再回到课文中一边读"居庸关山势高，岩层厚，詹天佑决定采用从两端同时向中间凿进的办法"，一边让学生在黑板上画出示意图。接着，又一边读"八达岭隧道长一千一百多米，有居庸关隧道的三倍长。他跟老工人一起商量，决定采用中部凿井法，先从山顶往下打两口竖井，再分别向两头开凿。外面两端也同时施工，把工期缩短了一半"，一边画出八达岭的开凿示意图。刚一画完，下边的学生都不约而同地叫了出来："原来是在单位时间内增加了工作面，所以，工期会缩短，真聪明！"看到孩子们的兴奋劲儿，教师顺势一问："既然你们说增加了工作面就能够提高工作效率，那詹天佑为什么在居庸关没有采取这样的方法啊？"喧闹的教室顿时又安静了下来，片刻之后，孩子们看着黑板上的简笔画恍然大悟，又高高地举起小手叫着、嚷着："居庸关山势高，岩层厚，如果采用'中部凿井法'没等中间的井凿好，隧道都已经打通了。而八达岭则不同，它长一千一百多米，有居庸关隧道的三倍长，所以可以采用'中部凿井法'以增加工作面来缩短工期。"教师继续追问："从开凿隧道这件事中，你认为靠的是詹天佑的什么精神，他又是一个怎样的工程师呢?"学生异口同声地回答："靠的是詹天佑的创新精神，他是一位杰出的工程师!"

《詹天佑》这篇文章教学的重点和难点就是体会詹天佑的爱国热情和创新精神，而他的创新精神则是通过他"开凿隧道"和"设计'人'字形路线"表现出来的。所以，难点就又落到了詹天佑怎样根据不同的地形特点设计出不同的隧道开凿方法。对于学生来说体会"居庸关山势高，岩层厚"和"八达岭隧道长一千一百多米，有居庸关隧道的三倍长"的不同特点应该不是问题，关键是文章中提到的两种开凿隧道的方法"从两端同时向中间凿进法"和"中部凿井法"把学生弄得是一头雾水。没有把这两种开凿方法的特点弄清楚，就没法体会到这两种开凿方法在整个施工过程中起的作用，也就很难让学生感受到詹天佑的创新精神，更无法突破文章的难点。本来看似很复杂的概念，通过简单的几笔勾画，以凝练概括的图示形式把文章的重点难点、中心意义显示出来，学生就更直观、形象地理解了文章内容。

在高年级的课本中，有些文章内容与学生生活距离较远，为了帮助学生理解文章内容，可以适当地加入简笔画。

案例五：运用简笔画理清文章脉络

比如《一个苹果》一课的教学中，教师让学生边读边想：这个苹果传递了几次？每次传递的顺序如何？结果怎样？

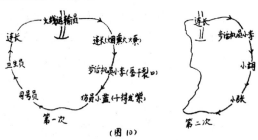

（图10）

根据学生的回答，教师用简笔画表示，这个苹果共传递了两次，第一次的顺序是：火线运输员—连长—步话机员小李—伤员小蓝—司号员—卫生员—连长。结果谁也没有吃，苹果又回到了连长的手里。第二次的顺序是：连长—步话机员小李—小胡—小张……结果苹果还剩下大半个。

这样一来，苹果传递的顺序在学生的脑海中清楚而又有条理了，并能让学生从中体会到这个苹果的来之不易，以及战士们在几天几夜没喝水的情况下对水的渴望，使学生初步感知战友之间的深厚情感。

上述案例说明，在课堂板书中恰当地运用简笔画有利于帮助学生理清课文的脉络，找到课文的线索。

案例六：妙用简笔画为作文教学服务

在教学《稻草人》一课时，教师与学生一起学习了第一段"稻草人是农人亲手造的。他的骨架子是细竹枝，肌肉和皮肤（fū）是隔年的黄稻草。破竹篮子和残荷叶都可以做他的帽子；帽子下面的脸平板板的，分不清哪里是鼻子，哪里是

眼睛。他的手没有手指，却拿着一把破扇子——其实也不能算拿，不过用线拴住扇柄，挂在手上罢了。他的骨架子长得很，脚底下还有一段，农人把这一段插在田地中间的泥土里，他就整天整夜站在那里了"后，教师让学生根据课文描写的顺序，自己动手画一画稻草人的样子。学生画好后，请其仿照作者的写作方法，介绍自己喜欢的动物或玩具。

本教学片断中，学生积极地参与到简笔画的绘画过程中，不仅了解了稻草人的样子，而且还明白了作者先整体后局部，从上到下的描写顺序。最后，让学生仿照作者的叙述方法向大家介绍自己喜欢的动物或玩具，达到巩固描写类作文的目的。

这个案例告诉我们：虽然作文教学看起来似乎离我们的简笔画

第三章

绘画训练：画一幅简笔画

很遥远，但是如果使用巧妙，教学效果也是非常好的。

能力训练

1. 采用简笔画的形式写一篇教学日记或者改写一篇成语、寓言故事。

2. 设计一幅简笔画帮助学生记忆《看图说话学拼音5》（如下图）中三个字母的字形。

3. 设计一幅简笔画引导学生领悟《月光曲》中皮鞋匠联想段落的内容，感受乐曲的意境和人物的心境。

皮鞋匠静静地听着。他好像面对着大海，月光正从水天相接的地方升起来。微波粼粼的海面上，霎时间洒满了银光。月亮越升越高，穿过一缕一缕轻纱似的微云。忽然，海面上刮起了大风，卷起了巨浪。被月光照得雪亮的浪花，一个连一个朝着岸边涌过来……皮鞋匠看看妹妹，月光正照在她那恬静的脸上，照着她睁得大大的眼睛。她仿佛也看到了，看到了她从来没有看到过的景象，月光照耀下的波涛汹涌的大海。

4. 如下图：这是一位教师在教学《西风胡杨》时设计的一幅简笔画，对此设计你有何看法？请说明理由。

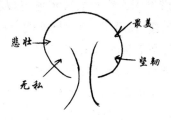

西风胡杨

胡杨，秋天最美的树，是一亿三千万年前留下的最古老的树种，只生在沙漠。全世界百分之九十的胡杨在中国新疆的塔里木。我去过塔里木。在那里，一边是世界第二大的三十多万平方千米的塔克拉玛干大沙漠，一边是世界第一大的三千八百平方千米的塔里木胡杨林。

胡杨，是最坚韧（rèn）的树。胡杨的根茎（jīng）很长，能深达二十米，穿透虚浮漂移的流沙，去寻找地下的泥土，并深深植根于大地。它能在零上四十摄氏（shì）度的炙（zhì）热中耸（sǒng）立，能在零下四十摄氏度的严寒中挺拔，不怕侵入骨髓（suǐ）的斑斑盐碱（jiǎn），不怕铺天盖地的层层黄沙。

胡杨，是最无私的树。胡杨是挡在沙漠前的屏障，身后是城市，是村庄，是青山绿水，是并不了解它们的芸（yún）芸众生，可它们不在乎。它们将一切浮华虚名让给了牡丹，让给了桃花，让给了所有稍纵即逝的奇花异草，而将这摧（cuī）肝裂胆的风沙留给了自己。

胡杨，是我平生所见最悲壮的树。胡杨生下来千年不死，死后千年不倒，倒下去千年不朽。在塔里木和内蒙古的额济纳旗，我都看见了大片壮阔无边的胡杨林，它们生前为所保卫所挚爱的热土战斗到最后一刻，死后枝丫奇屈的身躯仍坚定地挺立着。

胡杨曾孕育了整个西域（yù）文明。两千年前，西域被大片葱郁的胡杨覆盖，塔里木、罗布泊等水域得以长流不息，水草丰美，滋润出楼兰、龟兹（qiūcí）等西域文明。可是，拓荒与征战，使水和文明一同消失在干涸的河床上。

胡杨也有哭的时候，每逢烈日蒸熬（zhēng'áo），胡杨树身都会流出咸咸的泪。它们想求人类，将上苍原本赐（cì）给它们的那一点点水留下。上苍每一滴怜悯的泪，只要洒在胡杨林的沙土上，即便是入地即干，也会让这批战士继续屹立在那里奋勇杀敌。我看到塔里木与额济纳旗的河水在骤减，我听见上游的人们要拦水造坝围垦（kěn）开发，我怕他们忘记曾经呵护他们的爷爷和爷爷的爷爷的胡杨，我担心他们子孙会重温那荒漠残城的噩（è）梦。

我站在这孑（jié）然凄立的胡杨林中，祈求上苍的泪，哪怕仅仅一滴；我祈求胡杨，请它们再坚持一会儿，哪怕几十年；我祈求所有饱食终日的人们背着行囊在大漠中静静地走走，哪怕就三天。我看着胡杨林中坚持拼搏着的"战士"，看着那些倒下去的伤者，无比心痛。然而我坚信：胡杨还在，胡杨的精神还在，生命还在，苍天还在，苍天的眼睛还在。那些伤者将被疗治，那些死者将被祭奠，那些来者将被激励。

直到某日，被感动的上苍猛然看到这一大片美丽忠直、遍体鳞伤的树种，问：你们是谁？烈烈西风中有无数声音回答：我们是胡杨！

5. 给《两小儿辩日》这篇文章设计两幅或两幅以上的简笔画，清晰地呈现出两小儿不同的观点。

两小儿辩日

孔子东游，见两小儿辩斗，问其故。

一儿曰："我以日始出时去人近，而日中时远也。"

一儿以日初出远，而日中时近也。

一儿曰："日初出大如车盖，及日中则如盘盂，此不为远者小而近者大乎?"

一儿曰："日初出沧沧凉凉，及其日中如探汤，此不为近者热而远者凉乎?"

孔子不能决也。

两小儿笑曰："孰为汝多知乎?"

第四章　博客建设：
建好一个班级语文博客

学习提示

　　本章探讨的不是网络应用的技术问题，而是如何有效利用网络平台，让学生以更自主的方式参与语文学习。本章内容包括栏目设置、博文发表、文章修改、有效评论、自主管理、正向评价、多元激励。

能力意义

　　生活在"地球村"的我们，如果说不会上网，估计是会让人觉得不可思议的。所以，现在的孩子迷上电脑、迷上网络，那是很正常的。可这也让许多家长和教师十分头疼。建好一个班级语文博客，可以让孩子在网上不仅仅是玩游戏，还能做有意义的事情。

　　即便是物质生活再丰富，独生子女们也总是由衷地感叹："我们是孤独的一代！"生活在孤独中的孩子，难以有阳光的心态，也缺乏与人合作的意识与能力。虽然有了网络，可孩子们连用文字聊天都不会，只会翻来覆去地发图片。所以，让孩子们顺畅地运用语言文字进行交流，也是语文教师的重任。

　　语文课堂空间有限，所以孩子们交流与展示的空间自然也不足。我们需要为孩子们搭建这样一个平台，通过自主地、自由地交流与展示，体验语言文字的美好，体验交流的快乐，体验展示带来的成就感。

建立一个班级语文博客，不仅仅是建立，还涉及如何让孩子积极参与其中，并在这个平台上获得语文综合能力的提升以及良好的情感体验。

案例反思

从节选的这个语文博客的博文目录来看，我们可以看出这是一位很认真的教师，文章内容既有语文学科知识的积累与考查，也有语文技能的训练。按理说这应该很好才对，但其中却有六大问题。

第一，所有的博文都是教师发的，应该有学生的作品。

第二，文章浏览者众，参与评论的少，无从考察学生的参与情况。

第三，没有明确的栏目分类。

第四，除了知识与技能，没有贴近学生生活的东西，不能吸引学生的兴趣。

第五，管理者也是教师自己，难以形成长期的、有效的指导体系。

第六，不能体现学生的自主性。

第四章 ■ 博客建设：建好一个班级语文博客

— 63 —

要领指导

一、栏目的设置

1. 博客命名。要取个一目了然的名字。如"小学语文博客"就太大，应为"某某某的班级语文博客"。

2. 头像昵称。选择头像最好是班级多个同学的合影甚至是全班集体照，让学生有归属感。昵称要大方得体。

3. 博文分类。

（1）定位要准确。

第一，如果内容是关乎语文学科的，就应涉及语文学习的听、说、读、写各项能力的训练与展示，如"朗读吟诵"就是有声的记录；"能写会画"就能记录汉字书写、绘图写短句等。

第二，要涉及课内的巩固与课外的延伸。"课后有话说"就可以发表自己学习的感受收获或者是疑难；"好书美文推荐"就可以进行课外阅读的交流。

第三，对象是学生，就应关注学生的年段特点、学习过程、学习收获等。如对象是中段学生就可以设置"我会仿写"，为起步作文搭桥铺路。

（2）名称要清晰。如"童话创作"就是按体裁对文字进行归类；"我会仿写"就是按写作方式进行归类；"博客明星"就是按激励方式进行归类；"老师在线"就是按解决问题的操作策略进行归类。

二、博文发表

博文的发表其实不单指发表文章，还包括发图片和发视频。所发照片和视频都最好是用来记录学生学习过程的，或者是能指导学生有效参与学习的。

1. 文章发表要规范。虽然是在博客中，但也要求学生有规范的格式。

请爱护小鸟（一）(2011-09-30 10:20:03)　[编辑][删除]

请爱护小鸟

作者：刘馨蔚　9月18日

鸟类是和平的象征，它们像天使一样美化着环境。

一只燕子，六个月能吃五十万只害虫；一只猫头鹰一年能吃一千只田鼠，而一千只田鼠一年要吃

上图所示的博文，出现了这样几个问题：

（1）标题没有居中。

（2）作者署名位置错误。正确做法是作者姓名（或笔名）写于标题下，居中或偏右，与标题之间空一行。

（3）署名后不应该有日期。如果是写日记，则应以日记的格式为准。

（4）文章的标题、署名和正文字号一样大，既不美观也不方便阅读。

（5）此文没有进行归类，不便于查找。

2. 保持网络的开放性，允许文中出现网络图片。和日常作业不同，学生们酷爱网络的原因之一，就是喜欢那些可爱的、有动感的图片，甚至会在网络写作中，也夹杂这样的图片，为他们表情达意起辅助作用，也让阅读的孩子感觉有趣。

如下例：

开始了！开始他就来了个度急速漂移直接把我甩了出去。我大叫："啊——！兄弟减速慢行啊！"我们又开始了！这次有很多人要来。他们都喊："下楼！"于是我们在楼跑了圈。

3. 照片的发表要具有示范性。将学生优秀的书写作业、书法作品、手抄报、墙报等以照片的形式呈现，有利于更多人欣赏，也更适合长期保存。

如：

	钱	塘	湖	春	行	
	唐	·	白	居	易	
孤	山	寺	北	贾	亭	西,
水	面	初	平	云	脚	低。
几	处	早	莺	争	暖	树,
谁	家	新	燕	啄	春	泥。
乱	花	渐	欲	迷	人	眼,
浅	草	才	能	没	马	蹄。
最	爱	湖	东	行	不	足,
绿	杨	阴	里	白	沙	堤。

御营小学五年级五班　　　姓名：蔺思杰

4. 视频的发表要用文字注明内容，并链接地址，方便大家观看。如下例：

开博以来，同学们积极参与，很多同学在这过程中既锻炼了能力，也收获了快乐。通过大家的投票和老师的综合评估，特评出以下同学为十月"博客明星"。

优秀小作者　李颖婧

优秀小老师　蔺思杰

优秀评论员　刘永悦

请收看首批博客明星采访实况http://you.video.sina.com.cn/a/5137204-2418567762.html

三、文章修改

对于写作来说，修改无疑是很重要的工作。如何修改，如何指导学生修改，都是我们语文教师应该注重的。博客中的文章修改，可分为四种。

1. 后台修改。顾名思义，这就是学生发表作品之后，教师或者小教师将该文章以"编辑"形式直接修改完成，然后展示在作者和读者的面前。这种方式不宜多用，只适合用在写作能力欠缺的后进生身上。用这方式的目的是为了帮助他找到自信，培养他对写作的兴趣和热情。

2. 对照修改。就是将原文保留，以不同色彩，同时展现出原文和修改文，让作者和读者边阅读边思考，究竟怎么写更好。这适合运用在学生写作可能发生的共性问题上。如：

我看黑泥太干了，就去把瓶子装满水，于是就拿了个瓶子，装满水倒在黑泥坑里，慢慢地黑泥不干了，变成稀糊糊了。我说："我们把黑泥抹在脸上吧！"就这样，十分钟过去了。我发现弟弟不见了（因为变成黑人了），就急忙去给妈妈说："我把弟弟弄丢了！"弟弟爽快地答道："好！"于是我们抓起黑泥，就在脸上使劲抹了起来。可抹着抹着，我忽然看不见弟弟了。天哪，我把弟弟弄丢了！这可怎么办啊?！于是我一边哭一边去找妈妈："妈妈，妈妈，我把弟弟弄丢了！""呜呜"……我哭了。

因为学生在叙述过程中通常不能把文章写具体、写生动，所以教师根据这个问题，以这篇文章为例，进行了修改，只要用心阅读与比较，肯定是会有所收获的。

3. 提示修改。原文全部保留，也不作修改，只用颜色标记出需要修改的地方。这适用于此文章的个性问题，不具有普遍意义，或者问题不大，大家都能自我订正。如：

百合花可真美！你看，那又细又长的枝叶上闪过几朵小花，有红色、白色、粉色等很多！有的还是花苞，一点一点的好像刚学走

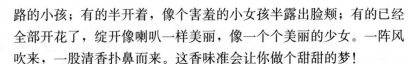

路的小孩；有的半开着，像个害羞的小女孩半露出脸颊；有的已经全部开花了，绽开像喇叭一样美丽，像一个个美丽的少女。一阵风吹来，一股清香扑鼻而来。这香味准会让你做个甜甜的梦！

4．课堂修改展示。此种做法是关注学生的学习过程，将学生在课堂中修改同学文章的情况进行展示，目的在于让更多学生知道应该怎样去修改别人的作文才是好的。

（1）赞赏性修改。这份修改作业主要是指出了文章的优点。

（2）批判性修改。这份修改作业主要是指出了文章的不足。

（3）帮助性修改。帮助同学把字改正确，把句子写规范、生动、优美等。

（4）提示性修改。以提出问题的方式，引导同学自己修改。

（5）综合性修改。将以上方式全都运用于同一作品的修改中。

四、有效评论

建立班级语文博客的重要目的之一就是引导孩子运用文字进行交流，而评论就是一个重要手段。要让所有学生都积极参与其中，以评论他人文章或让他人评论自己文章的方式展开有效的交流，从而提升阅读、写作的能力，并获得愉悦的情感体验。要让评论达到这样的目的，我们需要做好以下几点：

1．让每个学生都有参与的可能。

（1）在班级中告知博客地址，最好能以书面形式予以通知。

（2）与信息课教师合作，帮助学生顺利找到博客。

（3）以课堂教学的方式，集中指导学生如何对某一篇文章进行评论。

（4）开展"每周一课"活动，让家里没有电脑的学生也能参与文章的发表与评论。

2．教师要能掌握学生参与评论的情况。每个学生都选中"匿名评论"的方式，然后在评论语言前写上自己的名字。这样方便教师查阅，也方便学生操作。

如：

刘可欣：什么都自己做，才是好样的。

彭虹玮：小仓鼠的特点是什么？

梁佳玉：要把事情写清楚。

张铧予：百合花真漂亮，仿佛我也在。

郭子奕：两只仓鼠很调皮。

3. 参与面要广，多方参与评论。

（1）学生邀请朋友参与评论。

（2）教师在班级 QQ 群里发布公告，并链接博客地址，邀请家长参与评论。

公告如：

家长评论如：

李颖婧妈妈：小悦把自己看见蚕的心理活动和蚕吃食时的样子写得比较详细，加油啊！

王鹏翔妈妈：感觉我儿子很有进步，写得不错，希望他继续加油，写出更加好的文章。

刘永悦妈妈：希望所有的小朋友们都爱护自己的钢笔娃娃哈！

（3）教师积极参与评论。

（4）发挥网络作用，"博友"们以"校外辅导员"身份参与评论。

如：

4. 对评论进行点评，让学生知道"言之有物"或"言之有情"的评论才是有效的，不能是简单的、空洞的语言。如：

青原老师：在循环往复中，对大自然进行了赞美，立意和语言都好，不过若嫌疲沓，再精练一些就更加好。——提示了写作技巧。

海天老师：中外的人文背景都用上了，小作者文学素养深厚啊。——直接表达了真诚的赞美。

清风老师：黄+蓝=绿色，普及了科普知识，而且小诗又充满了色彩感，给人想象的空间，一幅温馨的夜空草地图仿佛就在眼前，天与地仿佛离得并不遥远。凡熙小同学写得真棒！——既赞美这诗好在哪里，又于不动声色中告诉我们：诗就应该有色彩感、画面感。

孙老师：既然标题是美味的，那么，你怎么把这美好的滋味传递出来呢？不会只是酸吧？为什么你会感觉它的美味？说说你心里的感受吧！——提示了作文应该怎样写才更好。

尹慧婷：好！我仿佛也变成了一朵百合花，在微风中摇曳。——表出了对作者的感受的认同。

王鹏翔：很棒，我从这个故事中体会到了做什么事都不要太冲动，要听清楚要求，不能像兔子一样，不听是比什么就盲目参加比赛。因为兔子太冲动所以又输给了乌龟。——总结了作者想要告诉我们的道理。

孙老师：每一个孩子，都是我心上甜美的绝句。那欢呼与跳跃，都是快乐的音符。——评论与作者的诗很相似，表达的内容却不同。这样的方法叫"唱和"。

五、自主管理

博客建好之后，如果一直都是教师自己去操作，又是发表文章，又是参与评论，还要归类总结，重要的还有日常的教育教学工作，那教师一定会很辛苦的。如果教师不能在这个过程中找到乐趣，只有苦累，不用说，那一定不能长期坚持，即便是长期坚持，也不能做得很好，难以发挥博客的语文教学功效。所以，必须让学生参与管理。在博客中，也可以像一个实体班级那样，建立有效的管理体系，让学生进行自主管理。就这个问题，我们主要谈管理原则、管理体系与方法。

1. 管理原则。

此处的管理原则是指参与管理的原则。

（1）人人参与。管理不是少数人的事情，既然是大家的班级语文博客，那么每个人都有责任把它建好。

（2）能者多劳。自古以来，管理的重任都是"有能者居之"。能力强的人自然承担得就要多一些，在任何一个集体中都是如此。

2. 管理体系。

一个班级语文博客可以建立这样的管理体系：教师主导，小组管理与小老师管理并行，同时倡导学生个人自主发表与评议。

3. 管理办法。

（1）全班每人都清楚博客地址、登录账号和密码。以便随时登录发表文章。每周固定一节课，班级所有学生在信息教室参与博客的阅读、发文、评论等。

（2）将全班学生编为九组，并公示于博客首页，方便大家相互监督。每组固定日期发表文章、参与评论。如第一组的管理日就是每月 1 日、11 日、21 日。

（3）选定六个小老师，每两个一组，于每月 10 日、20 日、30 日

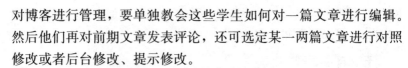

对博客进行管理，要单独教会这些学生如何对一篇文章进行编辑。然后他们再对前期文章发表评论，还可选定某一两篇文章进行对照修改或者后台修改、提示修改。

（4）每月最后一天，由"博客统计员"对本月发文、评论情况予以统计，并作公示。

（5）每次月第一天，由教师或者小教师对上月发文、评论的情况进行总结、评价，并在博客公示，在班级宣布。

六、正向评价

要使学生积极参与，并在参与过程中发展自己、获得愉悦的情感体验，就必须有正确的、具有导向作用的评价机制。要让每个学生都能明白：这样做是好的，我也应该这样做。

基于这样的目标，我们的评价要坚持四个原则：

1. 坚持发展性原则。

无论是对于某个学生，还是整个班级，都要关注过去，立足现在，着眼未来，以学生的发展为根本。

（1）关注个人发展的评价。

在博客中积极发文或者积极参与评论的学生，从根本上讲，要么就是擅长运用语言文字，要么就是有这方面潜能。针对这部分学生，我们的评价目的就是充分地鼓励他们的自信，激发积极性，让他们能尽其所能地增长能力、发挥特长；当学生出现某种如发文积极、评论积极等其他学生通过努力也能达到的优秀行为时，我们要通过博客平台，清晰、详细地指出其优秀所在，要么是行为本身，要么是方法，要么是态度，为其他学生提供榜样示范，从而让学生想要学习，也能知道应该怎样才能达到这样的优秀。

还有部分学生对语言文字的掌握和运用存在问题或缺陷，有些是个别问题，有些是学生的共性问题。如果是个别问题，就针对其原本所具有的能力和能够进步的程度予以评价；如果是共性问题，则要以"置顶"的方式，大张旗鼓地予以评价，以便有问题的学生都能有针对性地对照检查，以自身能力为基础，逐步予以改进。

（2）关注集体进步的评价。

博客的日常管理以小组为主，评价自然也以小组成员的参与度、合作度、工作的完成度、完成质量和效果为基准，实施量化考核。

同样，对于优秀小组的"优秀"也应清楚明白地予以公示，让其他小组有可行的仿效目标、赶超目标；落后小组的"问题"可在班级予以讨论，共同寻找并形成解决问题的可行性方案。

2. 坚持公平性原则。

要让评价真正落实，并产生应有效应，就不应是主观的、简单的评判，而应是可操作的量化目标。如每月每组发文时间、发文数量、参与人数、参与效果等都应有量化的目标。也许有人会认为参与效果不好量化，其实参与效果也是可考查的，比如有多少条有效评论，有多少篇优秀博文等。

因为是可操作的量化目标，所以人人可望企及，人人都能监督，也总能保持相对公平。

3. 坚持及时性原则。

评价要相对及时，间隔时间不要太长，让学生忽视甚至遗忘，就不能起到应有的效应。

4. 坚持规律性原则。

评价的周期要有规律，如一周一评或一月一评；奖惩的制度与方式也要有规律，以便学生能产生积极的期待效应。

七、多元激励

无论是一个班级还是一个小组，或者是某一个学生，都需要被激励才能不断进步，不断发展自己、完善自己。因为博客不是面对面的交流，不是课堂的教育教学，更需要以不同层次的、多种方式的激励机制做保证，充分调动学生的参与意识，促进学生以"教师不在场"而"我自己在场"的自主发展意识与能力的提升。在实施激励的时候，要注意这几个特性。

1. 激励的目的性。

激励的目的有三个。第一是为了让被激励的学生个人或者小组，因为优秀的行为或态度产生自信与荣耀，树立正确的价值观；第二是激发所有人的参与积极性；第三也是最重要的目的，是为未被表彰者树立榜样，找到仿效、赶超的目标，从而达到群体共进。宗旨是"激励个人，带动团队。激励团队，发展个人"。

2. 激励的层次性。

激励是应该有层次的，不同程度的优秀应获得不同级别的对待。表扬、表彰、奖励等，要应用于不同程度的优秀者身上。相同程度的优秀也要看是个人或团队，应有所区别。如"优秀提名"和"月博客明星"有区别，"月博客明星"和"期博客明星"有区别，"优秀评论员"和"优秀评论组"也有区别。

3. 激励的多样性。

激励的方式可以有很多种，除了我们一般意义上的表扬、发奖状表彰等，还可有更多样的激励方式。如可以利用各种场合扩大优秀者的影响：将优秀作品发到纸质媒体；利用教师大会交流时展示优秀成果；在班级中让小记者进行采访，并现场录制，放到网上；鼓励每月最后的投票可多方拉票、扩大宣传等。

4. 激励的特例性。

在激励中也不能忽视特别学生和特殊情况。如对后进生的进步可提高一个档次进行表彰；当有集体懈怠情况发生时，就对特别积极的予以提高档次的表彰。

案例一

分类	[管理]

- 全部博文 (62)
- 能写会画 (0)
- 朗读吟诵 (0)
- 我会仿写 (11)
- 写人记事 (27)
- 写景状物 (2)
- 儿歌诗歌 (3)
- 童话创作 (3)
- 主题作文 (2)
- 评评议议 (2)
- 博客明星 (1)
- 课后有话说 (1)
- 孙老师在线 (1)
- 好书美文推荐 (0)
- 翻翻晒晒老作品 (8)

这里我们不看上图显示的博文的总数，我们来欣赏一下博文的分类。

1. 排列规整中稍有变化，具有一定的美感。

2. 前三个分类中"能写会画"是边画边写，形式自由而能展现学生的创造性；"朗读吟诵"重视学生的听、读能力发展；"我会仿写"突显了中段重视仿写的年段特征。这些集中表现了对学生语

第四章

博客建设：建好一个班级语文博客

— 75 —

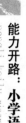

文综合能力发展的关注。

3."写人记事""写景状物""儿歌诗歌""童话创作"关注了学生写作方式的多样性。为学生写作这一重头戏提供了广阔的展示平台，体现了博客的展示功能。

4."主题作文"是所有学生按要求进行的命题作文、半命题作文或者单元作文，单独归类是为了更方便进行集体指导，体现了博客的教学功能。

5."评评议议""博客明星""课后有话说"既是评价激励的平台，也是锻炼学生听说能力的平台，更是展现独立思考的平台，集中体现了博客的广度与深度。

6."孙老师在线""好书美文推荐"很明显是集语文教学、博客教学为一体的，既关注课内学习，也关注课外延伸；既关注学生成长，也关注博客发展。

7."翻翻晒晒老作品"显然是为学生留下某一阶段的成长印记。

案例二

下图是一个班级的博客管理一览表。

博客管理一览表 (2011-11-13 12:09:22)

标签： 四五班 杂谈　分类： 评评议议

值日小组

1. 刘可欣 梁佳玉 何玉龙 杨铭文 周文才 朱虹霓
2. 黄乐其 胡玉洁 傅怀玉 胡来可 王秉超 周文华
3. 郭子奕 韩越 李向阳 兰斯雨 谢智锴

11月7日郭子奕补发《我的新自行车》。

11月15日、15日兰斯宇补发两篇，《我第一次走夜路》、《去富乐山玩》

4. 赵洲 刘凡熙 王媛媛 段雨婷 何锦涛

11月4日发文一篇，是段雨婷的《野菊花》。

5. 曹金玉 曾韶梓 张铧予 胡家乐 钱江波 唐嘉文

11月5日发文四篇，全是曾韶梓的。分别是：《班会课》、《英语半期考试》、《我搞笑的名字》

6. 黄彬一　刘馨蔚　文雅婷　邓苗苗　陈仲轩　尹帅

7. 胡孔欣　彭虹玮　蔺思杰　米伟　缑锦涛　欧阳青莲

8. 岳鹏　税尔文　王若依　刘永悦　罗雅芝　马浩嘉

11月8日刘永悦发文一篇，《桃花》

11月18日刘永悦发文一篇，《龟兔赛跑2》。

9. 李颖婧　王鹏翔　刘东升　李雪　尹慧婷　王焱平

11月9日发文三篇，分别是：王鹏翔的《给鱼儿搬家》和《新鲜"鱼人节"》；尹慧婷的《争吵》

11月22日李颖婧补发《我的朋友韩越》。

值日小老师

10日：尹慧婷　刘永悦　刘馨蔚

本月当班情况很好，及时做了评论和编辑工作！评价等级：优

20日：李颖婧　胡孔欣　刘凡熙

本月当班情况一般，评论不够及时，还不够全面，望下月加油！评价等级：中

30日：文雅婷　蔺思杰　韩越

本月当班情况一般，评论不够及时，还不够全面，望下月加油！评价等级：中

博文统计员　曾韶梓

评论统计员　王鹏翔

　　从这张管理一览表中我们不难看出，这既是管理的分配表，也是情况统计、展示表，我们能够读出这些信息：

　　该班所有学生都参与了博客管理；

　　所有学生被分为了九个组，每组人数基本一致；

　　每个组都有固定的值日时间，序号就是值日日期。如：8组的值日日期就是8号、18号和28号，非常好记，便于学生自我管理和调控；

　　情况统计及时，便于学生之间的监督、提醒和竞争。

能力训练

　　1. 如果你从小学一年级开始就建立班级语文博客，那么你分

别会在小学低段、中段和高段设置哪些栏目？有哪些删减或添加？为什么做出这样的调整？试分年段拟出博文分类栏目表，并简要阐述自己设置这些栏目的理由。

2. 刘老师在学习之后立即建立了班级博客，为了大家都能积极参与，他率先在博客里发了好几篇指导学生学习的文章，又特地在班级 QQ 群里发表了公告。可好些天过去了，参与的人仍然很少。你能帮他分析下原因吗？

3. 怎样才能让每个学生真正参与到博客的交流中来？怎样让博客小组能积极主动地去参与监督、提醒、竞争？怎样让每个学生都能在参与中感受到成功与快乐？怎样让一个班级语文博客能长期地发挥作用？仔细思考这些问题，试拟定一个博客"优秀作者组"评价量化表。

4. 小刚是个单亲家庭的孩子，跟妈妈一起生活。他妈妈因为忙于生计，经常让他独自在家。为了让他不孤单，他妈妈特地给他买了台电脑。小刚也十分喜欢上网，网络技术比一般同学好很多。但他对写作不感兴趣，写作能力也比较差，班级博客对他也没什么吸引力，上网基本就是打游戏。突然有一天，他在某同学发的博文后写了句评语，没什么技术含量，但却是大实话。针对这个孩子，你会采用一些怎样的激励方式呢？你的这些方式预计会产生怎样的影响呢？请认真思考，写一个可行的激励方案。

第五章 表达训练：
练一副好口才

学习提示

　　本章探讨的表达训练不是如何进行优雅地表达，而是基于教学需求的一种特殊的语言表达形式。它具有规范性、启发性、激励性、形象性、风趣性。它包括有声语言与无声语言两大类。本章着重围绕认知教学语言及其特性；了解各类教学语言的常用设计类型；增强有声语言（口头语）与无声语言（体态语言）巧妙融合的意识来进行阐释。

能力意义

　　教师的主要劳动手段是语言。教师是否练就一副好口才，直接影响着学生在课堂上脑力劳动的效率。英国教育家吉尔伯特认为："如果一个人善于运用语言，即使他是一个二流的学者，也可能成为一个优秀的教师，否则，即使他是很有才华和灵气，也不可能成为一个合格的教师。"试想：一个语文教师将鲜明的语言带进课堂，这样的语言有着诗歌语言的精练，小说语言的生动，散文语言的优美，戏剧语言的传神，相声语言的风趣，演说语言的雄辩，处处丝丝入扣，时时巧拨逗趣，学生怎能不情趣盎然，陶醉于学习呢？虽说这样的要求几近苛求，但这不正是我们要追求的理想境界吗？

　　作为小学语文教师应该如何练就一副好口才，来展现小学语文

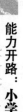

课堂教学的语言魅力呢？不仅要提高自身的语言积累和素养，还需要了解语文教学语言的一般特性，掌握各类教学语言运用的一般技巧。并且，在此基础上懂得灵活变通地妙引生成的课堂语言，便可架构起"教"与"学"最精美的桥梁，提高教学效率，从而实现语文学科作为语言工具性学科的重任。

案例反思

对比案例分析：

例1：一位教师在教学《乌鸦喝水》一文时，想指导学生朗读"乌鸦到处找水喝"这一段，抽生朗读，学生朗读不到位时，这位教师就大声地说："停！"然后要求学生再读，可是学生还是读不到位。这教师又生气地大叫："停！"如此反复多次后，当教师再次要求学生读时，全班却鸦雀无声了。

例2：一位教师在教学《最大的麦穗》，指导学生朗读第六自然段苏格拉底的一段话时，先请一位同学朗读，朗读结束后，教师这样评价："刚刚大家都听到了这位同学如洪钟般能吸引人注意力的话语，可却没注意到他投入、专注的神情。让我们再一次聆听他的声音，欣赏他专注的神情。"这位同学在教师的鼓励下，读得更好了。读完后，教师第二次评价："如果我是你的一位学生，听到你这样严肃而又充满哲理的话语，我一定有所感悟，你是一位严厉派的苏格拉底。"接着，教师又请一位女同学读苏格拉底的话，读完后，教师第三次评价："随风潜入夜，润物细无声。你如春雨般滋润人心的话语，渗入我的心田，你是一位温和派的苏格拉底。"学生逐渐在教师的评价点拨中入境入情地完成朗读，全班同学都表现得兴奋、雀跃。

以上两个教学片断节选同为朗读指导，同样抽生朗读了数次，但效果却截然相反。归根结底源自面对学生的朗读呈现时，教师不同的语言艺术的展现。

例1分析：

第一，教师运用了大声叫停的"指令性"语言，严重地妨碍了师生间正常的心灵交流，已把这些孩子吓坏了。教师的语言让他们感到诚惶诚恐，不知是读好，还是不读好。读吧，又怕被教师骂，所以干脆不出声了。

第二，教师语言不具有启发性，缺乏形象的氛围营造来引领学生的思维逻辑，所以学生的思维始终停留在一个平面，没有发展。同时引发了教师的急躁情绪和学生的僵滞状态。

例2分析：

第一，教师善于运用激励性的语言积极地、有针对性地评价学生，语言亲切自然，引发学生的求知欲。亲其师，且随其道。

第二，教师从不同角度呈现评价，各个评价不同却又环环相扣、层层递进，把阅读的技巧以及阅读中的情感表现，以评价启发的形式一一传递给了学生。

第三，教师语言形象生动，恰当的引用和修辞，让语言更富感染力，唤醒了学生的独特体验，朗读自然就能精彩纷呈了。

要领指导

一、教学语言的基本特性

1. 规范性。语言规范是指语言在语音、词汇、语法方面的要求。语言既是思维的外壳，又是思维感知的载体，学生的思维发展与语言发展是紧密相连的。当然，用标准的普通话教学是教师必须具备的基本条件。除此，教师精练、简洁、合乎逻辑的规范用语，更是学生正确获取知识的源泉，也是学生模仿学习的蓝本。如果教师语言中夹杂着方言的"南腔北调"，或文白相杂的不伦不类，都会给学生的语言思维造成或多或少的障碍，使学生觉得难以理解。

乌申斯基曾说：教师个人的范例，对于青年人的心灵，是任何东西都不可能代替的最有用的阳光。因此，教师的语言要规范，普通话要发音清晰，节奏和谐，语言流畅，能表情达意，恰当地运用重音和停顿；在遣词造句方面，要符合现代汉语的语法习惯，无论叙事、描写、议论、抒情都要条理清楚，表达得体显得尤为重要。因此教师要学习名家名篇，读读名家咬文嚼字的小故事，以丰厚自己的积淀。

2. 启发性。某位教师在执教《比尾巴》这篇课文时，提出"谁的尾巴最好看"的问题。如果教师单单来解释"最"的意思，显得枯燥，学生可能还是难以理解。教师就利用了班级学生的资源，"请我们班最高的小朋友读读这句话"，"请我们班声音最响亮的小朋友读读这句话"，"请我们班写字最漂亮的小朋友读读这句话"，"请我们班朗读水平最高的小朋友读读这句话"……此时，教室里学生朗读热情一浪高过一浪，而且被请到的小朋友无疑被"最"的殊荣所感染。更重要的是学生享受"最"的荣耀的同时，深刻地理解了"最"的含义。这样的语言不仅能激发学生思维的积极性和求知的渴望，用这样的语言来善诱、启发更能使学生有所发现，有所领悟，从而达到"自得"，融会贯通地掌握知识，并发展智力。能产生这样效果的教学语言就是启发性语言。

3. 激励性。激励的语言指教师在课堂教学中，对学生的言行进行评价的语言。课堂中，教师一句可能自以为无意性的"评语"，往往会左右此后学生的听课情绪，甚至一生的命运。名师于永正在一次公开教学课上不经意中叫到一位男同学读课文，这位同学音质悦耳、吐字清晰。男同学在抑扬顿挫中把课文读得正确、流畅而又声情并茂，让人有身临其境之感。于老师听完他的朗读后马上走上前去，微笑着和这位男同学握了握手，无比诚挚地说："你读得太好了，播音员也不过如此。在读这一课上，我不如你，我和同学们还想再听你朗读一遍。"话音未落，听课的教师和同学们顿时报以热烈的掌声，这掌声既是送给有精彩表现的学生，更是送给对学生进行真诚评价的于老师。

第斯多惠说：教学的艺术不在于传授本领与知识，而在于激励、唤醒与鼓舞。激励的方式是多种多样的，而其中言语的激励则较为普遍，但它却是组织课堂，使教学深入有力的推进器。

4. 形象性。形象的语言指教师的语言要力求生动形象、妙趣横生，引导学生入情入境，使学生有如临其境，如见其人，如闻其声的感觉，从而唤起联想翩翩。如：某位教师在执教《活化石》这篇课文时，文中"银杏树长得慢极了，如果你小时候种下一棵银杏树，一直要等你当上爷爷，才能吃上它的果子。所以，银杏树又叫公孙树"。这么长的一句话，对二年级的学生来说，理解起来有点难度，怎样把它转换成学生易于理解的说法呢？教师在请男生朗读后说："你现在种下了银杏树，等你做爷爷的时候就能吃到它的果子了。"教师在请女生朗读后说："你现在种下了银杏树，等你做奶奶的时候就能吃到它的果子了。"这样的语言情境创设在教学中能起到豁然开朗的作用。

5. 风趣性。风趣幽默的语言在教学中具有神奇的教育功能。贾志敏老师在执教《镇定的女主人》时，上课开始，一学生错把课题解释成了"慌乱的女主人"，全班哄笑，而贾老师却风趣地说："我看你才是慌乱的小姑娘哩！"女孩含羞而坐，以后每回提问，小手依然举得那么勤。后来在一次学生读课文时，贾老师还特意请了她："请刚才那位慌乱的小姑娘来读。"女孩听后笑容绽放，字正腔圆，有板有眼地读了起来。不难发现，教师一句善意风趣的话语犹如沁人心脾的春风，抚慰了学生焦灼的心灵，从而收到了意想不到的效果。幽默的语言是思想、学识、智慧和灵感在语言运用中的结晶，能使学生对学习产生兴趣，不仅不会把学习作为负担，反而会产生一种快感，从而对正确的知识加深印象，在笑声中绽开智慧的花朵。

二、教学语言的常见类型

教学语言分为有声语言与无声语言。有声语言就是教师课堂上运用的口头语，它辅以语气、语调、节奏、停顿、重音、语速等形式展现出来。根据教学进程的推进，一般可分为以下几种常见类型：导入语、过渡语、提问语、启发语、评价语、总结语等。无声语言就是所谓的体态语言，是指伴随说话的表情、手势及其他动作等。这些有形而无声的体态语言，有时能够直接表示某种意义，有时能够起到加强有声语言表达效果的作用。

1. 有声语言——教师的课堂口头语。

（1）导入语。

导入语即开讲语。魏书生老师曾说：好的导语像磁铁，一下子把学生的注意力聚拢起来。好的导语又是思想的电光石火，能给学生以启迪，催人奋进。由此可见，一个恰如其分的导入语，或能激发小学生强烈的求知兴趣，或能使学生把握住学习目标，或能沟通师生之间的心理，或能衔接课本与生活，打开学生知识的宝库，让课堂教学收到良好的效果。

导入语常见类型：音乐导入式；故事导入式；提问导入式；成语引路导入式；创设情境导入式；开门见山导入式；回顾复习导入式；关键字词导入式；拓展资料导入式；课前游戏顺接导入式等。

（2）过渡语。

"过河要搭桥，爬高要登梯。"大凡著名特级教师的课，几乎每一节都如行云流水，天衣无缝，其中有一个重要原因，就是他们有高超的"架桥搭梯"艺术，即善于精心设计和运用课堂过渡语。好的过渡语能提醒学生注意、激发思维，还有温固知新的作用，甚至可以给课堂教学增加美感。教学过渡语就是珍珠串中的丝线，牵一线而活一堂。

过渡语常见类型：承上启下式过渡；小结式过渡；问题式过渡；复述式过渡；评论式过渡；悬念式过渡；提示式过渡等。

（3）提问语。

美国教育家德加默说：提问得好就教得好。找到了一、两个有价值的问题就能成就一堂精彩的课。问题是课堂教学的精神。

提问常见角度：①设问在思维的发散点。②设问在教材理解重难点处。③设问紧扣课题、中心句或核心词语。④设问紧扣情感升华点。⑤设问针对学生学情的疑难点等。

（4）启发语。

学生在课堂上的回答不可能都完全正确，教师要运用巧妙、机智的教学语言循循善诱。如：斯霞老师曾在上课时问过这么一个问题："党的十大是在哪儿召开的？"一生回答："在收音机里召开的。"这显然是错误的答案，但斯霞老师没有否定，而是启发道："你是从收音机听到的吧？"小朋友点点头，她接着启发："收音机里说十大是在哪里召开的呢？"学生回答："在北京召开的。"可见，注意情绪导向，做到引而不发，是使学生从错误走向正确的重要途径。

启发语常见类型：反问式；追问式；假设式；辩论式等。

（5）评价语。

"山重水复疑无路，柳暗花明又一村。"精彩的评价往往能让课堂充满勃勃生机。评价不仅是教学手段的具体内容，而且还是教师引领学生调节自己的思维方式、学习方法，把教学推向深入的强劲助力。评价在教学的每个环节都与教学内容水乳交融在一起。

评价语常见类型：简洁准确式；情真意切式；热情鼓励式；诙谐幽默式；引导启发式等。

（6）总结语。

"编筐编篓，全在收口。"学习方法的总结，情感的凝结，感悟的升华，内容的全面获知都在此处形成一个个教学进程的层次递进点。言已尽而意无穷的结语能为下一个环节注入活力；清晰确切的结语能展现课堂优雅的结构，能让教学目标得到更清晰地展现。

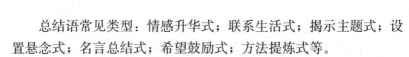

总结语常见类型：情感升华式；联系生活式；揭示主题式；设置悬念式；名言总结式；希望鼓励式；方法提炼式等。

2. 无声语言——教师的课堂体态语。

美国心理学家艾伯特·梅拉别恩根据实验指出，人们获得的信息量7％来自文字，38％来自语气，55％来自面部表情。由此可见，体态语言在传递信息中的作用多么重要！众所周知，相声之所以受大家欢迎，重要的是演员能够恰当地，甚至是夸张地运用表情、动作来补充有声语言，增强娱乐效果。如果教师在课堂上辅以富有表现力的面部表情，恰当、自然的动作，同样可以创造丰富多彩的语言环境，给学生以更深刻的感染和教育。

无声体态语言包括眼神、表情、动作等，它往往不是孤立存在的，他既有体态语间的相互依存，也有与有声语言相融为一体的紧密关系。体态语言能恰如其分地补充学生认知的空白，从而在传递信息、情感中发挥特有的意义。

例如：一位教师在教学《乌鸦喝水》一课时，大部分学生都形成了乌鸦真聪明，通过投石子，终于喝到了水的共识！突然一位学生提出了异议——乌鸦不一定能喝到水。同学们用惊奇的目光注视着他，还有学生发出了嬉笑。这位学生声音变小了，不敢接着说了。教师环视了一下学生，课堂上立即安静了下来，接着教师微笑地看着他，并用手做了一个请的姿势，在教师的鼓励下，他终于大声地说："昨天我在家做实验，瓶里装的水多，投进石子后，水才能满到瓶口；瓶里装的水少，石子反而把水盖住了。只有瓶中盛着大半瓶水的时候，乌鸦才能喝到水。"教师走上前去，摸着他圆圆的小脑袋，由衷地赞道："今天你使我们学到了许多知识，谢谢你，小老师！"同学们也给他热烈的掌声，孩子终于自豪地笑了。看来，一束目光，一个微笑，一次点头都会给学生带来巨大的精神力量。

例如：教学《枫桥夜泊》时，有教师如此施教：朗读首句"月落乌啼霜满天"——教师的右手手掌自然张开，掌心向下，手平移并轻轻点动以显现"月落乌啼"之状。然后划一弧形，以形象展示"霜满天"的景致。"江枫渔火对愁眠"——教师手掌先半开，掌心向上，先从近往远划，体现"江枫渔火"位置的变化，以引起学生的注意。朗读到"对愁眠"时，则轻收手掌于胸前。"姑苏城外寒山寺，夜半钟声到客船。"——读到"夜半钟声"时，教师的手略靠近右耳，轻柔点动，好像品味夜空里清扬悠远的钟声；然后随诵读声，手从远处划至胸前，以示"到客船"。这些手势语切合诗的意境，简洁但不失形象生动；切合诗的韵律，轻柔但富有鲜明的节奏感。配合朗读，成功再现了诗中凄清落寞的气氛，对学生具有极强的感染力。看来课堂教学中的手势起到了强调、示范的作用。恰当的手势也能吸引学生的注意力，激发学生的兴趣，起到形象地补助有声语言教学的效果。

无声语言常见类型：微笑、身体接触（拍肩、抚背、握手）、鼓掌、点头、眼神、根据课文描述展开的表演、各类胜利手势等。

案例欣赏

一、巧释疏导，启发性教学语言赏析

在教学《沙漠中的绿洲》中，为了让学生理解"星罗棋布"这个词的含义，教师随手抓了一大把粉笔头撒在讲台上。

师（指着讲台）：同学们，如果这是夜空，那么这些是——

生：夜空中的星星。

师：如果这是棋盘，那么这些就是——

生：棋盘上的棋子。

师：现在，这是沙漠——

生：这些就是沙漠中的一个个绿洲。

由此，学生毫不费力地理解了"星罗棋布"这个词的意思：像星星似地罗列着，像棋子似地分布着，形容多而密集。

教师的言语丰富、措辞优美、生动形象，让学生置身于直观的情境中，再加上巧妙的引导，学生会心情愉快、兴味盎然、思维敏捷，从而实现了良好的教育和教学效果。

二、巧借暗喻，幽默化教学语言赏析

一位教师在教《游园不值》这首诗时，忽然一位迟到的学生"砰"的一声，推门而入，径直入座。这位教师就"诗"取材，问道："'小扣柴门久不开'，诗人去拜访朋友，为什么是'小扣'而不是'猛扣'呢？"学生议论了一番，有的学生说，因为诗人知书达理有教养，讲礼貌。然后教师走到那位迟到的学生身边，弯腰轻声问他："你说大家说得对吗？你赞成'小扣'还是'猛扣'？"这位同学脸红了，同学们也笑了起来，在笑声中大家都受到了教育和感化。

适时地运用幽默，是教师在课堂教学中不可缺少的手段。列宁说：幽默是一种优美的、健康的品质。教师必须加强思想文化的修养，丰富铸炼自己的语言。只有这样，才能"让学生置身于优美的文化氛围、浓郁的语言环境中，受到教育和感染"，让学生感受到语言的魅力。

三、巧设疑问，提问语赏析

教学《种瓜得豆》一文，教师这样导入："同学们，在你第一次看到'种瓜得豆'这个题目时，是不是觉得很奇怪？就连幼儿园的小朋友都懂得'种瓜得瓜，种豆得豆'这个常理，种瓜怎么会得豆呢？可是，在科学技术飞速发展的今天，这已经不是不可能的事情了，大家知道这是为什么吗？学习了这篇课文，我们的疑问就会得到解释了。"当教师让他们自己在书中找答案，于是他们便马上去看书，不一会就找出了答案。教师又继续问："你们知道这个转基因技术是怎样种瓜得豆的吗？"孩子们开始了读书，还在小组中展开激烈的讨论，很快得出结果。孩子们的思维得到了启迪，重点就凸显了。

四、总结拓展，结束语赏析

师：这如梦如幻的五彩池，是大自然赐予人类的瑰宝，回家后，请你做导游把这奇异壮观的景象介绍给家人。

教师在授完课后的这段结束语中让学生回家做导游，把课文里有关描写五彩池奇异壮观的景象讲给家人听，将语文学习从课内引向了课外。这给了学生一个明确的要求，在完成教师要求的同时，学生也逐步锻炼了自己的语文技能。这种课内引出的方法，要比硬性布置任务的效果好得多，因为这是学生主动猎取，而非被动从命。

五、顺势启下，过渡语赏析

在学习了《小毛虫》后，有这样一个过渡：

师：这是一条怎样的小毛虫？

生：小毛虫既不会跑，也不会飞，行动十分笨拙。

生：小毛虫很可怜。

师顺势归纳过渡：的确，这只小毛虫十分可怜，不会跑，不会飞，行动又如此笨拙，可是它并不悲观失望，也不羡慕别人，那是为什么呢？我们一起来找找原因。

巧妙的过渡能使学生的注意力不知不觉地又集中到了新问题的学习上，这样的过渡语言，常常会起到一种纲举目张的作用，承上启下，水到渠成，自然有序。

六、互动生成，评价语赏析

一个教师在课堂上组织学生听写词语，其中几位发展水平不一的学生被教师请到讲台前写在黑板上。听写结束，大家对照课文找错误，一个女生在黑板上把"一户人家"写成了"一尸人家"，把"鸟儿"写成了"乌儿"。教师没有批评女孩儿，而是笑着对大家说："今天的听写完成得很好，有的同学写错了能自己发现、自己

第五章

表达训练：练一副好口才

改正。有趣的是这些写错的字，它变成了另外一个字。你们看这'一户人家'的'户'，头上少了个点不是'户'了，而叫做'尸'，'死尸'的'尸'。这个点就像脑袋一样，一个人脑袋掉了还能活吗？不就成'死尸'了？（孩子们开心地笑了）再看这个'鸟'字少了一点，就不是'鸟'，而变成了'乌'，是'乌黑'的'乌'。这一点就像是鸟的眼睛，鸟儿眼睛没了，不是就乌黑一片，什么也看不到了？（孩子们笑得更欢）小朋友，你们看我们的汉字多么有趣啊！"

这分明是学生错写了两个字，可教师及时捕捉了这一教学契机，巧妙利用评价语言的推动力，既保护了学生强烈的自尊，又充分利用学生的错误资源生成了课堂的精彩。

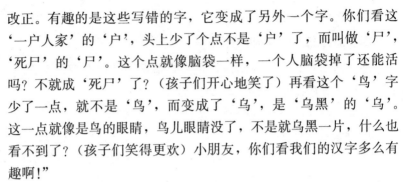

能力训练

1. 我们来看下面《从现在开始》一文的教学片断中两位教师不一样的语言运用策略。试分析体态语言给教学带来的益处。

片段一：

师：狮子大王发号施令时是怎样的？

生：神气、威武的。

师：谁愿意来读读？

一生读，很多学生捂着嘴偷偷地笑。教师发现了。

师：你们为什么笑？

生：一点不像大王在说话。

生：狮子大王大好像怕小动物。

生：狮子大王没有大王做，不高兴了。

…………

师：你们在读的时候一定要读出狮子大王的神气、威武。谁来读。

（有两三个学生懒洋洋地举起了手）

师：那好，我们一起来读读这句话。

（朗读效果仍旧不佳。教师匆匆进入下一环节）

片段二：

师：你心目中狮子大王是怎样的？（配合看课件）

生：神气、威武的。

师：谁愿意来读读？

指名几位学生朗读，指名学生评价。学生认为他们读得很正确，但没有狮子大王的神气、威武。

此时教师挺一挺胸，扬扬头，两眼威严地扫视全班，并用大手一挥，拍拍胸前的贴画（狮子），把这句话声情并茂地朗读了一遍。

师：谁愿意来当狮子大王？

学生马上精神焕发，挺直身体，高举小手，争当狮子大王。教师把狮子贴画，贴到学生胸前，再请他来朗读这句话，狮子作为"万兽之王"的那种威严气势溢于学生言表。同样的，学生在朗读猫头鹰、袋鼠、猴子轮流当万兽之王时发号施令时的句子时，都有非常棒的表现。

2. 课堂上，一个小男孩埋着头在抽屉里玩东西，经眼神暗示后一直未改变，你如何用幽默、风趣的语言形式提示他，警示其他的孩子，实现一次巧妙的组织教学？

第六章　作文基础：写一篇规范的文章

学习提示

　　本章探讨的不是一篇文章内容如何深刻，而是一篇文章形式如何规范，包括卷面要求、文字书写、标点符号、行款格式、标记序码、数字书写、注释方法、附录方法等内容。许多老师和学生在写作中都有相关错误，可对照本章"要领指导"自查和互查，然后改正。

能力意义

　　学生作文书写不规范的现象相当普遍，有的标题书写错误，有的署名错误，有的标点书写错误，有的数字书写错误，有的标记序码错误……原因是多方面的。但是，语文教师具有不可推卸的责任。一些语文教师缺乏这方面的知识和能力，忽视了文章书写形式的规范要求。

　　我们固然要写一篇内容深刻的文章，但我们也不要忘了要写一篇形式规范的文章。

　　书写是给读者的第一印象。我们固然要注重内容，但也不要忽视书写。书写反映写作者的书写基本功和写作态度。因此，书写同样重要，写作者在抄成正式稿时，必须高度重视书写。好的书写才能使人赏心悦目。

书写是文章的外表和"门面"。文章内容再好，倘若书写很糟，读者看了就不顺眼，既影响文章的表达效果，又影响读者阅读文章时的情绪。书写清爽醒目，读者看起来就顺眼；书写美观大方，读者看起来就心情舒畅。因此，好文章，还要好"包装"。

书写，是整篇文章反映在人们视觉中的总体面貌，是书面语言的表现形式和辅助手段，包括卷面、文字书写、标点符号、数字书写、附注格式、行款格式等因素。

案例反思

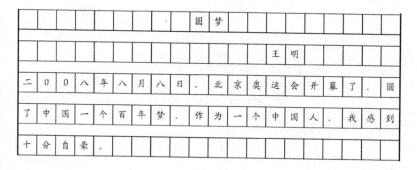

节选的这篇作文片断，内容没有问题，但书写却存在许多问题。这篇作文有哪些地方书写不规范呢？这个案例有六大书写问题。

第一，两个字的标题，字间应空一格，如："圆　梦"。

第二，标题上下应各空一行。

第三，两个字的姓名，在署名时，字间应空一格，如："王　明"。

第四，正文开头应空两格，空两格是自然段的标志。

第五，文中年月日应使用阿拉伯数字，改为"2008 年 8 月 8 日"。

第六，文中不分逗号和句号、一点到底的问题严重，应依次为"，，，。"。

要领指导

一、卷面要求

1. 整洁。抄成正式稿时，不要有污损，最好不涂改。

2. 适当。图文与纸张比例协调，注重整体效果。如果纸张上没有分出图文区和白边区，作文时应首先留出白边区。一般地，白边区的留法是：装订的一方留 3 cm，其余三方各留 2 cm。中间为图文区，四周为白边区。白边区"神圣不可侵犯"，作图、作文只能在图文区内进行。

3. 科学。传统的书写形式是竖式书写，从右到左。"五四"时期，钱玄同在《新青年》杂志上首次倡议横式书写，得到了社会响应和推广，成为习惯，沿用至今。现在，横式书写与竖式书写并存，但以横式书写为主。横式书写有其科学性。

二、文字书写

1. 规范。不能乱简化汉字，也不能写错字、别字。

2. 清楚。清楚，才好认。一般地，工整的楷书和行书，清楚好认。谢觉哉谈写字：字，写得清楚，人家容易看；写得美，人家喜欢看。

3. 美观。美观，是对文字书写的最高要求。字或者匀称秀丽，或者刚劲潇洒，都具风格，给人美感，让人喜欢看。写字要注重整体布局、整体效果。

三、标点符号

标点符号是书面语言的有机组成部分和不可缺少的辅助工具。它标明停顿、语调和词语性质。标点符号不同，则停顿不同，结构不同，语气不同，意思不同。这便是标点符号的威力。标点符号已参与了表情达意，甚至有着语言文字无法替代的功能。

1. 形状正确。主要避免以点代顿号、逗号、分号和句号，"一点到底"的现象，注意引号和省略号的形状规范。

2. 位置正确。对于标点符号写在什么位置，许多人是茫然的。

（1）每个标点都要占一格，其中，破折号和省略号占两格。

（2）顿号、逗号、冒号、分号和句号分别写在方格的左下方。

（3）前引号和后引号分别写在方格的右上方和左上方。

（4）问号和感叹号分别写在方格的左半偏下。

（5）前括号和前书名号分别写在方格的右半正中，后括号和后书名号分别写在方格的左半正中。

（6）省略号、破折号和间隔号分别写在方格的中间。

（7）着重号写在格子下边，每个字脚下一个着重号。

（8）顿号、逗号、冒号、分号、句号、问号、感叹号、后引号、后括号和后书名号，不能写在一行开头一格，可以与它前面的字挤在上一行最后一格内，也可以写在上一行最后一格后面，还可以把它前面的字提到下一行开头，然后写它，而把上一行最后一格空着。

（9）前引号、前括号和前书名号，不能写在一行末尾，可以与它后面的字挤在上一行最后一格内，也可以把上一行最后一格空着，把它写在下一行开头。

（10）破折号和省略号不能折断转行。

3. 使用正确。主要避免"一逗到底"的现象，避免乱用和滥用引号、问号和感叹号的现象。以下几种情况不可忽视。

（1）相邻两个数字并列连用表示概数时，数字间不用顿号。如："七八百字"、"十三四岁"。

（2）并列词或短语间的停顿用顿号，而并列分句间的停顿用逗号。因此，应正确区分并列的词或短语与并列的分句，不能乱用顿号和逗号。如：截流改道工程，规模大，工程难，任务重。

（3）括号标明注释和说明的性质，应紧贴被注释和说明的对象。若注释和说明句中词语，注释和说明的内容末不用点号；若注释和说明全句，括号应在句末标点后，并且，注释和说明的内容末要用标点。如：中国猿人（全名为"中国猿人北京种"，或简称"北京人"）在我国的发现，是对古人类学的一个重大贡献。

（4）插入语后不应乱用冒号，而应用逗号。如：耿大妈对儿子说："大成，见人该问好就问好，该行礼就行礼，别怕别人笑话，俗话说，礼多人不怪嘛。"

（5）学科名称和活动名称，不能滥用书名号，书名号用于标明书名、刊名和篇名等。如：写作期末试题。

（6）省略号与"等"或"等等"不能并存，不要滥用省略号。如：有姐姐、表哥、表姐、同学等。

（7）有疑问代词，不一定是疑问句，不要乱用问号。如：许多人都非常关心这座立交桥将怎么建。

（8）倒装疑问句的问号应在句末，因为问号是句末点号。如：怎么了，你？

（9）选择疑问句是一个句子（复句），只应有一个句末问号，选项之间用逗号。如：是我走，还是你走？

（10）如果引文作自己言语中单句（或分句）的结构成分，前引号前不用冒号，引文末不用点号，若需停顿，点号应在后引号外；反之，如果引文独立成句，意思完整，前引号前一般要用冒号，引文末要用点号，点号应在后引号内。如：刘勰说的"句有可削，足见其疏；字不得减，乃知其密"，很有道理。

四、行款格式

1. 标题书写。

（1）正标题写在一行中间，左右两侧空格尽量相等。一般短文，标题上下各空一行；稍长的文章，标题上空一行，下空两行；重要的标题，上下各空两行；长篇巨著，可用第一页写标题。

（2）副标题写在正标题下面，不空行，通常退后两格，用破折号领起。

（3）文中的小标题，上下各空一行。未标记序码的小标题居中；已标记了"一、二、三"等序码的小标题不居中，前面空两格就行了。如果小标题所领的内容不多，小标题也可以写于段落的开头，接写内容时要空一格。

（4）一个字的标题，居中；两个字的标题，字间空一格。

（5）三个字以上的标题，字间不空格。如果标题字数太多，也可折断转行。转行要保持词或短语的完整，又要均匀搭配字数，两行略有错落，显得醒目美观。

（6）标题中间，可用标点符号；标题末尾，除需要强调和突出某种感情的，一般不用点号。

（7）对偶性标题，可以中间空一格表示，也可以分行书写。

2. 署名。

（1）作者姓名（或笔名）写于标题下，居中或偏右，与标题之间空一行。

（2）两个字的姓名（或笔名），在署名时，字间空一格。

（3）几个人的姓名（或笔名），姓名与姓名之间空两格。

3. 正文。

（1）正文与署名（无署名时，与标题）之间要空一至二行。鲁迅主张从页中开始写正文，整个前半页都是"天头"。这样，眉目清楚、大方、雅致，给人一种舒展的感受。

（2）分段时，段首要空两格，作为段落标志。分段要做到单一、完整、相对独立、体现思路，一般不宜过长或过短。

（3）正文中引文，引用原话，要用引号；转述意思，不用引号。引文不长，也勿需强调，则随行文而走；引文较长，或者重要，或者需要强调，则自成一段。引文自成一段时，可以用引号标示，若引文有分段的，应在引文的每段之首用前引号，在末段引文之尾用后引号；引文自成一段时，也可以用左边退缩两格的方式标示。

五、标记序码

序码是表明文章内容安排的先后顺序和组合的大小层次的数字形式。使用序码可使读者对文章的条理层次有明晰的视觉印象。写作应用文常标记序码。

1. 种类。

(1) 上、中、下或甲、乙、丙等，主要用于编。

(2) 一、二、三、四等，主要用于章节。

(3) "一、1"两级序码制，一般用于结构层次较简单的文章。

(4) 一、(一)、1、(1) 等，用于结构层次较复杂的长篇文章。

2. 书写。

(1) 段首序码应空两格后书写。

(2) 章节序码后不用点号，空一格后写章节名称。

(3) 带括号的序码后面不用点号，也不需空格。

(4) 不带括号的序码后面应用点号，也可空一格表示。

3. 注意事项。

标记序码要注意统一性与层次性：前后连贯，不可跳脱，层次不同，序码有别。

六、数字书写

凡是可以使用阿拉伯数字而且又很得体的地方，特别是当所表示的数目比较精确时，均应使用阿拉伯数字。遇特殊情形，或者为避免歧解，可以灵活变通，但全篇体例应相对统一。

1. 使用阿拉伯数字的情形。

(1) 统计表中的数值，如正负整数、小数、百分比、分数、比例等，必须使用阿拉伯数字。如：48、−125.03、34.05％、1/4。

(2) 公历世纪、年代、年、月、日和时刻。如：公元前8世纪、20世纪80年代、公元前440年、公元7年、1994年10月1日、14时

12 分 36 秒。

（3）物理量量值必须用阿拉伯数字，并正确使用法定计量单位（小学和初中教科书、非专业科技书刊的计量单位可使用中文符号）。如：600 g（600 克）、外形尺寸是 400 mm×200 mm×300 mm（400 毫米×200 毫米×300 毫米）、34℃～39℃（34 摄氏度～39 摄氏度）、0.59A（0.59 安［培］）。

（4）整数一至十，如果出现在具有统计意义的一组数字中，应使用阿拉伯数字。如：截至 1984 年 9 月，我国高等学校有新闻系 6 个，新闻专业 7 个，新闻班 1 个，新闻教育专职教员 274 人，在校学生 1561 人。

（5）部队番号、文件编号、证件号码和其他序号，用阿拉伯数字表示。序数词即使是多位数也不能分节。如：84062 部队、国家标准 GB 2312—80、国办发［1987］9 号文件、HP—3000 型电子计算机、维生素 B12。

（6）引文标注中版次、卷次、页码，除古籍应与所据版本一致外，一般均使用阿拉伯数字。如：列宁：《新生的中国》，见《列宁全集》，中文 2 版，第 22 卷，208 页，北京，人民出版社，1990。

使用阿拉伯数字，应注意以下十点：

第一，年份一般不用简写。如：1990 年不应简写作"九〇年"或"90 年"。

第二，时、分、秒，必要时可采用扩展格式。该格式采用每日 24 小时计时制，时、分、秒的分隔符为冒号"："。如：04：00（4 时）、15：40（15 时 40 分）、14：12：36（14 时 12 分 36 秒）。

第三，引文著录、行文注释、表格、索引、年表等，年月日的标记可采用扩展格式。如：1994 年 9 月 30 日和 1994 年 10 月 1 日可分别写作 1994－09－30 和 1994－10－01，仍读作 1994 年 9 月 30 日、1994 年 10 月 1 日。年月日之间使用半字线"－"。当月和日是个位数时，在十位上加"0"。

第四，阿拉伯数字书写的多位整数和小数应分节。专业性科技出版物的分节法：从小数点起，向左和向右每三位数字一组，组间空四分之一个汉字（二分之一个阿拉伯数字）的位置。如：2 748 456、3.141 592 65。非专业性科技出版物如排版留四分空有困难，可仍采用传统的以千分撇","分节的办法。小数部分不分节。四位以内的整数也可以不分节。如：2,748,456、3.14159265、8703。

第五，阿拉伯数字书写的纯小数必须写出小数点前定位的"0"。小数点是齐底线的黑圆点"."。如：0.46 不得写成 .46 和 0·46。

第六，尾数有多个"0"的整数数值的写法：专业性科技出版物根据 GB 8170—87 关于数值修约的规则处理，非科技出版物中的数值一般可以"万"、"亿"作单位。如：三亿四千五百万可写成 345,000,000，也可写成 34,500 万或 3.45 亿，但一般不得写作 3 亿 4 千 5 百万。数值巨大的精确数字，为了便于定位读数或移行，作为特例可以同时使用"亿、万"作单位。如：我国 1982 年人口普查人数为 10 亿 817 万 5288 人；1990 年人口普查人数为11 亿 3368 万 2501 人。

第七，一个用阿拉伯数字书写的数值应避免断开移行。

第八，阿拉伯数字书写的数值在表示数值的范围时，使用浪纹式连接号"～"。如：150 千米～200 千米、−36℃～−8℃、2500 元～3000 元。

第九，出版物中的阿拉伯数字，一般应使用正体二分字身，即占半个数字位置。

第十，竖排文字中，必须保留的阿拉伯数字、外文字母和符号均按顺时针方向转 90 度。

2. 使用汉字的情形。

（1）定型的词、词组、成语、惯用语、缩略语或具有修辞色彩的词语中作为语素的数字，必须使用汉字。如：十滴水、二倍体、三叶虫、四氧化三铁、四书五经、不管三七二十一、相差十万八千里。

（2）相邻的两个数字并列连用表示概数，必须使用汉字，连用的两个数字之间不得用顿号"、"隔开。如：二三米、十三四吨、一二十个、四十五六岁、一千七八百元、五六万套。

（3）带有"几"字的数字表示约数，必须使用汉字。如：几千年、十几天、一百几十次、几十万分之一。

（4）用"多""余""左右""上下""约"等表示的约数一般用汉字。如果文中出现一组具有统计和比较意义的数字，其中既有精确数字，也有用"多、余"等表示的约数时，为保持局部体例上的一致，其约数也可以使用阿拉伯数字。如：这个协会举行全国性评奖十余次，获奖作品有一千多件。协会吸收了约三千名会员，其中三分之二是有成就的中青年。另外，在三十个省、自治区、直辖市还设有分会。又如：该省从机动财力中拿出 1900 万元，调拨钢材3000 多吨、水泥 2 万多吨、柴油 1400 吨，用于农田水利建设。

（5）中国干支纪年和夏历月日用汉字。如：丙寅年十月十五日、腊月二十三日、正月初五、八月十五中秋节。

（6）中国清代和清代以前的历史纪年、各民族的非公历纪年，这类纪年不应与公历月日混用，并应采用阿拉伯数字括注公历。如：秦文公四十四年（公元前 722 年）、太平天国庚申十年九月二十四日（清咸丰十年九月二十日，公元 1860 年 11 月 2 日）、藏历阳木龙年八月二十六日（1964 年 10 月 1 日）、日本庆应三年（1867 年）。

（7）含有月日简称表示事件、节日和其他意义的词组。如果涉及一月、十一月、十二月，应用间隔号"·"将表示月和日的数字隔开，并外加引号，避免歧义。涉及其他月份时，不用间隔号，是否使用引号，视事件的知名度而定。如："一·二八"事变（1月28日）、"一二·九"运动（12 月 9 日）、"一·一七"批示

（1月17日）、"一一·一〇"案件（11月10日）、五四运动、"九一三"事件。

（8）整数一至十，如果不是出现在具有统计意义的一组数字中，可以用汉字，但要照顾到上下文，求得局部体例上的一致。如：一个人、三本书、四种产品、六条意见、读了十遍、五个百分点。

（9）竖排文字中涉及的数字除必须保留的阿拉伯数字外，应一律用汉字。

（10）星期几，一律用汉字。如：星期五。

七、时间词的运用

1. 少用或不用时间代词，多用时间名词，最好写具体的时间，避免运用"不久以前"之类的交代不够清楚的时间概念。若用"昨年、上月、昨天"等时间代词，应考虑到文章发表以后的情况。

2. 对参考文献中的"最近"之类的时间，应作适当处理和具体说明；对参考文献中的干支纪年和皇帝年号纪年，应加注相应公历时间。

八、名称的运用

1. 同一名称在一篇文章中出现不只一次时，要注意前后统一。

2. 名称变动，特别是人的职务、单位变动时，要注意分清场合。

3. 提到几个人时，要根据场合，注意排列次序。

4. 涉及译名时，应以新华社的译名为准。

5. 涉及专门术语时，要根据对象和场合决定用或不用。

6. 有些已明文规定不能用的名称，应改用新的提法。如："苏联十月革命"应改为"十月革命"或"俄国十月革命"；"洋灰"、"洋钉"、"洋锹"等带"洋"字的提法，除特殊情况，均应改为"水泥"、"铁钉"、"铁锹"等。

7. 避免交代不清的名称。如：组织上、上级、群众等。

8. 各种名称在文章中第一次出现时，应尽量用全称，若需简称，应用括号标注简称。全称应按习惯方法简化，不应随意简化，造成误解。

九、注释方法

注释是解说引文出处和行文内容的文字。注释的形式及方法有夹注、脚注和尾注三种。

1. 夹注，又称文中注，注在文中。或随文而注，加括号；或自成一行，置于右半边，前面加破折号。

2. 脚注，又称页下注，注在本页下边图文区内。先依次在本页文中被注对象后面右上角标明注码，本页被注对象只有一个的，可标注"［注］"或"＊"，然后在本页下边图文区内按对应注码作注释，并顶左画出图文区宽幅的 1/3 的横线，将注释与正文隔开。

3. 尾注，又称文末注或总注，或一书之尾，或一编之尾，或一章之尾，或一节之尾，或一篇之尾。注释方法与脚注相同，但统一编注码的范围不是一页内，而是一书（编、章、节、篇）内，注释集中。

我们应正确认识和灵活处理夹注、脚注和尾注。夹注常常打断正文阅读，尾注不方便正文理解，因此，脚注较为宜，较普遍，甚至夹注、脚注和尾注可以兼用。注释对象少、分散，可采用夹注；一般论文，多用尾注。

十、附录方法

1. 含义。附录是对所写文章内容的重要补充和说明，运用于应用文。

2. 内容。或篇幅所限、或不便写入正文、或有重要参考价值、或对正文有重要说明的资料、数据、图表等，均可入附录。

3. 方法。附录应在文章结尾处标注附录内容的题目，多件附录，

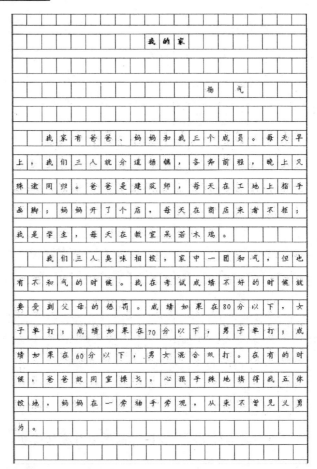

还应依次编号，然后按编号顺序在文章后附录内容，并连续编页码。

案例欣赏

我 的 家

杨 气

　　我家有爸爸、妈妈和我三个成员。每天早上，我们三人就分道扬镳，各奔前程，晚上又殊途同归。爸爸是建筑师，每天在工地上指手画脚；妈妈开了个店，每天在商店来者不拒；我是学生，每天在教室呆若木鸡。

　　我们三人臭味相投，家中一团和气，但也有不和气的时候。我在考试成绩不好的时候就要受到父母的惩罚。成绩如果在80分以下，女子单打；成绩如果在70分以下，男子单打；成绩如果在60分以下，男女混合双打。在有的时候，爸爸就同室操戈，心狠手辣地揍得我五体投地，妈妈在一旁袖手旁观，从来不曾见义勇为。

　　我们这里不看案例语言的俏皮、幽默，而欣赏其规范的书写给人的美感。

　　第一，标题上下各空一行，就像美人的眉目一样，给人清秀、

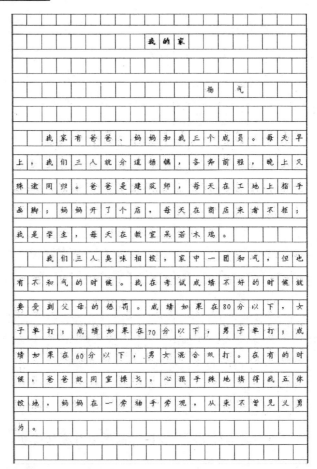

大方、雅致、舒展的感受。

第二，全文写了作者家的规律和有时的不和气。这显然是两个相对独立的内容，各为一个自然段，段首空两格，作为段落标志，让人读时可以中途休息一下，不至于急促、紧张、太累。反之，段落太长，则让人痛苦。

第三，文中"80、70、60"是一组具有统计意义的数字，使用阿拉伯数字书写。文字中的数字，特别显眼，让人很容易注意到三种不同的惩罚。

能力训练

指出并修改下面一个短文的书写错误。

```
                    通知

各中小学、幼儿园、职业学校，有关单位：
    兹定于六月十三日（星期1）在会议中心
召开中小学校长会，现将具体事宜通知如下：
    一、会议议程：
    （一）、通报与西域开展教育合作方案。
    （二）、宣读贫困生助学金补充意见。
    （三）、通报基层领导干部调整方案。
    二、参加人员：
    中小学、职业学校校长，幼儿园园长。隶
属单位负责人，机关科长。
    三、会议要求：
    按时到会，不得请假；注意安全。
                    ××县教育局
    二〇一一年五月二十五日
```

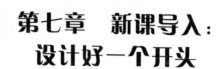

第七章　新课导入：
设计好一个开头

> **学习提示**
>
> 　　"导"是对学生进入最佳学习状态的有效诱导，"入"是使学生进入学习状态的深入。本章主要探讨的是新课导入的一些基本问题。它包括新课导入的意义、方法及导入时应遵循的基本原则。在"要领指导"中，本章对新课导入的几大原则、关键点位及多样的导入方法做了详细具体的陈述，还在"案例反思"、"案例欣赏"中，为大家提供了正、反两面的导入实例，以供参阅。

能力意义

　　导入，是一堂课开始之时，教师引导学生进入学习的行为方式。它是课堂教学的首要环节，是决定教学成败的重要因素。"良好的开端是成功的一半。"因此，导入必须是教学活动中最自然、最恰当、最精彩的开端。

　　良好的导入技能是小学语文教师必备的课堂教学基本功之一。具备这种能力的教师，可以在开课时起笔生花，迅速集中学生注意力，激发学生学习兴趣，产生先入为主、先声夺人的艺术效果，充分调动学生学习积极性和主动性。同时，教师可以凭借有魅力的新课导入，开启思维，引发思考，积极促进和优化整个教学行为。

一位新课导入能力强的教师，能拉近学生与教师、与文本间的心理距离，消除学生的拘谨心态，创设轻松和谐的教学氛围，从而提高学生主动参与的意识，为有效授课奠定良好的基础。

案例反思

案例反思一

下面是一位教师教学《"精彩极了"和"糟糕透了"》（人教版小语教材上册第十九课）时的导入片断：

美国作家巴德·舒尔伯格你们熟悉吗？请大家齐读课题，注意读出赞扬和贬斥的语气。"精彩极了"和"糟糕透了"这各自是谁的评价？作者有什么感受？你得到过这样的评价吗？你能联系自己的生活实际，谈谈别人这样评价你时你的感受吗？今天我们学习第十五课，看看这两句话对作者的成长产生了什么样的影响。

不难看出，这位教师的导入是有很多问题的：

第一，导入内容问题太多太杂，不利于学生思考。教师导入时，学生被教师连连追问、步步紧逼，哪来充裕的思考时间？

第二，导入内容脱离文本，不利于学生感悟。教师要求学生读课题时，要"注意读出赞扬和贬斥的语气"，要说出"作者得到'精彩极了'和'糟糕透了'这样的评价的感受"。试问，学生连文本都未曾阅读，连内容都不曾知晓，怎么能领会这其中的深意呢？

第三，导入内容脱离生活实际，不利于学生表达。"联系自己的生活实际，谈谈别人这样评价你时你的感受"。学生在实际生活中可能会受到表扬和批评，但不一定会被人直接说成"精彩极了"和"糟糕透了"，所以，要准确地说成："你得到过类似的评价吗?"这样，才能让学生更能明确内容所指，更能将自己的生活与问题对接，准确表达出自己的感想。

第四，导入内容目标定位不准，不利于学生关注知识点位。

"今天我们学习第十五课，看看这两句话对作者的成长产生了什么样的影响"这一过渡句，似乎在告知学生本节课的教学内容和目标，但学习此文的目标岂止这一项？表达方法的应用，思想感情的体会，语言的积累、感悟和运用等都应在教学中有所体现。

第五，导入所需时间过长，不利于教学过程的推进。如果师生要把这样多的问题都解决，需要的时间定会比较长。如果仅仅一个导入就占据太多时间，后面的教学环节就只有加快节奏，强行推进，这将不利于学生对知识的掌握和能力的提升。

第六，导入枯燥无趣，不利于调动学生学习的积极性。这位教师的导入，除了问题还是问题，没有给学生心理、意识、感官发出多向刺激，没有起到"引爆"课堂的作用。

案例反思二

这是一位教师教学《大自然的语言》（新课标人教版八年级语文上册第16课）时的导入片断：

师：同学们，什么是语言？

生：（没有人回答）。

师：语言是人们的交际工具。我们今天学习《大自然的语言》。有谁能说一下"大自然的语言"是什么意思？

生：（仍然没有人回答）。

师：下面我们看课文……

在本案例中，教师只给学生从概念上解释了语言，准确地说，是解释了人类的语言。并没有与课文标题"大自然的语言"发生联系。那么，"大自然的语言"究竟是怎样的含义？学生仍然理解不了。因此说，这样的导入对学生理解课文并无帮助，甚至是浪费课堂上的时间。

总之，那些随意、宽泛、空洞、模糊、冗长的导入是不可取的。

要领指导

一、导入的基本原则

导入技能的运用必须符合一定的原则，才能充分发挥它的作用和功能，取得良好的成效。

1. 生活性原则。

新课标对语文学科的性质作了明确的界定："语文是最重要的交际工具，是人类文化的重要组成部分。"这里的"交际工具"，即语文是人与人之间交流信息沟通思想的工具。这一界定，实际上就已经揭示了语文与现实生活密不可分的关系。从一定意义上说，语文就是生活，离开生活，语文就成了无本之木、无源之水了。语文教学的生活性原则不仅应渗透到课堂教学的各个方面，还应从课堂导入开始。导入只要贴近学生生活，学生就会感到亲切、自然、有趣，就能激发学生的求知欲，敲开学生求知的心扉，课堂教学也才会如鱼得水般真正地活起来，学生对语文学习也才会有更多的收获、更多的新发现及更多的新感受。

2. 针对性原则。

导入要针对教学内容。导入要建立在充分考虑了与所授教材内容的有机内在联系的基础上。导语的设计要从教学内容出发，从教学目标出发。它不能游离于教学内容及教学目标之外，它一定要是完成教学任务的有机组成部分。

导入要针对学生实际。导入要综合考虑学生的年龄特征、心理特点、认知水平、爱好兴趣、生活环境等问题。学生是教学的主体，教学内容的好坏，要通过学生的学习来体现。因而在导入的设计上要以学生感性认识和现有的知识为基础，从学生的实际出发。例如在低年级进行教学导入时，主要要以形象思维为主；而高年级的教学导入则要多从启发谈话、设置疑难入手。

3. 趣味性原则。

兴趣是人们认识某种事物或参与某种活动的积极倾向，是学生学习的内在动力，也是推动学生探求知识和获得能力的一种强烈欲望。苏霍姆林斯基认为：教学的起点，首先在于激发学生学习的兴趣和愿望。从心理学角度讲，兴趣是认识事物过程中产生的良好情绪。这种心理状况会促使学习者积极寻求认识和了解事物的途径和方法，并表现出一种强烈的责任感和旺盛的探究精神。充满情趣的导入能有效地激发学生的学习兴趣，调剂课堂教学的气氛和节奏。

4. 灵活性原则。

在导入过程中，切忌千篇一律，模式统一。教师应根据教材及学生的特点灵活处理。再好的导入形式，如果总是一成不变地采用，它的教育效果会越来越差。灵活恰当的导入，才不会使学生心生厌倦，始终保持"乐学"的态度。

5. 艺术性原则。

导入要有情趣、有新意、有一定的艺术魅力。导入的艺术魅力在很大程度上依赖于教师生动形象的语言、炽热的感情、恰当的形式以及教师的教学智慧。只有将这些要素有机融合，导入才会具有艺术性。

6. 语言性原则。

语言是语文教师的生命，是语文学习的根本。著名教育家夸美纽斯说过：教师的嘴，就是一个源泉，从那里可以发出知识的溪流。因此，用语言来导入新课，才是激发兴趣、唤醒情感开启思维、培养能力的最佳途径。也只有语言，才能更突出"语文"的特点，才能更真实地打开学生学习语文的思维天窗。

二、导入的关键点位

导入要有趣味性、启迪性、方向性、创造性、简洁性和感染力。但在实际教学中，许多新课导入还存在以下误区：重文采，假优美，华而不实；无内容、无联系，脱离实际；求新异、求刺激，故弄玄虚……为让新课导入达到把"教"的目标最终转化为"学"的目标，教师的导入同时还需要把握好"导"的几个关键点位。

1. 求真务实。

"真"是追求真实，追求符合事实的真相。"实"指符合学生（至少是大部分学生）的实际水平，符合教材目标和特点，符合教师的教学特点等。真实的情感、内容、情景、氛围、问题、态度等所有真实的原貌才能激发学生真实地参与，让学生真实地思考，真实地体念。

2. 启迪思维。

苏霍姆林斯基说：如果教师不想办法使学生产生情绪高昂和智力振奋的内心状态，就急于传授知识，那么这种知识只能使人产生冷漠的态度，而使不动感情的脑力劳动带来疲劳。因为积极的思维活动是课堂教学成功的关键，所以教师在上课伊始就应该运用启发性教学来激发学生的思维活动。因此，导入应注意给学生留下适当的想象余地，让学生能由此想到彼、由因想到果、由表想到里、由个别想到一般，收到启发思维的教学效果。

3. 简洁明快。

简洁明快，不是简单敷衍。语言大师莎士比亚说：简洁是智慧的灵魂，冗长是肤浅的藻饰。导入忌讳拖沓冗长、散漫无际。上课伊始，学生思维较散漫，这就需要教师用简洁明快、干净利落的导入将学生的注意力集中到课堂上来。因此，教师必须要把握好这个环节的教学时间，力争用最少的话语、最短的时间，迅速而巧妙地缩短师生间的距离以及学生与教材间的距离，将学生的注意力集中到听课上来。导入要短小精悍，一般两三分钟即进入正题。

三、常见的导入方法

新课导入的方法多种多样，比较常见的有八大类：媒介导入法、问题导入法、活动导入法、直接导入法、新旧知识联系法、情感导入法、联系生活导入法以及其他导入法。下面就其中的部分方法做一说明。

（一）媒介导入法。

媒介导入法是指教师在导入新课时，借用音乐、故事、诗词、简笔画、板书、谜语、典故、歌谣、卡片、幻灯片、投影片、教学录像、多媒体等媒介来辅助导入新课的方法。它包括音乐导入法、故事导入法、简笔图形导入法、板书引路法、图像导入法、歌谣导入法等。

1. 故事导入法。

用讲故事的方法导入新课，有利于激发学生的学习兴趣，有利于启发学生的思维和想象力，使学生的注意力高度集中。同时，教师通过故事把抽象的或枯燥的内容变得生动、具体、形象，学生自然更容易接受。于永正老师教学《新型玻璃》时这样导入：在一个伸手不见五指的夜晚，一个人影蹿进了陈列着珍贵字画的展览馆，准备划破玻璃，偷里面的字画。当他的玻璃刀刚刚触及玻璃的时候，院子里便响起了急促的报警声。警察立即赶来，把这个小偷给抓住了。你们一定会奇怪地问：这是什么玻璃呀？怎么一接触它就发出报警声呢？这就是"新——型——玻——璃"。这种故事导入扣人心弦，吸引力强，中低年级学生特别感兴趣。

2. 简笔图形导入法。

简笔画导入新颖、直观、醒目，很能引起学生的好奇心，抓住学生的注意力。于永正老师教学《惊弓之鸟》时这样导入：小朋友，我在黑板上画一样东西，你们看画的是什么。于老师用彩色粉笔在黑板上画了一张弓。学生：于老师画的是一张弓。师：这叫什么呢。（师指弦）生：这叫弦。（师又画了一支箭，学生作了回答）师：大家知道有了弓，有了箭，才能射鸟。可是古时候，有个叫更赢的人只拉弓不射箭，就能把大雁射下来，这是怎么回事呢？今天，我们学习第二十七课《惊弓之鸟》，学了这一课就明白了。以图、画、照片、影像等导入课文，不仅可以激发学生的学习兴趣，还可以调动学生的视觉感官，使学生对事物有形象的感知。

3. 板书引路法。

把精练、新颖的板书放在新课伊始，既能吸引学生的注意力，激发学习兴趣，还有助于提高学生的理解和概括能力。一位教师在教学《渔夫和金鱼的故事》时，在黑板上写下了"贪—贪—贪—贪—贪—贪—贪得无厌"一排字。学生看到一个接着一个，一个大于一个的"贪"字，感到十分新奇，注意力也高度集中。这时，教师顺势说道：谁存有贪心？他又是怎样贪得无厌？最后落得了怎样的下场呢？我们一起来学习一篇新课《渔夫和金鱼的故事》吧！

4. 猜谜语引趣导入法。

猜谜语用在课题导入中也能激发学生的学习兴趣。在讲《蟋蟀的住宅》一课时，教师先给大家出了一条谜语：小小音乐家，专在晚上把琴拉，高级建筑师，住宅高级又豪华。（打一动物）说完后，同学们叽叽喳喳，猜这猜那，对课文产生了极大的兴趣，急切地想了解有关蟋蟀的一切。

（二）问题导入法。

问题导入法是指教师在导入时针对教材的关键、重点和难点，从不同角度精心设计问题，突出课文的中心，以激起他们思维的浪花，使学生在思考问题的过程中，快速地进入新课的学习的方法。它包括质疑法、悬念法、辨疑法等。

1. 质疑法。

"学起于思，思源于疑。""质疑"就是提出疑问。它是"学—思—疑—问"学习心理规律的重要环节。教师在导入新课时，可引导学生质疑。如教学《飞夺泸定桥》一文，教者可让学生根据课题及课文内容质疑：谁飞夺泸定桥？夺泸定桥为什么要"飞夺"？红军是怎样"飞夺"泸定桥的？……学生提出的这些疑问，给他们提供了一个主动学习、自觉探究的空间，也建立了一个"乐学"的课堂结构。

2. 悬念法。

悬念，即暂时悬而未决的问题。用悬念引入，能够引起学生对课堂学习的兴趣，使学生产生刨根问底的急切心情，在探究的心理状态下接受教师发出的信息。教师设置的悬念要做到三个字，即"精"、"新"、"奇"，一下击中学生的兴奋点，促使构成学习掌握知识的意图。例如，一位教师教学《草船借箭》时是这样设置悬念导入新课的：《草船借箭》是根据我国著名古典历史小说《三国演义》改写的。东汉末年，曹操、刘备和孙权各据一方，称魏、蜀、吴三国。当时，曹操刚刚打败刘备，又攻打孙权。于是刘备和孙权联合起来抗曹操，刘备派杰出的政治事、军事家诸葛亮到孙权那里帮助作战，孙权手下的大将周瑜忌妒诸葛亮的才能，想陷害他。诸葛亮是怎样对待的？最后的结果怎样？我们一起来读课文。

3. 辩疑法。

如果教师能在课堂教学之初，巧设问题，引发争辩，则能促使学生深入探索，积极思维，使之产生解决问题的动力和动机。如教学《穷人》的第二课时，教师导入时可以直接围绕"桑娜是否应该收养西蒙的两个遗孤"这个存有争议的问题展开，以引领学生在研读课文的基础上，在激烈的论辩过程中，真实地体验、深刻地理解桑娜内心的矛盾与痛苦，从而真切地感悟桑娜和渔夫的善良和伟大。

（三）活动导入法。

活动导入法的核心在于"动"，若能让学生的身体动起来，他们的心智就能活起来。活动导入法包括演示导入法、观察交流导入法、游戏导入法等。

1. 演示导入法。

对于一些操作性较强的课文，可用演示来导入新课。一教师在进行《两个铁球同时着地》的导入时，对学生说：老师手中有两个大小不一样的铁球。如果同时从同一高度松开手，会得到什么样的结果呢？学生盯着教师手上的铁球仔细观察试验，得出同时着地的结果。教师接着说："那么最早得出这一结果的是谁呢？他又是怎么得出这个结果的呢？我们一起来学习《两个铁球同时着地》。"这样，学生就迫不及待地想了解其中的奥秘了。

2. 观察交流导入法。

为了丰富学生生活，培养他们的观察能力，激起他们的生活兴趣，教师不妨在教授新知识之前，先让学生观察周围的事物。比如，在教授《赵州桥》之前，可让学生观察家乡或学校附近的桥，了解它们的历史、结构、功能等，在上课的时候让同学们交流观察结果。这样，既有效地为教学服务了，也锻炼了学生的语言表达能力。

3. 游戏导入法。

喜欢游戏是儿童的天性，游戏可以激发和培养学生的兴趣。教学导入可以借助简单的游戏来激发学生的兴奋点，使其主体性得到最大限度的发挥。在教学《树叶》一课时，一教师进行了一个游戏：他让学生把画有蚂蚁、鱼儿、小虫、小鸟的卡片与用树叶代替的操场、雨伞、被子、风筝放在一起，看谁放得快，放得对。学生通过游戏，思维能力得到了发展，对课文的理解也必然深刻。

（四）直接导入法。

直接导入法是教师直接从课本的课题中提出新课的学习重点、难点和教学目的，以引起学生的有意注意，诱发探求新知识的兴趣，使学生直接进入学习状态的方法。它的设计思路：教师用简洁明快的讲述或设问，直接点题导入新课。它包括释题导入法、开门见山法等。

1. 释题导入法。

课题是课文内容的高度概括，人们常把它比作课文的眼睛和窗口。通过对课题的解释、分析，可以窥见作者的写作意图和匠心独运的构思。解题导入法就是帮助学生通过对课题的解释、分析，从总体上抓住文章的中心，然后引导学生循序渐进地学习课文，进而全面地理解文章的内容。钱梦龙在执教《丰碑》一课时，他先让一生上黑板板书了课题"丰碑"，在指导碑字的写法后立即问：孩子们"碑"是什么？它是用来干什么的？"丰"又是什么意思？那么"丰碑"的意思就是……现在让我们一起来学习《丰碑》这一课。看看本文中的丰碑是指什么？这种释题导入法不仅让学生了解了题目的意思，同时对课文内容也有了一个大概的轮廓。

2. 开门见山法。

这是教师在教学中最简单、最常用、最经济的导入新课的方法。这种导入切入主题快，简练明了。教师开课就开门见山地点明课题，直接进入课文的学习。这样导入能使学生的注意力都集中在课文的学习上，直接明确课文的内容和要求。例如于永正老师教学《我的伯父鲁迅先生》的导入：今天，我们一起学习一篇新课文——《我的伯父鲁迅先生》，大家一起跟着老师写课题。注意："鲁"字当中这一横要长；"迅"字要注意笔顺，捺要写出变化，一波三折。"开门见山"式导入语是于老师采用比较多的导入方式，朴实、自然、实效强，于老师在直接揭示课题后大多是板书课题进行写字指导，或是进行说话训练等。

（五）新旧知识联系法。

旧知是学生学习的基础，它也常常成为导入新知的桥梁。它包括比较旧知导入法、迁移导入法等。

1. 比较旧知导入法。

比较旧知导入法也叫同中求异法。这样的导入，运用了比较分析法，联系旧课，提示新课。这种比较，有利于学生明白两课知识相同之所在，从"温故"出发，激起学生对新知探求的好奇心。例如于永正老师教学古诗《草》时这样导入：上一年级的时候，小朋友学过三首古诗。一首是《锄禾》，一首是《鹅》，一首是《画》。还记得吗？谁能把三首诗背给老师和同学们听听？学生踊跃背诵。

师：我国古代出了很多诗人，他们写了许多许多诗。这些诗写得可美了，今天，咱们再来学一首，好不好？这样的教学导入语设计，既复习了原来学习的诗词，又极其自然地与即将授教的古诗有机地联系起来，真正做到了"温故而知新"。

2．迁移导入法。

迁移导入法是教师结合以前学过的、内容相关的课文导入新课，这种方法能使学生将知识系统地规整起来，以加深理解，增加记忆。一位教师教学古诗《山行》的导入设计：第一步，教师在黑板上出示了《宿新市徐公店》、《晓出净慈寺送林子方》、《梅花》这三首古诗的题目，要学生背诵这三首古诗。第二步，在学生背诵古诗的基础上，教师要学生进一步思考回答：这三首古诗分别写的是什么季节的景色？你是从哪些词句中看出来的？学生沉思片刻后纷纷举手回答。第三步，教师出示《山行》全诗，范读以后，要学生想一想：《山行》这首诗写的是什么季节的景色？是从哪些词句中看出来的？学生带着这两个问题读古诗，很快便理解了全诗的大概意思。这样的导入，学生的主体活动也得到明显的优化，达到了"课伊始，练已精"的境界。

（六）情感导入法。

"情动于衷而形于言。"教学中，教师首先得入情，没有情的教学就像晒干的丝瓜，无汁无味。于永正老师在执教《马背上的小红军》伊始，用低沉的声调、缓慢的速度说：同学们，这是一个真实的故事，是一个催人泪下的故事。教室里的气氛顿时变得庄严肃穆。片刻，于老师缓缓地说：这是一个什么样的故事？故事里的这位小红军是个怎样的人……此时学生个个认真肃穆，轻轻打开书用低沉的声音读起来，有的学生读到课文最后一部分禁不住潸然泪下。于老师导入时的感情渲染，把学生带入情景之中，为整篇课文的学习奠定了基调。

（七）联系生活导入法。

语文课堂要求导入一定做到自然贴切，新颖别致，紧扣主题，更重要的是导入的内容和方式要贴近学生的生活。这是语文导入教学生活化的基本精神和根本要求。因此教师应抓住语文和现实生活的契合点导入新课。它包括对比导入法、即兴导入法、联想导入法等。

1. 对比导入法。

在讲授《卖火柴的小姑娘》时，一位教师这样导入："小小的火柴，我们生活中天天用到，再平凡不过了，划燃一根火柴，也不过为点灯或生火。然而，你们可曾想到，在卖火柴的小姑娘那里，火柴曾给她带来那么多美妙的东西。"教师通过先抑后扬，形成鲜明的对比，既能诱发学生去思考问题，又能将学习的主动权交给学生。

2. 即兴导入法。

在上课之前，有时会突然出现一些有利于设计导语的生活事件或背景，教师可充分利用、即兴应变，以调动学生学习新课的主动性和积极性，激发学生的求知欲望。一位教师在执教《第一场雪》时，正好遇上了下雪天。教师即兴带着学生去教室外看雪。回教室后，教师问："大家刚才看到的雪有课文中的雪大嘛？""的确。我们这里的雪没有北方雪大。在北方，那漫天的飞雪，带给人们无限的遐思，无限的喜悦。今天我们一起学习课文《第一场雪》。让我们一起看看作者是怎样描写入冬后的第一场雪的，又是怎样表达自己的心情的。"

3. 联想导入法。

联想导入法是借用与新课有关的生活事情，引起学生联想来启发学生思维的一种方法。一教师执教《十年后的礼物》时，这样导入：当你第一次读到这个课题时候，你联想到了什么？

（八）其他导入方法。

除以上导入方法外，新课导入还可以有介绍作者背景导入法、谈话导入法、朗诵导入法、引文导入法、借用中心人物导入法、归纳导入法、设置障碍导入法、目标导入法、切入导入法、摘录导入法、讲评导入法、检查预习导入法、测验导入法等。

案例欣赏

案例一："问题导入法"

《飞夺泸定桥》——执教：支玉恒。

师：今天我们共同学习一篇课文《飞夺泸定桥》。同学们课前已经读过课文了吗？在读课文中有什么问题，自己想不明白的现在可以提出来。但要注意，看谁提的问题质量高。要着重考虑文章的中心、写法、结构，不要纠缠在个别情节上。

生1：课文重点是写飞夺泸定桥的经过，那么第一节和最后一节在课文中起什么作用？

生2：课题是"飞夺泸定桥"，那么课文就应该重点写夺桥，为什么把桥的样子写得那么详细？

生3：课文第五节交代，敌人不能再走了，在宿营，那么为什么敌人不能走了而我军却能走？

生4：课文第四节，红四团的战士分明是遇上了敌人，为什么还要点着火把，这不是暴露目标了吗？

师：好，你在读文的时候，特别注意第五节，看能不能自己解决。

生5：课文第八自然段中，"最后取得了长征中又一次决定性的胜利"，这一句是什么意思？与前面有什么内在的联系？

生6：第七节说红军是"攀着锁链"非常难走，为什么又说向对岸"冲"过去？

师：前面是"攀"，后面为什么用"冲"是不是？

生7：课文第六节讲："他们凭着天险疯狂地向红军喊叫：'来吧！看你们飞过来吧'"这表现了什么？暗示了什么？"飞"是什么含义？

生8：课文第五节写把增援的两个旅的敌人抛到了后面。这里为什么要用"抛"这个词？

生9：你说重点写"飞夺"，为什么要写路上的事，而且写路上的多，写攻桥的反而少？

师：你说重点是"飞夺"为什么把路上的事写得那么详细？你仔细琢磨一下"飞夺"。

…………

"学起于思，思源于疑。"这是我国圣贤对于学习、思考以及疑问的关系所做的精辟论述。教师导入时就留足时间，引导学生积极思维、主动质疑，改变了"被动接受"的"万马齐喑"的局面。这对学生获取知识、提高能力、发展智力都具有十分重要的意义。在入课时，启发学生质疑问难，能够培养学生主动、生动、活泼的学风，对于启迪思维、点燃他们智慧的火花，起着举足轻重的作用。

案例二："媒介导入法"

音乐是中华民族文化艺苑中的一朵奇葩，巧妙地将这一语言艺术引进课堂，能给有限的课堂带来无限的生机，充分激发学生的学习兴趣，引起学生内心世界的强烈共鸣。

于永正老师在教学《月光曲》这样导入：

（上课伊始，教师播放课件：贝多芬的著名钢琴曲——《月光曲》。声音由弱到强，由强到弱。大屏幕上随即出现贝多芬的画像）

师：（在贝多芬著名的钢琴曲《月光曲》乐声中，深情地）一百多年前，德国有个伟大的音乐家贝多芬。他曾说过这样一句话："我的音乐只应当为穷苦人造福。如果我做到了这一点，该是多么的幸福。"他一生创作了许多著名的曲子。我们现在听到的这首便是其中之一，叫《月光曲》。

（师在乐声中板书：月光曲）

师：（稍片刻，琴声渐止）《月光曲》是怎样谱成的呢？这还有一个美丽动人的传说呢！——请打开书，读读课文。读过之后，看谁能把这个传说说给大家听听。

这样的导入，不仅仅是对课文背景资料的补充，它更像一件艺术品，令人赏心悦目，使学生不由得入情入境，感受着诗一样的语言，也分享着教师的一份感动。音乐导入，既有利于促进课堂交流的艺术效果，又使学生的思想得到了纯化和升华。

案例三："目标导入法"

有位语文教师在教《镇定的女主人》一文时，先出示一幅眼镜蛇的投影画面，学生脱口而出："毒蛇！""这是一条眼镜蛇，是剧毒的，只要被它咬一口，人就会没命的。"教师问学生："如果遇上眼镜蛇你会怎么样？"学生纷纷举手回答："我会惊叫！""我会逃跑！"这时，教师说："我给你们讲个故事，故事中的女主人是这样处理的……"教师边讲故事边放投影："……女主人悄悄吩咐保姆端一碗热牛奶到阳台上，并关上门。没过多久，她对大家说眼镜蛇被引出去了，我们安全了。"学生专注地听着，听完后，学生纷纷发问：为什么她看到眼镜蛇不喊？为什么端一碗热牛奶就会引蛇出去？教师告诉学生："现在，我们就来学习课文，看看女主人在遇到毒蛇这一危险时刻是怎样保持镇定的，想想她为什么能保持镇定。"教师刚把话说完，学生就迫不及待地翻开书看了起来……

在这个导入案例中，教师用恰当的投影画面和引人入胜的语言直接刺激了学生的视觉和听觉，使他们的注意力立即指向教师，指向教学内容，并激发了学生强烈的学习热情，促使他们产生了丰富的联想和积极的思维。同时，教师的导语也把这堂课（也是这篇课文）的教学目标、教学重点都"导"了出来，这对学生有的放矢地学习和掌握教学内容是颇有好处的。

 能力训练

1. 比较下面《鱼游到了纸上》的两种导入后，说说你更喜欢哪种导入，并陈述理由。

第一种导入：

师：同学们，你们知道"鱼游到了纸上"是什么意思吗？是谁让鱼游到了纸上？鱼为什么会游到纸上？鱼是怎样游到纸上去的呢？今天，我们带着这些问题一起来学习课文《鱼游到了纸上》，请大家齐读课题。

第二种导入：

师：今天我们要学的课文是，大家一起读——鱼游到了纸上。

师：读题目，不光要用嘴巴，更要用眼睛。口到，还要眼到。我们再读一遍——鱼游到了纸上。

师：读得好。口到了，眼也到了。但是，心到了没有呢？请大家回忆一下，第一次读到课文题目，特别是第一次读到题目中的这个"游"字，你最大的感受是什么？

生：奇怪。鱼是生活在水里的，怎么能游到纸上？

生：惊讶。鱼是怎样游到纸上去的呢？

生：不可思议。鱼为什么要游到纸上去呢？

⋯⋯⋯⋯⋯

师：按常理来说，鱼是不可能游到纸上去的。读到题目，能读出一种感觉，读出一些问题，这就是心到了。带着这种感觉，我们再读——鱼游到了纸上。

师：其实，我也纳闷儿。一个普普通通的题目，一个简简单单的"游"字，怎么会让大家产生这样的感觉——奇怪、惊讶、不可思议？打开课本，让我们走进这个故事吧。

你喜欢第几种导入？理由是什么？

2. 请为《两小儿辩日》设计两种不同的导入方法。

孔子东游，见两小儿辩斗，问其故。

一儿曰："我以日始出时去人近，而日中时远也。"

一儿以日初出远，而日中时近也。

一儿曰："日初出大如车盖，及日中则如盘盂（yú），此不为远者小而近者大乎？"

一儿曰："日初出沧沧凉凉，及其日中如探汤，此不为近者热而远者凉乎？"

孔子不能决也。

两小儿笑曰："孰（shú）为汝（rǔ）多知乎？"

我的导入设计一：

我的导入设计二：

第八章 练习设计：
设计好一个练习

学习提示

　　练习是教学过程中一个至关重要的环节，也是学生必不可少的一项实践活动。教育心理学的常识告诉我们，学习兴趣和求知欲望是取得良好学习效果的前提和基础。如果练习的形式单一、机械，学生就会产生厌倦；如果练习量繁重，学生会感到压力大，从而打消他们学习的积极性。本章探讨的就是如何在练习设计过程中，从盯住课业转变为关注发展；从统一要求转变为分层引导；从刚性控制转变为弹性选择；从独立完成转变为协同合作；从静态分离转变为动态参与；从反复训练转变为探究创新；从量化评价转变为质性评定。

能力意义

　　"学生的各种能力都是'练'出来的，而非老师滔滔不绝讲出来的。"练习，是教学过程中反馈教师教学效果的重要手段之一，教师应该重视练习的设计，因为它能巩固学生已学的知识，培养学生的创造力，发展学生的智力。课堂练习能够让学生在教师的直接指导和督促下，通过练习对刚刚学会的知识进行巩固；课外练习是课堂教学的自然延续，能让学生对课堂所学知识进行拓展和补充。练习作为教学不可或缺的部分，它的有效性直接影响着教学的效果。因此，为保证教学的有效、高效，教师应根据新课标，根据教学内容及其特点，了解学生实际，在吃透教材、吃透学生的基础上，创造性地精心设计有效练习。这个环节抓好了，学生不仅能比较准确、牢固地掌握课堂所学知识，并把这些知识转化为能够实际运用的能力，同时也能激发学生对学科学习的兴趣和热爱。练习应是掌握知识和培养能力的统一，是练习量、练习时间和练习效率的统一，能否高效益地保证练习环节的质量和保证学生在有限的时间练习取得最佳效果，是练习设计的追求目标，那种靠大量的反复练习让学生掌握知识的练习和只让学生掌握知识而忽视学生能力发展的练习都是不可取的。

新课标指出：语文是重要的交际工具，是人类文化的重要组成部分；语文是实践性很强的课程，应着重培养学生的语文实践能力，而培养这种能力的主要途径也应是语文实践。在课堂教学中，最主要的语文实践无疑就是在教学过程中语言文字的训练，有效的语言文字训练才能促成小学生语言能力和思维能力的发展。有效的语言训练需要一个载体。在教学过程中，教师依托文本，以文本语言为基础，从学生学习的实际与需要出发，适时、精心地设计课堂练习，有意识安排学生的语文实践，是有效语言训练的良好载体。通过课堂练习，既能引导学生对文本语言进行感受和领悟，又能引发他们情感体验的创造性思维，进行个性化表达。

当前语文素质教育的核心是教会学生学习。要"会学"，学生就要不断实践，因为"语文方面许多项目都要经过不断练习，锲而不舍，养成习惯，才能变成他们自己的东西"（叶圣陶语）。所以，练习设计应是我们教学设计过程中不可或缺的内容，而练习设计的优化则是提高课堂效率和提高学生语文能力的关键。

案例反思

案例一

这是小学一年级的一个教学片断：

师：学会了"爱"这个字，谁也能用它来说句话？

生：我爱妈妈。

师：你说得很好。谁也想说？

生：我爱爸爸。

生：妈妈爱我。

师：说得真好。

…………

在这个课堂练习中，学生只是在简单如用"爱"说话，对"爱"也只有浅层次的理解。就造句而言，学生是会了，可仔细想想，我们的语文教学是母语教学，那么，这样简单的语句还用训练吗？可见，教师在教学中没有引导学生在已有基础上进一步提升自己的语言品质，这样的语言训练是无法发展学生思维和语言的。

这个语言训练后来被修改如下：

师：学会了"爱"这个字，谁能用它来说句话？

生：我爱妈妈。

师：你为什么爱妈妈呢？能在你刚才说的话后面加上你爱妈妈的原因吗？

生：我爱妈妈，因为妈妈每天要送我来上学，很辛苦的。

师：你真是个懂事的好孩子！谁也想来说？

生：我爱爸爸，因为爸爸答应我的事从来不会忘记。

师：哦，真是个好爸爸。除了爱爸爸妈妈，我们还要爱谁？谁也会爱我们？

生：我爱爷爷奶奶，爷爷奶奶也爱我。

生：我爱老师和同学，老师和同学也爱我。

…………

　　教师的引导与点拨，使学生逐渐明确了语言的规范、完整、具体等要求。层层递进地进行有效的语言训练，学生的语言能力在原有的基础上有了明显的提高，语言品质逐步得到提升。其中，教师发挥出了主导作用，而这个主导过程是教师通过提示和评价等手段来完成的。

　　案例二

　　我们应该根据教学目标来设计多样化的练习。语文的练习设计重在语言文字的理解和运用，低年级以单项作业为主，重在词语的理解、积累和运用；对于中高年级应适当增加综合性作业，让学生在生活实践中运用语言文字。

　　但纵观我们现实的教学，我们却常常可以看到这样的一些练习布置的场面：

　　场景一：新课学习完毕，临下课，教师简简单单交代几句："今天的作业是完成练习册上的内容"，或者，"思考课后思考题"。

　　这样的练习设计，教师对学生既无明确要求也没有做必要指点，即使练了也只是无的放矢，草草了之。老师布置练习册上的内容作为课后练习，只图省事，过于依赖教辅资料，不加选择地使用教辅资料上的所有题目，使得练习设计没有针对本班学生的学习实际情况，也毫无特色，长时间地使用只会降低学生对完成练习的兴趣。其实，一些教师自行设计的原创的、有版权的练习，却会更省时、更有效果。

　　场景二："今天的作业是将本课所学的生字词语每个抄写五遍。"老师这样布置练习作业。同样的生字词语，可能一学期下来先后会抄写很多次，新课预习的时候要抄写，课堂教学过程中要抄写，课后学完要抄写，单元复习的时候要抄写，期中、期末复习时还要抄写。很多时候，这些抄写还是以一个词语抄写多遍的形式

出现。

这种将机械单调的生字词语抄写作为练习的现象，加重了学生的学习负担，在一定程度上造成了学生学习心理上的"逆反"。于是，厌倦、懒惰、应付、逃练等学习上的不良学习现象也随之产生。

要领指导

一、练习设计的基本原则

1. 目的性原则。

练习设计过程中，教师应认真研究教材，把握教材的知识结构，挖掘教材的智能因素，要适应小学生年龄特点，满足学生活泼好动、渴望自主、希望用所学知识解决实际问题的愿望，精心设计，科学地、合理地进行安排。

教材是教师上课所不可缺少的，是上课的文本和依据。练习的设计首先要考虑教材的自身情况，同时语文教学的任务之一就是对学生进行字、词、句、段、篇等基础知识的扎实训练。学习新知识前可以设计准备性练习，或复习相关旧知识，为接受新知识做准备；或设置台阶，减缓新旧知识的差异率，完成顺利过渡；或进行铺垫，化解新知识的部分内容，发挥知识的正迁移作用。学习新内容的时候设计理解性练习，化解教材的难点。学习新知识之后要以课文内容为依据，以巩固课堂成果为基础设计巩固性练习，让学生加强理解，牢固掌握已学过的知识。比如积累好词佳句，朗读背诵、听写复述等。

教学中，教师要依托文本语言，以课堂练习为载体引导学生理解和积累，并将文本语言内化为自己的语言，提高语言表达能力。

2. 针对性原则。

这一原则是指要针对学生学习的重点与难点，按照学生的学习最近发展区为他们建立多层次的弹性练习结构，设计适合于各种水平线学生层次的练习。练习设计要由浅入深、由熟到巧，要循序渐进地进行，练习内容一般可划分为"会—熟—活"三个层次，应按照"重点内容反复练，难点内容着重练，易错地方突出练"的规则来设计。

学生是学习活动的主体，而他们本身又存在极大的差异。为此，在练习设计时应掌握不同学生水平的差异，根据其不同特点让学生自主选择，分层练习，因人评价，有的放矢，让学生的大脑形成优势兴奋中心，在兴之所至中超越"障碍"的力量，使全体学生通过作业练习在原有的基础上各有收获，达到朱熹所言："圣人教人，各因其才，大以大成，小以小成。"由此也就可以逐步实现学生由依赖性学习向独立性学习的过渡。比如可以让学生自主选择作业的内容和形式，也可以自主选择作业的数量和完成方法。

比如教学《桂林山水》后，可以设计这样的课后练习：①摘抄你喜欢的句子，并说说喜欢的原因；②背诵自己喜欢的段落，并谈谈体会；③仿照课文写作方式写作一两段话（三个练习任选其一）。于是，能力强的学生在写作方面有所提高；能力中等的学生会背诵经典语段，也谈了体会；能力稍弱的学生也能抓住"漓江的水真静啊，静得让你感觉不到它在流动；漓江的水真清啊，清得可以看见江底的沙石；漓江的水真绿啊，绿得仿佛那是一块无瑕的翡翠。船桨激起的微波扩散出一道道水纹，才让你感觉到船在前进，岸在后移"这样的语句来感到漓江的美。这样的作业布置能满足不同层次学生的要求，能力强的可选择较难的做，能力弱的可以做简单的，使不同层次、不同水平的学生都能体会到成功的乐趣。给学生留下足够的自主选择的空间，就可以发挥学生的学习主动性，提高作业的针对性，让学业负担停留在适当的位置上。

3. 多样性原则。

语文课堂练习的内容和形式应是丰富多彩的。前苏联教育家苏霍姆林斯基曾经说过：人的内心有种根深蒂固的需要——总感到自己是发现、研究、探索者。以往的传统练习设计形式单一，内容枯燥，缺少情趣，所以难以受到学生喜欢。设计练习时应从学生活泼好动、追求乐趣的心理特征出发，多一些趣味少一些繁琐，多一些变化少一些单调，布置多样化、趣味性强的练习，从而激发学生完成练习的兴趣。比如针对低年级的学生，可以设计拼音游乐园、成语迷宫阵等，让孩子游一游；设计猜字谜、对对子，让孩子想一想；设计给课文添插图，让孩子画一画；设计根据课文内容进行课本剧的演出，让孩子演一演。这样的练习会让学生学习热情高涨，感到学习其乐无穷，学习积极性和主动性会有极大的提高。

4. 整体性原则。

（1）体现语文课程三维目标的有机整合。

新课标指出：根据知识和能力，过程和方法，情感态度价值观三个维度设计练习，三个方面相互渗透，融为一体，提高语文素养。语文素养的核心是语文能力，这是毋庸置疑的。因此练习设计中要以"知识与能力"为主线，渗透情感、态度价值观，并充分地体现在过程和方法中。

比如《起死回生》、《田忌赛马》、《完璧归赵》三篇课文是三个著名的历史故事，也是经典的成语故事，通过品读人物故事，学生能了解中国的传统文化，学习民族的历史，培养爱国主义精神。单元的重点训练目标是复述课文，这是学生首次接触的训练内容。于是教学后，可以布置这样的练习：①思考三篇课文分别要求从哪些方面复述？②思考课文为什么要求从这些方面复述？学生完成练习后明白《起死回生》的复述要抓住扁鹊为太子治病的动作；《田忌赛马》要讲清马的出场顺序；《完璧归赵》要抓住蔺相如的言行。学生悟出这是和课文描写特点有关：文章为了表现扁鹊医术高明，着重对他治病时的动作进行描写，因此复述时要抓他的动作；讲清马的出场顺序，才能感受到正是由于孙膑善于观察、认真分析，得出正确判断，最终才能转败为胜；蔺相如的大智大勇，维护国家尊严的品质正是通过他在秦国大殿上和秦王斗智斗勇时的语言来表现的。这样学生就会懂得复述不是简单地背诵，它是有方法的，复述是根据课文描写的特点和人物的特点将最能反映文章主要内容和人物特点的部分讲述出来。这一练习的设计使学生不仅对课文内容进行了复习，牢记三位历史人物的事迹，也进一步激发了强烈的民族自豪感。

（2）练习内容的整体性。

练习设计应有不同的层次：准备性练习，反馈性练习，巩固性练习，拓展性练习。准备性练习：教师课前要认真备课，仔细分析教材，挖掘每个单元间的内在联系，根据新授内容设计一些相关联的符合学生认知特点的准备性练习。它的目的是为新知识做铺垫，所以应注意扣紧新旧知识的连接，在旧知识的基础上建立新的知识点，为学生顺利地由旧知识点过渡到新知识点架桥引路，以达到帮助学生减轻在课堂上的某些负担和难度，提高课堂效率的目的。反馈性练习：新课进行过程中要结合有关内容做单项的、局部的反馈性练习，在教学过程中进行形成性练习，帮助学生更牢固地掌握知识。设计这部分练习时，主要是要围绕着知识的重点、难点进行专项练习。巩固性练习：授课后进行巩固性练习，目的是巩固新知识，活用新知识，设计这类练习时应注意帮助学生练习发散思维，形成技巧。练习是为学生巩固学习成果而设计的，所以，有效的巩固性练习是实现优质教学成果转化的根本。拓展性练习：为了拓展学生的口语和写作能力，教师可以根据学生的实际水平安排适量的与本课内容有联系的拓展练习，让学生在课余、课外通过丰富多彩的练习形式，以巩固、应用、深化所学的语文知识，从而培养学生的语文能力。比如学了《赵州桥》后，让学生去找一找另外一些古老的有名桥梁，比较它们与赵州桥的相似之处、不同之处，同时也可让学生找一找现代城市立交桥的一些有关资料，这样，学生不仅了解了古代桥梁的建筑特点，而且也知道了现代桥梁的先进性、多用性、科技性，扩展了学生的知识范围。这样的作业极大地拓展了学生的知识面，同时也为学生提供了一种有效的学习方法。

二、练习设计的分类

1. 识记性练习。

（1）识记字音、字形、词语、成语的意义和用法。

（2）记背名言、警句、典故、故事、精彩片段。

（3）记背古诗文名篇。

（4）识记与语文相关的各学科知识。

2. 理解性练习。

（1）听听、说说。听说训练贯穿于语文教学的始终，课堂教学中的听说练习必须有针对性、层次性，还应促成学生良好的听说品质的养成，使学生一练一得。如教学《在炮兵阵地上》第二段时，可以设计这样的练习：

A. 听听这一段中彭总的表情变化了几次，找出有关句子。

B. 用"因为……所以……"的句子回答彭总表情变化的原因。

这样一来，学生带着问题听朗读，训练目的明确，内容到位，重点突出，有利于培养他们全神贯注、迅速反应、即刻理解、马上印记、表达完整、言之有据等良好的听说品质，培养他们思维的敏捷性和条理性。

（2）读读、画画。学生的年龄特征决定了他们对多彩的画面倍感兴趣，课堂训练中设计一些让他们信手涂上几笔的练习，会深受学生喜爱。学了古诗《宿新市徐公店》之后，可以设计这样的练习：

A. 用自己的话描述练习中暮春时节的美景。

B. 用彩笔给古诗配画。

让学生读读、画画，学生在读中求据，画中悟境，既训练了学生的阅读能力，又满足了学生求新、好动的心理，还能检验他们对课文的理解程度。

（3）演演、说说。课文中不乏内容生动的故事，那些机智善辩的聪明人、活泼可爱的小动物让学生们难忘。课堂教学中有表演小品、演示实验的机会对他们来说无疑是一大乐事。如教学《乌鸦喝水》一课时，可以设计这样的练习：

A．用瓶子、石子做一下实验，观察水上升的过程。

B．用自己的话说说乌鸦是怎样喝到水的。

C．表演一下乌鸦喝到水的前后经过，注意加入内心的想法。

这道练习重在让学生自己动手实验，感受直观刺激，从而产生快乐情绪，于无形中解决教学难点，并发展了学生的侧向思维。

（4）读读、写写。"读写结合"是语文教学的成功经验，课堂练习的设计也应把它作为一项内容，课堂练习中的写话一般可分为总结性写话、模仿性写话以及练写、缩写等。如教学《大瀑布的葬礼》，可以设计这样的练习：

A．学生在黑板上分两行听写"咆哮而下、滔滔不绝、一泻千里"以及"生命垂危、形容枯槁、奄奄一息"。

B．思考：为什么要把这 6 个词语分两组出示？

C．想象这 6 个词语所描绘的两种截然不同的景象，用上这两组词简要写一写巴西总统的演说词。

D．写一句振聋发聩的话语唤醒 21 世纪人们的环保意识。

这样的练习设计不仅切中了教学的重难点，让学生感受到瀑布变化前后的景色，感受文章用词的精美，积累并运用了词语，同时也通过读写训练，达到以读促写、以写促读，提高了学生的语言感悟能力和表达能力。

3．运用性练习。

新课标明确指出，在教学中要努力体现语文的实践性和综合性，沟通课堂内外，充分利用学校、家庭和社区等教育资源，开展综合性学习活动，拓展学生的学习空间，增加学生语文实践的机会。"生活处处皆语文"，开放性的语文，要求教师善于设计开放性的作业练习，寻找、挖掘、创造可供学生实践的环境。引导学生与生活为伴、与自然为友、与社会对话，使学生在完成作业的过程中，感悟生活，积累语言，培养能力，融入社会，因此练习设计必须牢记实践第一的观点。每逢节假日，可以建议学生和父母去旅游、做家务，和同学去做一些社会调查，参加自己喜欢的兴趣小组活动，坚持写"假期生活日记"。假期结束后，让他们汇报假期中的所见、所闻、所感。每到特殊纪念日，还可随机布置一些有意义的作业。如"三八"妇女节，布置学生和爸爸一起为妈妈做一顿丰盛的晚餐，或者亲手制作一个小礼物；"六一"儿童节，每人准备一个小节目，开个联欢会；"八一"建军节，给解放军叔叔写一封慰问信；"一二九"纪念日写一份演讲稿，举行一次演讲比赛，这些让学生更多地了解社会，更好地关心他人，同时也培养了学生的特长，这样的作业设计与学生的家庭生活、社会生活以及其他各科的学习活动结合起来，构成一个和谐的学习整体，以巩固、应用、深化学生所学的语文知识，使学生在社会实践中巩固语文知识，发展语文能力、创新能力，在丰富的社会生活中得到提高，使他们的素质得到了更全面的锻炼和提高。

三、练习设计的要求

1. 布置和提示。

给学生布置练习作业时，必须给学生讲清楚做什么和怎么做，指导语言要明晰具体，避免模糊化。

2. 保证练习时间。

练习必须要有时间保证，特别是教学过程中的练习，时间要安排充足，要引导学生珍惜有限的课堂练习时间，勇于参与，敢于尝试。

3. 合理安排练习时间。

应根据练习的重要性、独立程度，将其依次安排在课内、校内或者校外，把最重要的练习安排在课内，这样练习效果会更好，校外则完成一些运用性、实践性的练习。书面的文字练习量不应过大，语文学科应该给予学生充足的课外阅读时间。

4. 展示和讲评。

所有练习都必须有讲评，教师应对学生所完成的练习及时作出评价，讲评应以鼓励为主，让学生在得到教师的肯定及指导后，兴趣更浓，学习的劲头更足，这样教学效率更高。有条件的学校，可以使用投影设备展示学生完成的练习，让学生在听讲评时更有直观感受。讲评练习时，不能只关注练习本身的内容，还应该讲评遣词造句、标点符号使用、卷面书写等情况，以培养学生的良好的作业习惯。有的练习讲评时也可能会出现师生争论的场面，这种争论本身的价值和意义远超出了练习本身，它将促进学生语言表达能力、思维能力和人际交往能力的成长，我们也需要正确面对。

5. 修改和订正。

讲评完成后，要给予学生修改和订正的时间，使得讲评能落到实处。中高年级学生可以引导学生自改和互改。语文学科的练习有时并没有唯一的答案，因此应该允许学生有自己的独特思考，只要合情合理。

案例欣赏

小学语文新课标指出：语义教学要注重语言的积累、感悟和运用，注重基本技能的训练，给学生打下扎实的语文基础。教学中，教师如果只是对练习设计进行机械性操作，就会使得教学缺乏练习的针对性、系统性和实效性。没有进行语言的积累、感悟和运用以及基本技能的训练，学生的语文素养和能力的提高就无从谈起。因此，教学中，我们应以练习设计为载体，在教学过程中进行扎扎实实的语言文字训练，以练习促进学生阅读习惯的养成、思维的发展，正确理解和运用语言文字。

案例一

《掌声》一课生动记叙了身患残疾而忧郁自卑的英子在上台演讲时得到了同学们热烈的掌声，在这掌声的激励下，她鼓起生活的勇气，从此变得乐观开朗的故事。在文本内容学习和生字的书写指导完成后，教师布置了如下一道练习题：

把生词填入下面的空格中，你一定能把汉字写得正确、美观。

小时候，我有个同学叫小英，她的腿落下了残疾，她不☐☐让人看到走路的样子。一次演讲课上，老师让她上台讲故事。同学们送给她一阵☐、☐的掌声。她☐☐完童年的故事，班里又响起了☐☐☐☐的掌声。掌声改变了小英。

所填的词语如下：愿意、热烈、持久、讲述、经久不息。

设计亮点：所填的这段话就是所学课文的主要内容，一方面学生既强化了新学生字的记忆；另一方面也通过用词语填空，学会正确使用所学词语，还巧妙地把握了课文主要内容，一举多得，有效达成了教学目标。

案例二

教学《鸟的天堂》一课时，在指导学习"作者描写众鸟纷飞活动情景"的语段时，教师引导学生懂得作者用排比句"大的，小的，花的，黑的，有的站在枝上叫，有的飞起来，有的在扑翅膀"的句子不仅写出了鸟形、鸟色及鸟的姿态，同时也体会到作者当时愉悦的心情。

然后教师指导学生对语段进行有感情的朗读。

练习一：朗读。

很快地这个树林变得很热闹了。到处都是鸟声，到处都是鸟影。大的，小的，花的，黑的，有的站在枝上叫，有的飞起来，有的在扑翅膀。

在朗读中，学生感受到用这样相同或相似的句式来写，读起来节奏感强，非常上口。

在熟读之后，接着教师出示填空，让学生尝试背诵。

练习二：背诵。

很快地这个____变得很热闹了。到处都是____声，到处都是____影。____的，_____的，_____的，_____的，有的_____，有的_____，有的_____。

在背诵任务解决后，教师又出示填空题，启发、引导学生做迁移训练，加强对语言文字的训练和运用。

练习三：活用。

很快地这个____变得很热闹了。到处都是____声，到处都是____影。____的，____的，_____的，_____的，有的_____，有的_____，有的_____。

设计亮点："课文是范例"，文本语言是学生语言模仿的对象，是学生语言生成的基础。课堂教学其实是一种以课文范例为中心的案例教学，课文是例子和凭借，学生通过对课文的学习而获得发展语言的基本知识和能力。也就是说，教学中应采用恰当合适的练习设计，让学生逐渐积累语言材料，感受、体会文本中规范、优美的语言，从而使学生逐渐掌握运用语言的规范，达到发展学生语言的目的。

案例三

语言训练应该从易到难，从简到繁，语言表达应从正确、规范到形象、生动，而且应该允许学生的语言表达多样化，不强求统一。

《含羞草》一课的教学片断：

师：主人为了不让得意草如此目空一切，自以为是，便让它与别的花比比看，请自读课文六节～九节。

出示练习1：

（什么季节）得意草与（什么花）相比，它（觉得怎么样）。

生：春天得意草与月季花相比，它觉得太寒碜了。

学生继续交流，用多媒体出示相关内容（过程略）。

师：为什么得意草与这些花相比会觉得寒碜，羞愧呢？这些美丽的花有什么特点呢？请再读课文六节～九节，从文中圈出形容这些花的词语。

出示练习2：

春天（　　　）的月季花　　　　觉得太（　　　）了

夏天（　　　）的荷花　　　　　觉得不够（　　　）

秋天（　　　）的菊花　　　　　觉得自己（　　　）了

冬天（　　　）的梅花　　　　　羞愧得（　　　）

学生边阅读边圈划，教师巡视指导，然后交流。

生：盛开的月季花

（用多媒体出示词语：盛开）

师：真不错，让我们来欣赏这些盛开的月季花，仔细观察它的花和叶子。

（逐一出示五幅月季花图片并配上背景音乐，学生专注地欣赏）

师：（出示含羞草图片）含羞草与之相比心里觉得怎么样呢？

学生1：它心里觉得寒碜。

学生2：它觉得自己太难看了。

（用多媒体出示：寒碜）

师：是啊，它心里觉得自己太寒碜、寒酸了，不够体面。

好，请同学们用上"盛开"、"寒碜"，带着感情，再来说一说这句话。

生：春天，得意草与盛开的月季花相比，觉得自己太寒碜了。

．．．．．．．．．．．

设计亮点：教学中，教师首先设计了一个含有提示语的填空（练习1）：（＿＿＿＿季节）得意草与（＿＿＿＿花）相比（觉得＿＿＿样）。这次练习旨在引导学生了解课文的内容，同时也是对课文内容的整合。在此基础上又设计了练习2，让学生从文中摘录形容各种花的词语，并通过各种途径和方法指导学生理解这些词语，在理解词语的过程中感受、领会得意草的羞愧之情，再将这些词语放入练习中进行语言表达的训练，这样，提升了学生语言的品质，切实提高了学生的语言表达能力。练习设计有"坡度"，让学生能拾级而上，体现了学生语言习得过程的层次性：感知文本—复述—圈划词语—理解词语、体会情感—再复述。这个练习设计还体现了学生语言品质要求的层次性：从语言的规范要求到语言的优美要求（用词的准确、丰富）。

能力训练

1. 判断下面这个练习设计得如何，并表述理由。

《荷花》一文描写荷花不同样子有这样几句话："荷花已经开了不少。有的才开两三片花瓣儿，有的花瓣儿全都开展了，露出嫩黄色的小莲蓬，有的还是花骨朵，看起来饱胀得马上要破裂似的。"学习本段时，教师不仅引导学生掌握了"把荷花比做什么"，同时还设计了如下练习：

（1）听读练习：一人有感情地读出荷花的美丽多姿，另一人仔细听后进行评议。

（2）说的练习：说说哪些词、句用得特别好，好在哪里。

（3）画的练习：依据这段话的描述，画一画荷花的样子。

（4）写：仿写一组"总—分"结构的句子，用上"有的……有的……有的……"。

2. 为《火烧云》一课"形状"板块的教学设计出恰当适宜的练习题目。

第九章 板书设计：
写一例好板书

学习提示

  本章探讨的板书不是简单的课文内容的复制，而是以体现语文能力为核心的设计，是学习方法的指引，师生精彩对话的结晶，语文魅力的彰显。板书设计既要有科学性又要有艺术性，要充分体现板书的简洁美、结构美、图画美。本章着重围绕语文能力这个核心，从板书设计的原则、板书的常见类型以及板书的注意事项来阐释。

能力意义

  随着现代教育技术的发展和普及，很多教师运用电子媒体制作课件，就连许多本应用粉笔板书的内容也通过课件呈现，课堂上要么没有板书，要么板书随意性大，更不用说精心设计板书了。他们认为可以用电脑打字代替板书，板书可有可无！我们的课堂真的不需要板书了么？

  电脑能显示规范整洁的字体，可是它只能按部就班地显示事先设计好的内容，不能随着学情的变化进行及时灵活的调整，更不能彰显语文的独特魅力：一个教师在手执粉笔板书的同时透露出的是一种优雅的气质、一种严谨的态度，每个字的起笔收笔，每个部件的高矮胖瘦、穿插挪让，无不显示出的教者独特的风韵。可以说教师板书的过程就是一种展现美的过程，就是学生发现美、欣赏美的过程，这是电脑永远无法企及的。因此在电脑迅疾发展的现代课堂上，板书是不可或缺的，是课堂教学的重要组成部分。

板书按其地位可分主板书、副板书。主板书，又称基本板书或中心板书，反映教师教学意图，表达教学目的，一般板演在黑板的中间位置；副板书又叫辅助式板书，是对主板书的一种注释、说明和充实，一般板演在黑板的左右两侧。本章讲的板书专指主板书。

板书是教学内容的结晶，学习方法的指点，教师的教学智慧的展示，师生的精彩对话的舞台……可以说板书是教师的微型教案。一幅好的板书，不仅有助于学生对教材的理解和对知识的巩固，而且对学生思维的启迪能起到画龙点睛的作用。我们的教育前辈特级教师袁瑢说：一堂课上得好坏，既包括教师对教材的理解，也包括板书运用的好坏。板书运用得恰当，有助于学生掌握文章的思路。所以教师在备课时就应根据教学的目的要求、教材特点、学生实际等情况来精心设计板书。这是特级教师的教学心得，肺腑之言。因此，板书不仅是我们课堂教学必备，而且还要花大力气精心设计，即板书设计，不是以理解课文内容为目标，而是以体现语文能力、语文素养为核心的设计，既要有科学性又要有艺术性，要充分体现简洁美、结构美、图画美，这就要求我们遵循板书设计的原则、熟悉板书的常见类型并加以灵活运用，同时还要了解板书的注意事项。

案例反思

案例一：《圆明园的毁灭》板书设计

```
              圆明园              毁灭
圆明三园   众星拱月   瑰   不可估量   一   掠走
建筑宏伟   景观奇妙   宝    的损失   片   毁坏
珍藏文物   无价之宝   精   ————   灰   放火烧
              华（奇耻大辱）烬
  （热爱）————————————（仇恨）
```

这则板书遵循课文线索，条理清晰，浓缩了课文的主要内容，并且采用横式和纵式交替使用。这个案例有哪些地方值得商榷呢？这个案例有三大问题。

第一，语言不够精练，虽然每个自然段都挑选出重点词并一一板书，但是重点太多反而显得面面俱到，可以确定重点段，精选其中的重点词语，将其他的词语删去，以突出重点。

第二，板面不够美，板书的纵横式交替使用夹杂在板书的中间部分，既不醒目也没有美感。

第三，整个板书只是课文内容的重现，没有体现通过学习这篇课文学生有哪些语文能力需要锻炼，哪些语文素养需要发展。可以板书这类课文的学习方法提示等。

案例二：小学语文第七册中的《蝙蝠和雷达》板书设计

	嘴		天线	
蝙蝠	超声波	障碍物	无线电波	雷达
	耳朵		荧光屏	

这则板书设计的原意是揭示蝙蝠在夜间飞行的奥秘，阐述雷达的原理。但是太过抽象，既不能简单明了地体现两者之间的共性，也不能揭示两者之间的内在联系（即从蝙蝠身上得到启示——发明雷达）。如果像这样改进一下，见下图：

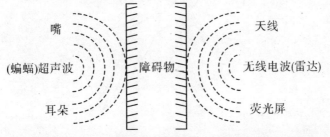

这样的板书学生一目了然，将复杂、抽象的科学理论知识变得通俗易懂，逻辑性强，把蝙蝠和雷达之间的内在联系剖析得淋漓尽

致。这就是板书的成效、板书的价值。

案例三：《翠鸟》第一自然段的板书设计

红色的小爪子

颜色鲜艳：头上

　　　　　腹部

　　　　　背上

小巧玲珑：眼睛

　　　　　嘴

这则板书对课文的内容用关键词语进行概括性地说明，条理性强，脉络清晰，较好地体现了作者的写作思路，但是也存在明显的问题：不够直观形象，不利于吸引低年级儿童的注意力，课堂气氛容易沉闷。可以用简笔画画一只翠鸟，结合课文内容把翠鸟身体各部分涂上相应的颜色，翠鸟的外形特点一目了然：既降低了理解和背诵的难度，孩子在兴趣盎然中借助板书很快能把课文背诵下来，而且在与老师合作完成简笔画板书的同时，孩子们也能清楚地知道作者的观察顺序，真是一举多得！板书如下图：

一、板书设计的原则

1. 目标明确。这里的目标既包括教学设计中的教学目的，也包括为达到教学目的使用的教学方法，即要通过课堂教学让学生学习什么，收获什么，这些都应该在板书设计中体现出来，将板书与教学设计有机结合。比如特级教师支玉恒教学《匆匆》一课的板书就是三个词组"用心灵诵读、用心灵聆听、用心灵倾诉"，简简单单的板书，明明白白地告诉了学生读这一类散文的基本方法。

2. 简洁直观。板书要受授课时间和黑板面积的限制，因而板书的内容要尽量少而精，以最少的字或者符号起到最大的效果。特级教师于永正先生在为三年级孩子授课《荷花》时板书"煮书"二字，将"反复诵读品味，把书读透"这一读书的方法和理念以形象的语言展示出来，学生一看便知，真是言简而意赅的板书典范。直观形象的信息最容易被人接受理解，给人留下深刻的印象。因此，教师应自觉地设计形象生动的教学板书，变抽象、复杂的内容为形象、简洁的图示，可以有效地强化教学内容，从而提高教学质量。比如教学课文《月亮湾》，在分析课文的过程中，采用"我问你学"的方式进行简笔画板书，画出月亮湾、村子、小河、石桥、绿树、青山、农田的美丽，学生在兴趣盎然中朗读、板演、观察、背诵，有效地激发了学生主动参与学习的欲望，让教学达到事半功倍的效果。

3. 灵活实用。板书作为辅助教学的重要手段，是为一定的教学目标服务的，要根据教学的实际情况设计出实用明了的板书，并在教学的过程中根据授课的状况作灵活的调整。比如同样是教学《圆明园的毁灭》一课，窦桂梅老师的板书是三组关联词，王崧舟老师的板书是三个"不可估量"和"化为灰烬"，而于永正老师板书的则是大大的狂草"恨"、"怒"。三则迥异的板书与三位不同教学风格的教师在课堂上相辅相成、水乳交融，留给学生的却是同样的精彩、同样的震撼。

4. 板面美观。板书设计不仅要做到实用，还要力求使它美观，具有一定的艺术性。板书的布局、色彩的巧妙安排，字形与颜色的精心选择，图片插入和行款排列的合理运用等，都要给学生以美观、严谨的感受，增添课堂学习的视觉美。比如上下或左右均匀排列的板书具有对称之美；准确、快速、美观的绘制图形具有形象美；布局适当、色彩协调、科学合理具有和谐美；庄重端正、整齐划一、大小有致具有整齐美；俊秀的字体具有书法美等。王松泉也说：教学板书是一个完整的艺术品，应该追求形式与内容的完美统一，从而给学生以审美感受。所以我们中小学教师要"运用美学方法设计出既有科学性又有艺术性的板书图示，在教学中起到象形传神、激情引趣、益智积能的积极作用"。

同时，设计板书不要老是一个模式，要注意新颖别致，用以集中学生的注意力，引起学生的兴趣，激发学习积极性，获得最佳的教学效果。在教学过程中，我们应牢记"兴趣是最好的教师"这句话，持之以恒地花精力去设计具有科学性、艺术性的板书，吸引学生的注意力、激发学生的兴趣、启发学生思考、培养学生的审美能力。

二、常见的板书类型

1. 根据板书的内容构成，大致分为以下四种类型。

（1）文字归纳。文字归纳是其他类型板书的基础，要求语言简洁，通常以词语的形式出现。这种方法几乎适合于各类课文，掌握起来也比较容易，它主要是要求教者要具备较强的概括能力。文字归纳法可分为提纲式、比较式、对称式、标题式、词语式和摘录式等。

提纲式：以课文的结构提纲或者内容提要为主的板书，有助于理清课文层次，把握文章的结构。适合篇幅较长、需要复述的课文，比如教学《最后一头战象》时就可以在初读以后，以课文的记叙线索为主线设计板书，板书如下：

英雄垂暮——→重披战甲——→凭吊战场——→庄严归去

比较式：以揭示几种事物之间关系为主的板书，指导学生在比较中揭示中心、懂得道理。这类板书适合寓言故事和童话题材的课文，比如在教学《九色鹿》时将调达和九色鹿的前后言行分别板书于黑板的左右两边进行对比。

调达	九色鹿
见利忘义	美丽善良
背信弃义	见义勇为
恩将仇报	品德高尚

对称式：板书的文字在内容和形式上对称，揭示文章的内涵。这种板书适合描写人物之间密切交往的文章，或者人物和事物之间、事物与事物之间关系平等互利的课文。比如王崧舟教学《望月》的板书：

观察	江中月	现在	散文
回忆	诗中月	过去	诗歌
想象	心中月	未来	童话

千江有水千江月

标题式：就是以小标题的形式高度概括课文各部分的主要内容，能很快让学生理清课文的层次。这种板书适合篇幅较长故事性强的课文，比如教学《我的伯父鲁迅先生》一课，可以给每一部分安一个小标题作为板书。

词语式：板书课文中的重点词。选用这种板书要注意所板书的词语跟这节课的教学是否内容紧密相关。如孙双金教学《二泉映月》的板书就是典型的词语式板书：

听：苦难、凄凉、抗争、怀念……

二泉映月

听：没有（奇妙）

——对命运的抗争

听：叹息、哭泣、倾诉、呐喊……

对光明的向往

听：跪下

摘录式：摘录课文中点睛之笔的句子作为板书的内容。薛法根教学《桃花心木》时，开始上课就请学生上黑板前听写课文中三个含有"不确定"的句子，就这三个句子展开思考、讨论、研读、背诵。这类板书适合说理性的课文，比如全国赛课特等奖获得者王玲湘在教学《搭石》时，把课文中的中心句"搭石，构成了家乡的一道风景"作为板书。

（2）列表解释。根据内容可以显示分项的特点设计出表格，提出相应的问题，在课堂上由师生共同讨论填写的板书形式。适合条理性强、段落结构相似的课文，训练学生概括归纳能力。比如：教学《找骆驼》一文时，可抓住商人看到的骆驼的不同特征设计表格式板书：

观察事物	根据特色	判断结果

（3）板画赋形。它是根据教学内容显现出的特征，采用图中夹文或文中夹图的办法，形象地勾画出事物间的内在联系的板书。适合识字量小、以形象思维为主的小学低段的课堂教学使用，以直观的图画代替抽象的文字，比如了解汉字变迁的历史时，通过简笔画描绘，可大大降低孩子理解的难度。也适合文质兼美的散文类课文，先将文字转化为生动的图画，再根据图画指导朗读背诵，达到

积累语言、内化语言的目的，比如教学《桂林山水》，就可以将桂林的山水用简笔画的方式画下来，直观理解"连绵不断、突兀森郁"等词语，使学生对"舟行碧波上，人在画中游"有身临其境之感。

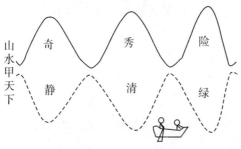

舟行碧波上，人在画中游

（4）补白填空。板书时根据教学的重难点、争议点留有空白，留待学生思考，利用师生间的合作交流生成后，一道将板书补充完成。比如王崧舟在教学《枫桥夜泊》的课末，擦去诗歌中的其他字词，只留下"愁眠"和"钟声"，并且在学生充分理解一声、一声、又一声连绵不断的钟声时，在"钟声"下面画上三条波浪线，又在学生理解了钟声敲打着愁眠、陪伴着愁眠、抚慰着愁眠时，在"愁眠"下面画上三条波浪线，形成了如下的板书：

2. 根据板书的书写形式，可分为纵式、横式、纵横式、阶梯式、夸张变形式等。

（1）纵式：从上而下的板书形式，能立体地反映课文主要内容，让学生一目了然，理解和记忆都非常方便。如《落花生》的板书设计：

种花生

收花生

吃花生

议花生

（2）横式：就是将纵式板书改为横式排列，它能平行地、从左到右地让学生不费力气地去感悟课文的主要内容，也有利于学生识记。如《爬天都峰》的板书设计：

小姑娘——鼓舞——老爷爷提高勇气

老爷爷——鼓舞——小姑娘下定决心

（3）纵横式：就是将纵式和横式综合起来的一种板书形式，在教学中运用比较广泛。比如《掌声》的板书设计：

（4）阶梯式：按故事情节的推进，把故事的起因、高潮、结局以逐渐上升的阶梯形式表现出来，以明白阅读小说类文章的一般方法。这种方法适合高潮迭起的小说类文章，比如《跳水》一文的板书设计，就可以按照"水手逗猴子、猴子逗孩子、孩子追猴子、孩子遇险"的顺序呈阶梯状板书。

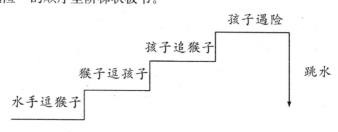

（5）夸张变形式：为了突出重点、难点，增强学习的趣味性和板书的表现力，可以运用变形、夸张的方法设计板书，比如《渔夫和金鱼的故事》，随着故事情节的发展，板书的"贪"字越来越大，给学生以强大的视觉冲击！

要小盆	要木房	要做世袭贵妇人	要做女皇	要当海上女霸王
老太婆贪	贪	贪	贪	一无所有

此外，按板书主体可以分为教师板书、学生板书、师生板书。教师板书又称主导型板书，是教师在课堂上展示的主要板书，也是课堂教学的重要组成部分，其作用仅次于讲授；学生板书，又称主体型板书，是体现学生为主体，发挥学生积极性、主动性的板书，如学生设计的板书，抽学生在黑板前听写、板演等，有利于学生创新精神和实践能力的培养；师生板书又称合作型板书，是师生互动式板书，它体现了双边活动。

教师在一节课的教学中一般需要使用不同类型的板书，在综合运用各种类型的板书时，要注意每种类型板书的特点，针对教学目标，结合教学实际，设计多种板书进行比较，选择效果理想、能突出重点、条理清楚的板书。

三、板书时的注意事项

好的板书，就是一篇"微型教案"，对教材内容具有高度的浓缩作用，是教学目的及重难点的直观体现，是师生思维活动留下的轨迹。如果恰当地使用它，它能激发学生兴趣，启发学生思考，丰富想象，强化记忆。因此在板书时要注意以下几点：

1. 掌握板书的时机。板书要随着教学进度相机进行，使二者相辅相成，以助于学生理解和掌握知识要点，一般不宜在课前板书，课上张贴，也不要在学生自学或者讨论时板书，会分散学生的注意力。

2. 规范板书的字体。板书过程中选择字体的原则是：一般采用楷书、行书，有时可根据情况使用仿宋、隶、草、魏、篆……但主要内容一定要用楷书书写，同时，还要注意字体的搭配，以求丰富多彩，和谐统一。另外，板书要正确、整齐、美观、迅速；字体大小适当、工整醒目，忌模糊潦草、杂乱无章和写错别字。写板书时要严谨认真，尽量避免擦了写、写了擦，或者直接用手擦粉笔字。

3. 注意板书的色彩搭配。板书以白色为主，在关键的字词上可以使用彩色的粉笔书写，以提示学生注意。同时要避免滥用色彩，使学生眼花缭乱，分不清主次，一般情况下，文字的书写不要超过三种颜色。

4. 提倡板书的互动生成。板书可由师生共同创造，在具体的教学过程中，教师启发学生思考并让学生板书，在师生"双边"活动中完成板书，有效调动学生参与学习，激发学生的学习兴趣，提高学习效率，师生共享板书艺术的乐趣，达到师生思维共振与情感共鸣的境界。

案例欣赏

案例一：简明板书——薛法根《爱如茉莉》板书赏析

爱如茉莉

平淡无奇　洁白纯净　缕缕幽香

袅袅清香　弥　漫　诗　意

语言有温度　关注细节：一句话　一个动作　一个眼神

字词知冷暖　感受语言：一个字　一个词　一句话

薛老师一开课就让学生读这两组课前板书的词语，并且用其中的一两个词语说一说自己心中的茉莉，接着薛老师板书"语言有温度　关注细节：一句话　一个动作　一个眼神"和"字词知冷暖　感受语言：一个字　一个词　一句话"，引导学生从细节处来细读文本，在空白处标注自己的阅读感受。本板书有以下两个特点：

第一，前两行词语是课文中形容茉莉的，也是本课需要准确认读和积累记忆的词语，利用这两组词语进行说话训练，让学生在理解词语意思的同时学习运用，这两行看似普通的词语用得真妙。

第二，板书的后两行明确告诉学生要如何关注细节，如何从课文语言文字中体会字词的"冷暖"，给学生具体的方法，让语文教学的最终目的和要求落实在具体的学习行为上，板书关注的不仅是课文的内容理解，更是语文素养的养成。

案例二：无字板书——窦桂梅《圆明园的毁灭》板书赏析

圆明园的毁灭

没有　有……也有……　不可估量

没有　不仅有……还有……

没有　有……也有……还有……

没有　是……也是……

随着故事情节的发展，曾经板书的词句从黑板上消失，一切归零。

上课过程中，窦老师问："昔日圆明园究竟有些什么使我们说它有不可估量的价值呢？"（板书：不可估量）让学生结合二至四自然段说一说，老师板书："有……也有……""不仅有……还有""……有……也有……还有""……是……也是……"让学生明白有"万园之园"之称的圆明园在世界的文化史上的重要地位！然后出示烈火熊熊燃烧半分钟的画面，"圆明园拥有的一切都没有了"，窦老师边说边在黑板上所有的关联词前加"没有"。最后她创造性地引读全文"没有了（生：金碧辉煌的殿堂）也没有了（生：玲珑剔透的亭台楼阁）；没有了（生：象征着热闹街市的'买卖街'），也没有了（生：象征着田园风光的山乡村野）……""让我们永远记住这一天——1860年10月6日。就是从这以后，圆明园化为灰烬，什么都没有了。"窦老师声音低哑，慢慢擦去黑板上的字迹，只留课题，全场一片静默。该板书有以下两个特点：

第一，板书抓住课文中的关联词，重现圆明园的辉煌，加上"没有"二字，一把大火将这一切毁于一旦，是痛苦，是愤怒，是无奈。

第二，板书的字迹从有到无，留给学生的是深深的思考。这无字的板书似击后的钟声余音袅袅，真是言有尽而意无穷。

案例三：板画板书——于永正《草》板书赏析

于老师在教学《草》中，他先设一问："'离离原上草'中'原上草'就是草原上的草，你知道草原上的草长得怎么样呢？请看——"于老师转身在黑板上画下郁郁葱葱、一望无边的草原，让学生明白"离离"的意思，无需语言，意在画中。

古诗理解仅仅是教师的绘画还不算绝妙，学生的生成性绘画才是最高境界。于老师在让学生明白野火烧不尽的关键是草根后，请学生完成"春风吹又生"的情景。学生在教师的指导下，意象的"春风吹"竟也在稚嫩的笔下创作出来了，这是低年级学生形象思维与逻辑思维的成功结合。

师生共画学古诗，在绘画中认知学生是快乐的，在绘画中学古诗的字义是明晰的：

第一，教师画简笔画直观法教学"离离"，不仅解释了词义，而且发展了学生的语言能力和思维能力，培养了学生的观察能力。

第二，师生共同完成"春风吹又生"的绘画，在于老师的引导下不但理解了古诗的意思，将自己的生活感受和生命体验融入画中，把学习当成了愉快的享受。

案例四：诗歌板书——张祖庆《詹天佑》板书赏析

詹天佑

↓

勘测线路		怀念一位伟人
开凿隧道		传承一种精神
设计路线	京张铁路	纪念一条铁路

开课时，张老师要求学生用精练的语言概括课文描写詹天佑在修建京张铁路所做的三件事，学生回答后让其板书在黑板左边；在品读细节的时候提炼出"怀念一位伟人，传承一种精神，纪念一条铁路"；在课的结尾部分张老师带着学生看着板书，朗诵即兴创作的小诗：

"1905—2005 百年沧桑

可以改变很多很多

但，詹天佑用生命书写的人字

永远留在了华夏大地

纪念一条铁路

是为了牢记一段历史

缅怀一位伟人

更为了传承一种精神

但是，不要仅仅在特别的日子里

才将詹天佑想起"

诗歌一般的板书不仅引领学生理解了文本的内容，更升华了文本对学生的感染力和震撼力，把课堂气氛自然地推向了高潮。

案例五：对联板书——薛法根《大江保卫战》板书赏析

对联俗称楹联、对子等，这种传统、独特的艺术形式为人们喜闻乐见，它要求字数相等，词性相当，句式相同，意义相关。和其他板书设计样式相比较，这种对联式板书更加美观端庄，简洁精练。

特级教师薛法根在《大江保卫战》一课教学中，将板书巧设为对联，令学生耳目一新。

薛老师教这节课时，提出了几个问题："读了课文，哪些场景给你气壮山河的感觉？"（学生回答后）板书出：保大堤　救群众。接着又问："哪些词句特别能表现出这种精神和气概？"（学生回答后）板书出：奋不顾身　舍生忘死。"写了整个保大堤的场面，为什么还要写一个人保大堤的情景呢?"学生回答:"可以从一个人身上看到所有人都是铁骨铮铮的汉子。"老师板书:铮铮铁汉。"在'舍生忘死救群众'前面再添一个什么词,就与上面'铮铮铁汉奋不顾身保大堤'对称了?"根据学生回答,薛老师最后板书出:闪闪红星。板书连起来了,是一幅气势磅礴的对联。上联是"铮铮铁汉奋不顾身保大堤",下联是"闪闪红星舍生忘死救群众",横联是"大江保卫战,军民鱼水情"!此时,对联整体呈现出来,令在场的教师赞不绝口,所有学生眼前一亮,而解放军官兵为了群众力保大堤的无畏气概和这幅韵律抑扬的对联却已悄悄地烙在了学生的心里。

　　将对联恰当地运用于板书中,课堂会多出几份节奏,多出几份豪情,多出几份厚度,洋溢着浓浓的语文味。

　　案例六:词语板书——闫学《伯牙绝弦》板书赏析

清风徐徐　　明月皎皎　　杨柳依依

芳草萋萋　　炊烟袅袅　　流水潺潺

春雨潇潇　　白雪皑皑　　云雾蒙蒙

　　课前闫老师出示板书的词语,学生读熟。教学到"善哉,峨峨兮若泰山"时,师生间有如下对话:

　　师:伯牙鼓琴志在清风　　生答:善哉,徐徐兮若清风。

　　师:伯牙鼓琴志在明月　　生答:善哉,皎皎兮若明月。

　　师:伯牙鼓琴志在杨柳　　生答:善哉,依依兮若杨柳。……

　　师:好一个善鼓的伯牙,好一个善听的钟子期。伯牙所念——

　　生:钟子期必得之。

　　师:他们不是一般的朋友,是——　　　　生:是知音。

　　闫老师在教学中联系板书的这几组词语有效地调动学生用心灵去读书、去思考,在诵读中与主人公心意相通;在诵读中明白了"知音"的真正含义:就是那个世上最懂你、知你的人。看似简单的几组词语与诗意的课堂教学水乳交融,美好的情愫在师生心底悄然流淌。

能力训练

1. 指出下面这则板书的优点和不足，并修改。

　　　　西门豹

查因　　惩恶　　治水

2. 请根据下面的课堂实录，设计一则板书。

选自某教师教学二年级下册《掌声》的课堂实录，有删节。

（1）走近人物，感受"情感"变化。

①感受英子的内心变化。

师：从中你知道，以前的英子是什么样的？

生：忧郁的。

师：课文有一个自然段重点写出了英子的忧郁。快打开书找找，看看是哪一个自然段？

师：从哪些词语当中你们感受到英子内心的忧郁呢？

生："她早早地就来到了教室。"我从这里感觉到了英子的忧郁。

师：是啊，身体的残疾使小英子躲躲藏藏，失去了童年生活的快乐。她总是感觉自己很差，不如别人，这说明她的心里还非常的自——

生：（齐）卑。

②感受英子的开朗、自信。

师：后来英子就像变了一个人似的，有什么变化呢？快读书，看谁先找到？

生：是第四自然段。

师：原来小英子默默地坐在教室里，现在——和大家一起游戏。

师：小英子还叫同学教她跳舞，说明她对自己充满了——

生：信心。

③抓英子的情感变化，通过关键词语概括文章的主要内容。

师：现在你能用黑板上这些词，概括文章的主要内容吗？谁来试试。

生：以前英子非常忧郁和自卑，可是经过这次故事会后，变得开朗和自信了。

师：这就是课文的主要内容，记住了，孩子们，抓住关键词句，我们就能很好地概括出课文的主要内容。

（2）体会两次掌声的含义。

师：同学们，抓住了人物的动作和神态，我们才能很好地体会出人物内心的情感。假如这个小英子就在我们的旁边，你想对她说什么呢？她是那样的紧张害怕，不敢走出自己的座位，你想对她说什么？

生：（略）。

师：是啊，你们的鼓励，你们的话语，都化成了一种无声的语言哪！就在英子刚刚站定的那一刻，教室里骤然响起了掌声，那掌声热烈而持久。所有的鼓励都汇聚在这掌声中，所以这掌声——

生：热烈而持久。

师：这掌声是同学们对英子热情的——

生：鼓励。

师：在同学们的鼓励下，英子成功地讲述了自己的小故事。故事讲完了，教室里又响起了热烈的掌声。这次你想对英子说些什么？

师：同学们送给英子的，仅仅是掌声吗？

生：是同学们对她的一片赞赏。

生：是同学们对她的一片鼓励。

师：是啊，如果把这一切，化成一个字那就是——

生：（齐）爱。

第十章　课件制作：
制作好一个课件

学习提示

　　本章内容我们将针对语文教学中的课件规划设计、制作进行讨论。分析我们教学准备过程中对于课件规划设计中存在的误区与问题；学习课件制作的一般流程与方法；并针对一线教师在音频、视频、动感交互课件的制作方面进行介绍。老师们可以一边学习一边练习，以任务为驱动提高自己动手做课件的能力。

能力意义

　　21 世纪是信息科技的时代，随着现代信息科技的飞速发展，我们的教育也迎来了一个全面进入现代化教学的新发展阶段。在 2004 年 12 月 15 日，国家教育部制订并颁布了《中小学教师教育技术能力标准》，其中把教师学习掌握应用现代教育技术进行教育教学列入了重点内容。走进现在的教室，电视、电脑、投影、多媒体展示台基本成了标配，还有很多条件优越的学校甚至有交互式电子屏等高科技的电子教学设备。相对于教室的现代化进程来说，教师相应的整合应用能力亟待进一步提高。

　　一堂课的教学时间是非常短的，我们在有限的一堂课中既要指导学生熟读课文，理解内容情感，更要进行大量的语言文字应用训练；这就要求教师在教学设计和实施中采用多媒体课件来提高效率，争取课堂教学质的提高和量的扩大。但是语文教学的多元解读特性又使每位教师在解读教材、教学设计与教学呈现存在着巨大的差别；即使我们在网上和资源库中能找到丰富的课件和练习资源，但真正能够适合自己需要的却不多。如果我们不具备修改这些课件与制作的能力，那么就会浪费更多的时间在寻找适合自己的课件上，或迁就课件而打乱自己精心设计的教学环节和内容，更会影响到课堂的教学效率。

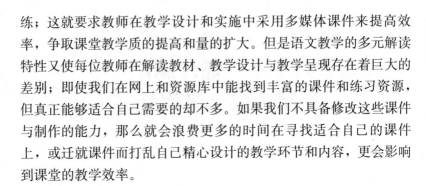

案例反思

案例一

在语文（S版）五年级上册教材中有一篇课文《十年后的礼物》。一位教师在教学交流活动中选上这节课并使用了课件。课件的前部分是十几页欧洲特色图片和森林海洋图片的展示，教师配合讲述了十年前的故事。教学讨论进行到小女孩为什么会如此感动时，教师想把课文编辑时去掉的更多的原文细节补充给孩子，在课件中展示了小说原文中音乐家创作时的描写语段。几段加在一起共有六七百字。密密地排满了整个窗口，字号和字间距都很小，听课教师和最后几排的学生，几乎没有人能流畅地读完一两句。教师为了控制时间也没能让大家仔细地读一读，很快便切换了自己的页面。随着一个夸张强调的切换音，从窗口的旁边旋转缩小放大地出现了新的一页，这页就只有刚才那段中总结出来的一句话：音乐家的祝福！这几个字被放得特别大，也占满了窗口。

从上面的这个真实课件设计与使用案例中，我们至少可以看到以下几个问题。

第一，教师为了防止自己在讲课的时候忘记相关内容，或者为了让学生阅读到更多的内容，在 PPT 上面放上非常多的文字，这样的结果就是，PPT 看起来更像是一个 WORD 文件。

第二，在其课件中，同时出现了文字过大和过小两个问题。

第三，动画和图片数量过多，和要讲解的知识内容关系不大等都属于做过头的典型情况，前者会分散学生的注意力，后者则会让学生感到莫名其妙，所以动画和图片的放置数量一定要适量。

第四，课件的呈现时间一定要精心计算，让信息起到其应有的作用。

案例二

小学语文（S版）三年级上册中一篇课文《庐山的云雾》。这篇课文运用了总分的写法在二、三部分分别描写了庐山云雾动态和静态的不同美感。一位教师的随堂课用了网上下载来的课件。课件原作者制作得很简单，就是课题、生词认读，然后便是文中的静、动几组比喻句，随后是一幅图加一个比喻句的填空练习，最后便是一组原作者收集的庐山的照片展示。教师上第二课时，教学重点应该放在后两部分的动静分写和比喻句上。他从课件中切换到视频播放器播放了一段庐山的风景视频。教师一边播放一边给孩子们讲解，一边拖放进度条快进后退。视频特别美，教室里不时发出孩子们的惊叹声，教师也很高兴，一段视频看下来花了大约十分钟。到了动态描写时，展示的就是课件中扫描的教材图片，让孩子说对动态的云雾的感受，此时孩子却提不起兴趣了。之后的比喻句训练也因此没有落实。教师也没了办法，这节课就在看最后十几张图的过程中下课了。

从这个借用现有课件与资料的案例中，我们可以看到这样的实际问题。

第一，由于教师没有编辑视频，导致展示的环节缺少计划性，对时间的掌控缺失。

第二，过于相信图像的功能，忽视了语文教学的本真。我们都知道"惜墨如金"，同样道理，在课件的制作中我们应该"惜画如金"。

第三，多媒体的呈现时机与方式是成功教学的关键，再好的课件与视频动画，如果不是在需要的时机出现，对教学来说都是多余的。他们对教学的补充应该是在突破重难点的时候来体现。

第四，对于教学难点想象说话与比喻句的训练没有专门的训练设计，起不到扩大练习量的作用。

要领指导

多媒体课件是一种根据教学目标设计的，表现特定的教学内容，反映一定教学策略的计算机教学程序。它是一种可以用来储存、传递和处理教学信息，能让学生进行交互操作，并对学生作出评价的教学多媒体。一个课件制作是否能真正体现多媒体教学的优势，不仅要看这个课件的制作水平、生动程度、交互性，更重要的是看教学内容是否全面，教学重点是否突出，教学难点能否突破，是否能激发学生的学习兴趣，从而最终达到优化课堂教学的目的。

一、分清以教师的"教"为中心和以学生的"学"为中心的课件设计

1. 以教师的"教"为中心的课件设计，这是长期以来多媒体在教学中应用的主要思路，其特点是以知识展示为主。一般是强调课文重点、难点的图像理解或重要的课文句子词语的剖析，课件的作用主要是帮助教师出示课文或自己的教案。它更多地强调教师的"教法"，对学生的"学法"和学生的语文实践重视不够。

2. 以学生的"学"为中心的课件设计，也是目前占主导地位的设计思路。现代教育理论之建构主义学习理论强调以学生为中心，认为学生是认知的主体，是知识意义的主动建构者；教师只对学生的意义建构起帮助和促进作用，并不要求教师直接向学生传授和灌输知识。同时我们新课标中也对语文的性质进行了重新定义：

语文课程是一门学习语言文字运用的综合性、实践性课程。由此可见，师生的地位、作用和传统教学相比已发生很大的变化。教学课件的制作也应适应这种变化，把体现学生语言文字运用和练习放在首位。

以学生的"学"为中心的课件设计原则：

（1）明确以学生为中心。要在学习过程中充分发挥学生的主动性和首创精神；要让学生有多种机会在不同的情境下去应用他们所学的知识（将知识"外化"），即要在课件的设计中体现不同的语言文字训练方式，把听说读写等能力训练点蕴含其中；要让学生能根据自身行动的反馈信息来形成对客观事物的认识和解决实际问题的方案（实现自我反馈）；体现交互式课件的即时选择和即时评判特点，在此过程中让学生形成正确的语言应用方法和习题习惯。

（2）强调"情境"对意义建构的重要作用。我们应当利用多媒体的优势创设一种与当前文本相联系的情境，激发学生的语言联想思维，使学习者能利用自己原有语言积累中的有关经验，去同化和索引当前学习到的新知识，从而在新旧知识之间建立起联系，并赋予新知识以某种意义。设计能吸引孩子情感共鸣与注意的多媒体展示，唤起孩子的表达与交流欲望。

（3）强调"协作学习"对新型语文课堂的关键作用。其目的是使学习者群体（包括教师和每位学生）的思维与智慧被整个群体所共享，而不是其中的某一位或某几位学生完成意义建构。打个比方，这就像你有一条信息，我有一条信息，交换一下每人就有两条信息。语文课堂的课件不能成为教师教案的复制品，不应是向学生的单向传输，而应设计成开放的协作平台，让孩子能够利用它与教师、与同学进行思维与语言的交流，对同一问题产生不同的表达。

（4）强调利用各种信息资源来支持"学"。即多媒体课件应当包含丰富的文字材料、书籍、音像资料以及网络上的信息等，使学生有更为广阔的驰骋空间。这是课件，特别是网站课件相对于书本所具有的最大的优势，能在语文扩大阅读与写作实际应用，提高孩子综合性学习能力上开拓出广阔的空间。

（5）强调学习过程的最终目的是完成意义建构，而不仅仅是完成教学目标。对于强调语言文字运用的综合性、实践性的语文课，课件更应体现对于孩子如何完善语文知识体系与能力训练体系的作用的指导。

二、多媒体教学课件的一般设计步骤

1. 课件的设计过程：

（1）我们在制作课件以前，必须首先对所选教学内容进行深入细致的分析，了解课程目标、要求，分析重点、难点。

（2）明确在教学过程中使用传统教学方法难以解决的地方在哪儿。

（3）接着，对课件进行需求分析，明确应用课件要达到的目标，并以此为依据大体规划所需的多媒体表现形式。

（4）然后，更深入地规划课件所涵盖的教学内容，明确课件由哪些板块组成，并确定各板块所涉及的内容。

（5）明确整个教学过程在课件各部分中的表现形式。

可以说，教师的课前准备与规划的成功，直接决定了课件的成败与否，而与教师课件制作水平的高低关系并不是那么大。

2. "课件脚本"多媒体课件设计的好方法。

一部话剧、一部电影、一部长篇电视剧要想成功，总离不开一个好的剧本，当然我们要想制作好一个课件，也离不开一个好的课件制作脚本。课件制作脚本是一个课件的蓝图，课件没有它就像电影没有剧本一样。脑子里只有一个大体的轮廓，在课件的制作过程中会走很多弯路，会在修改过程中浪费很多时间和精力。甚至在字体的规格、颜色、大小上，一级标题、二级标题上就够改许多次了，相信有过实践的教师们一定深有体会。因此，在制作课件之前，一定要写好课件制作脚本。

当然一般的课件脚本是由语文执教教师依照教案设计编写，由课件制作人提出意见并修改，当然如果是自己编写、制作是最好的。写课件制作脚本之前要依前面介绍的设计原则与步骤，把提供给学生学习的必要的素材，如文字、图片、动画，在什么时候提供，一步一步地写出来，在图形、文字布局、闪烁、流动、旋转、切换等技巧的运用上都要预先设计好。写好的课件制作脚本一定要思路清晰，体现语文教学特色，内容精练，重点、难点突出，易于计算机表达。

下面是一位教师放在网上的小学一年级多媒体课件制作脚本设计示例：

一年级语文上册《早操》脚本。

使用程序：Flash。

教学重点：①让学生读会《早操》这首诗，在阅读中进行识字。

②认识书写规则"先中间、后两边"。

③培养学生热爱语言文字，模仿创作。

课件主要特点：交互性强、通用性强，教师可根据自己的教学设想和学生兴奋点随时调整教学活动。

课件内容：

方块一：片头。

背景：蓝天草地。

音乐：轻音乐《rain》（有按钮可随时播放和停止）。

内容：写上课题和制作者，课题周围两只蝴蝶翩翩起舞，起到突出课题和提高画面动感的作用。并且有四个按钮与各个场景进行交互。

方块二：图文结合学习诗文，积累词汇。

主画面：

蓝天草地红日。小露珠在绿叶上滚来滚去（采用引导线动画）；小鸟儿在树枝上跳来跳去（采用逐帧动画）；小蜜蜂在花朵上飞来飞去（采用逐帧动画）；小学生在阳光下做操（采用逐帧动画）。并有四个按钮与各个场景进行交互。

局部画面：分别点击小露珠、小鸟儿、小蜜蜂、小学生（中间穿绿裙子的小女孩丁丁）依次出现以下四个画面，并有返回键可回到主画面。

画面一：主画面不变，出现画中画。对绿叶上滚来滚去的小露珠进行局部放大，点击露珠出现相应诗文。诗文中点击"小露珠"字样出现一红线，点击"滚来滚去"字样出现一红线，可进行诗文的学习。

画面二：主画面基本不变，对"小鸟儿在树枝上跳来跳去"进行放大后点击小鸟出现相应诗文。诗文中点击"小鸟"字样出现一红线，点击"跳来跳去"字样出现一红线，可进行诗文的学习。

画面三：主画面不变，出现画中画。在花朵上点击出现相应诗文。点击诗文中"小蜜蜂"字样出现一红线，点击"飞来飞去"字样出现一红线，可进行诗文的学习。

画面四：主画面变为透明，出现放大画中画：小学生在阳光下做操（采用蒙版动画），点击小学生（中间穿绿裙子的小女孩丁丁）出现相应诗文。诗文中点击"小学生"字样出现一红线，点击"跑来跑去"字样出现一红线，可进行诗文的学习。

方块三：课文与写字。

①课文：小露珠，起得早，/滚来滚去，/在绿叶上做操。/小鸟儿，起得早，/跳来跳去，/在树枝上做操。/小蜜蜂，起得早，/飞来飞去，/在花朵上做操。/小学生，起得早，/跑来跑去，在阳光下做操。

②背景音乐可随时播放与停止。

③"小"的写字动画。

方块四：利用动画模仿创作。

场景：清晨，森林草地。

图层：许多动物在活动（小狗跑，小兔蹦，小虫子爬，小蝴蝶飞）。

文字：××起得早，×来×去，在××做操（×让学生口头填入），先出现场景再点击进入"文字"板块。

三、多媒体课件制作时所需素材的收集与处理

1. 丰富的素材来源。

一般来说素材有以下几个主要来源：

一是到软件店、音像店购买；二是学会扫描（可以是课本或杂志中的图片，扫描保存）；三是从网上下载；四是自己设计制作或请相关专业教师组成一个团队制作。

2. 素材的处理方法。

（1）图形图像。

课件制作中常用的图形处理软件主要有 Adobe Illustrator、AutoCAD 及 CorelDRAW 等，其中 CorelDRAW 较为流行。当然，简单的图形可以就在 Word 或 PowerPoint 的绘图工具中制作。图像是指由数码相机、摄像机或扫描仪等输入设备捕获的实际场景或书刊的静止画面，基本元素是像素，比如图片和照片等。图像采集和制作软件常用的有 Photo Studio 和 Photoshop 等，最常见的当然是 Photoshop。

Photoshop 窗口和工具

（2）音频、视频素材采集与制作软件。

音频即声音。多媒体课件中所用的音频主要包括课件的背景音乐、课文范读及音效三部分。采集与制作的声音文件可在Windows系统的"录音机"中进行，也可以应用 Creative WaveStudio、Sound System、GoldWave 及 Sound Forge 等音频处理软件。

视频是课件中的活动画面，大多是教学内容的真实场景再现，其常用软件主要有 Premiere 和 Personal AVI Editor 与现在的"绘声绘影"。当然如果你只进行一般的剪切拼接也可以直接用Windows自带的 Windows Movie Maker。

简单但功能强大的"绘声绘影"

（3）动画素材采集与制作软件。

在教学内容中，有一些较抽象的概念和现象，仅凭学生的想象难以留下直观的认识，这时可借助 CAI 课件的动画将其表现得生动形象。多媒体 CAI 课件制作动画的常用软件主要有 Animator Studio、Cool 3D 及 3DS MAX 等。当然现在最流行的动画制作与合成平台 Flash 也是一个较简单的动画软件，特别是现在的 Flash cs4 版已有了简单的 3D 功能，更是增强了它的表现能力。

四、多媒体素材编辑合成平台软件的选择

多媒体素材编辑合成软件是将多媒体教学信息素材连接成完整

Flash cs4——目前最流行的 2D 及简单 3D 动制作软件

的多媒体应用系统的软件，俗称多媒体 CAI 课件的制作工具。我们收集整理的众多媒体资料，只有根据自己的教学目标设计脚本，并利用这些平台组合起来才能成为真正适用的多媒体课件。目前，一般教师（非专业课件制作人员）常用的有方正奥思、洪图课件大师（Hong Tool）、青鸟师友（JBMT）、几何画板、Action、Authorware、Director、Dreamweaver、Flash、FrontPage、PowerPoint、ToolBook、Visual Basic 等。我们选择多媒体课件制作工具时一定要遵循经济高效、简单易用、兼容通用等原则。要想成功地开发一个优质的多媒体 CAI 课件，常常会用到几种软件，只有取各家之长，才能制作出优秀的课件。下面对几种我们用得较多的平台软件进行简单推荐：

1. 洪图课件大师（Hong Tool）和 Authorware 的优化组合。

洪图课件大师（Hong Tool）多媒体创作工具具有强大的图、文、声、影的集成功能和丰富多样的交互手段，以及完整的评测和反馈功能，易学易用。现在使用该平台制作的语文教学课件较多，修改起来也很方便。Authorware 是以图标为基础、以流程图为编辑模式的多媒体 CAI 课件编辑合成软件，适合制作简单的语文基础知识测试练习。其中以洪图课件大师易于上手，Authorware 功能更加强大。

洪图课件大师——专为国人设计的多媒体课件设计集成平台

2. PowerPoint 与 Director 的优化组合。

PowerPoint 是专门用于制作演示多媒体投影片、幻灯片模式的多媒体 CAI 编辑软件，它也是以页为单位制作演示内容，然后将制作好的页集成起来制作、形成一个完整的课件。PowerPoint 适合于计算机水平不高的教师和课件要求不高、资金有限的学校。如果所制作的多媒体 CAI 课件只需分步呈现知识点或单纯展示图片、表格、声音等素材，那么 PowerPoint 绰绰有余。当然，在制作复杂一些的动画或交互性强的课件时就有些不尽如人意了（也可以插入 Flash 动画补充，后面有方法介绍）。

Director 是制作基于时序的多媒体 CAI 课件编辑合成软件，它用时间轴的方法表示整个程序中各种教学内容出现的时间顺序，并用这种方法来控制各类多媒体教学素材的播放。

Director 强大的二维动画制作功能，加上能实现绝大多数需求的跳转控制、交互功能，使之完全可以被称为"多媒体创作软件集大成者"，它与微软的 PowerPoint 可以很好地结合在一起。

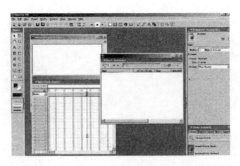

Director——强大而专业的多媒体整合平台

3. Flash 或 FrontPage 的优化组合。

Flash 最适合制作动态导航控制、动态画面的多媒体 CAI 课件。由于 Flash 使用了压缩的矢量图像技术，所以其下载和窗口大小调整的速度都很快。当利用 Flash 制作动态多媒体 CAI 课件时，可以自己画也可以输入动画的内容，特别是在制作生字词语拼音变化内容时，可以把它们安排在工作区内，让它们按照时间动起来，也可以在让它们动的时候触发一定的事件，仅几步就可以做出动画效果来。用它为学生设计的交互式练习非常富于情趣。

FrontPage 是制作基于 Web 风格的多媒体 CAI 课件的软件，它可以设计页面的背景色标题字体，快速建立超级链接，插入图像及其他教学素材，是制作语文综合性学习网站的简易平台。我们将 Flash 和 FrontPage 这两个平台结合起来，可以制作出富于动画与交互链接的学习内容，相互补充优势与劣势。

Web 风格的多媒体 CAI 课件是 FrontPage 网页制作平台的强项

五、多媒体课件制作时的一些小技巧

1. 在 PowerPoint 中加嵌入 Flash 动画。

在"视图"菜单上，指向"工具栏"，然后单击"控件工具箱"。

在"控件工具箱"上，单击"其他控件"，单击"Shockwave Flash Object"，拖放到幻灯片上以绘制该控件，拖动尺寸柄以调节控件的大小。

单击鼠标右键，然后单击"属性"。在"按字母序"选项卡中，单击 Movie 属性。

在取值栏（Movie 旁边的空白单元格）中，键入要播放的 Flash 文件的完整驱动路径（包括文件名在内。例如，C \ : MyDocuments \ MyFile. swf）或统一资源定位器（URL）。

要设置动画播放的特定选项，请执行以下操作，完成后关闭"属性"对话框：确保 Playing 属性设为 True。该设置使幻灯片显示时自动播放动画文件。如果 Flash 文件内置有"开始/倒带"控件，则 Playing 属性可设为 False。如果不想让动画反复播放，请在 Loop 属性中选择 False（单击单元格以显示向下的箭头，然后单击该箭头并选择 False）。

要嵌入 Flash 文件以便将该演示文稿传递给其他人，请在
EmbedMovie 属性中单击 True。

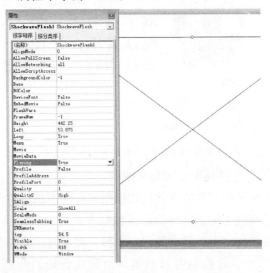

PowerPoint 中加嵌入 Flash 动画的可选属性

2. 给自己的课件标明时间。

　　毫无疑问，在规定的时间里把事先规定或计划好的内容恰巧讲
完是一个合格教师的课堂讲授的基本功，提前或延迟太多的时间讲
完本讲内容会打乱教学计划，使课堂出现忽紧忽松的无节奏状态，
这会影响教学效果。

　　在这种情况下，为了控制好讲课的时间，可以在课件上的某个
位置同时显示出一个自动计时的时钟。

　　但要注意的是，这个时钟切不可过大。为了不让时钟影响听课
学生的心理，教师最好把这个时钟放在每页上方的角落或最下面，
只要教师自己能看清楚就好。教师还可以不用时钟显示在每个页面
上，而是以"共×页，第×页"或"（本页码数）/（总页码数）"
的形式来粗略地计数。

第十章

课件制作：制作好一个课件

双手撑着天，两脚踩着地，站在天地中间。

下午 14：50

隐藏在边角的同步时间或页码很有用

3. 巧妙地在课件中应用隐形按钮。

很多时候我们制作的课件的按钮很多，又不想被学生和听课的教师提前看到或了解，这时隐形按钮就非常适合我们了。在 Flash 中我们可以把按钮中弹起帧的内容去掉，做成真正的隐形按钮。如果是在 PPT 中，我们也可以利用画出同底色相同的图形的方法，或直接从背景图中剪切下一块，然后给其加入按钮的鼠标动作功能做成隐形按钮。这些隐形按钮对一些课件是十分有用的，关键是你一定要记得在适当的时候应用。

4. 多注意课件中的链接的不同应用。

很多时候，我们看到许多教师总在一个课件中去实现很多功能。有时甚至明知在这个平台中是不能实现的一些想法，却总想放进去。这时大家就不要忘了链接的作用。现在的电脑越来越强大，链接和打开一个新的程序是很快的。当我们要在演示中启用另一个专业软件的功能或一个在本课件中无法实现的功能时，超级链接就是我们的救星。如果你对弹出的安全提示不满时，提前调低宏的等级就好了。有时我们还可以在两个或者三四个课件之间应用链接相互"跳来跳去"。

用好功能丰富而强大超链接会使课件灵活而易用

案例欣赏

案例一：特级教师吉春亚执教的《北大荒的秋天》

师：（出示课文描写天空的段落）哪些词语让你读到了天空的美丽？

天空一碧如洗，只有在傍晚，西边的天上才会有几缕流云。这些流云在落日的映照下，转眼间变成一道银灰、一道橘黄、一道血红、一道绛紫，就像是美丽的仙女在空中抖动着五彩斑斓的锦缎。

1."一碧如洗"的画面美。

师：读到这个词语，你好像看到了怎样的天空？（绿得像洗过一样，特别干净）在我们刚学过的《拉萨的天空》中也有描写天空的词语。"湛蓝、透亮、纯净、明洁"的天空就是"一碧如洗"的天空。

2."流动"的画面美。

（1）课文中流动的画面美。

师：老师要变魔术啦（教师在电脑画图板中演示画上各种颜色）！一边画，一边让学生说出是什么颜色（如一道银灰、一道橘黄、一道血红、一道绛紫）。这些颜色是同时出现在天空吗（重点理解"转眼间"这个词，说明云彩的变化是很快的）？

出示：

这些流云在落日的映照下，转眼间变成一道_____、一道_____、一道_____、一道_____，就像是美丽的仙女在天空抖动着五彩斑斓的锦缎。

（学生朗读和背诵这段话）课件背诵提示。

吉老师在上这一部分时选用课件多媒体的方式很特别，和我们平时的想法有相同也有不同。对于天空的描写特别是对于没有去过西藏的学生，我们很多教师可能都会选择图片或视频进行展示。的确，那样直观的教学对孩子视觉震撼的感受是可以起到加强的作用的，但吉老师只展示了描写的句子，让学生自己去想，自己在心中勾画，其实是为后面突出天空五彩斑斓做准备。在孩子的心中，在想象的空间中形成一片纯净的颜色。一旦用上图片或视频都会被其他色彩所影响。而对于后面的色彩，吉老师放弃了一切华丽的方式，仅采用系统自带的画图软件，当一条条美丽的彩条出现在屏幕上时，我想我们不用再过多地去描述，同时也不会影响孩子的想象和语言空间。用最少的成本，达到高效辅助教学的目的，是我们追求的最高目标。

案例二：特级教师王崧舟执教的《二泉映月》

（二胡曲《二泉映月》响起，师生静静地听完整首曲子，用时6分钟）

师：同学们，你们刚刚听到的就是《二泉映月》。什么感觉？

生1：想哭。

生2：阿炳的经历太坎坷了，要不然，他拉不出《二泉映月》。

生3：好像在梦里一样。

生4：伤心，又感觉很悲愤。

生5：《二泉映月》就是阿炳的心声。

生6：很优美，也很凄凉的一种感觉。

师：听得出，你们对《二泉映月》都已经有了很好的感觉。听任何音乐，感觉最重要。《二泉映月》这首曲子就写在我们的书上，快速读一读课文，把描写《二泉映月》这首曲子的段落找出来，带着音乐留给你的感觉和情绪，用心地去读一读这段话。

生：（默读，寻找有关段落，然后自由读课文）。

师：好。谁来读读乐曲的开始部分？

生1：（朗读）"起初，琴声委婉连绵，有如山泉从幽谷中蜿蜒而来，缓缓流淌。这似乎是阿炳在赞叹惠山二泉的优美景色，在怀念对他恩重如山的师父，在思索自己走过的人生道路。"

师：这是乐曲的开始部分。谁来读读乐曲的高潮部分？

生2：（朗读）"随着旋律的升腾跌宕，步步高昂，乐曲进入了高潮。它以势不可挡的力量，表达出对命运的抗争，抒发了对美好未来的无限向往。"

师：回忆一下《二泉映月》的升腾跌宕，步步高昂。一种气势，一种力量，像巨浪一样在心中激荡。谁再来读读高潮部分？

生3：（朗读）"随着旋律的升腾跌宕，步步高昂，乐曲进入了高潮。它以势不可挡的力量，表达出对命运的抗争，抒发了对美好未来的无限向往。"

师：要把乐曲推向高潮，也许一个人的力量小了一点。谁愿意跟他一起推？愿意推的我们都站起来。用我们的全部力量和气势，把乐曲推向高潮。

生：（齐读）"随着旋律的升腾跌宕，步步高昂，乐曲进入了高潮。它以势不可挡的力量，表达出对命运的抗争，抒发了对美好未来的无限向往。"

师：请坐。乐曲的尾声部分谁来读？

生4：（朗读）"月光照水，水波映月，乐曲久久地在二泉池畔回响，舒缓而又起伏，恬静而又激荡……"

如果说《二泉映月》是民间音乐家阿炳原创的传世名作，那么课文就是编者的二度创作，王老师的课则是三度创作。王老师创作的灵感和冲动源于何处呢？应该是出于他对乐曲和文本潜心阅读之后的深刻感悟，由此汇成的一种教学意蕴和教学创作的冲动。他被乐曲和文本"一段人生刻风霜，一片情怀付月光"深深打动了。他让语文与多媒体课件紧密地结合，虽然教学课件中只有两个元素，仅有一幅课文插图和一首曲子，但由于他把曲子与细心体悟文本适时结合，在指导朗读时水到渠成，让人无不深受感动。

能力训练

1. 请参照课件脚本《早操》，选择一篇课文，也编写这样一份详细的脚本。

2. 请以上题中完成的脚本为标准，采用各种方法收集整理自己的多媒体资料。

（1）在自己的工作目录中建立一个目录。

（2）以课件名建立文件夹；在此文件夹下建立以"课件脚本"、"教学方案"、"图片资料"、"文字资料"、"音视频资料"、"动画资料"、"课件模型"、"完成课件"命名的文件夹。

（3）把自己收集整理的多媒体资料放入相应的文件夹中，并对相应的文件选用合适的软件进行处理，达到可以使用的要求。

3. 请选择自己最熟悉的平台进行课件的制作组合，形成完整的课件，并放入自己的"课件模型"文件夹中；然后对课件进行修改，把最后的成品放在"完成课件"中进行保存。

第十一章 学情分析：
作好一课学情分析

学习提示

　　本章立足于提高小学语文教师学情分析能力，通过理论学习、案例反思、方法指导、案例赏析、设计操作等途径，力求使教师认识学情分析的意义，掌握学情分析的内容，学会学情分析的方法，进而养成主动开展语文学情分析的习惯，逐步提高教师学情分析的能力和水平。

能力意义

　　学情分析是一切教学行为的前提，语文教学中的学情分析必不可少。

　　作好学情分析才能尊重学生，实现课堂以学生为主体。俗话说：上什么山唱什么歌，什么样的学生讲什么课。要让学生懂，首先懂学生；要当好教师，首先学当好学生。著名教育家陶行知说：培养教育人和种花木一样，首先要认识花木的特点，区别不同情况给以施肥、浇水和培养教育，这叫"因材施教"。因此，作好学情分析，才能有的放矢，对症下药。

　　作好学情分析能提高课堂效率。我们常用"对牛弹琴"来讥笑听话的人不懂对方说什么，可不也是对说话人自己的讥讽吗？没有弄清弹琴的对象就"乱弹琴"。没有学情的教学目标往往是空中楼阁。因此，作好学情分析，才利于去掉徒劳无功的方式，采取行之有效的学习方法。

作好学情分析能提高教师的专业水平。俗话说：自信来源于了解。当教师把学生作为关注中心，才能在教学中跨越年龄和知识的代沟，得心应手，游刃有余。只有充分地了解学生，教师在课堂中才会散发出活力与光芒。

案例反思

案例一：《翠鸟》学情分析

"本班学生活泼、可爱、求知欲强，他们喜欢读书，热爱生活，他们现多居住在农村，对于小动物他们并不陌生，特别是鸟。平时，他们会看到大雁、白鹭和一些叫不上名字的小鸟。他们非常喜欢小鸟，偶尔也会学鸟叫，而对于翠鸟却很少见。我相信，通过本课的学习，他们会喜欢上漂亮的翠鸟。"

案例反思：

这篇学情分析对学生的年龄特征、生活环境和对文本本身的兴趣做了简单表述。教师了解学情的手段比较简陋，基本上是一种经验似的判断。学情分析的过程比较粗糙，基本上是三言两语，只见判断、不见分析，只见结论、不见过程。学情分析的深度和广度都还不够，学生在字、词、句、段、篇上到底已经掌握了哪些，哪些易掌握，哪些不易突破，缺少怎样的经验等都没有进行分析。因此用这样的"学情分析"作为教学设计的依据，几乎形同虚设，浅显简陋，对教学设计毫无指导和借鉴的意义。

案例二：教学实录反思

一位教师执教《"精彩极了"和"糟糕透了"》这一课时设计了三个问题："你认为母亲的鼓励重要的请举手"；"你认为父亲的严

厉重要的请举手";"你认为都重要的请举手"。教师原先的设想是：提出前两个问题时，观点"会"出现明显的不一致，从而他设计了一次辩论的环节。不料学生的思想认识非常一致——几乎所有学生的答案都是第三条，即认为"都重要"。可这位教师还是不顺势而为地调整教学内容和策略，而是说"我看未必"——硬要学生来辩论"哪一个更重要"，让学生找出无数个"理由"去说服对方，绕了一圈，最后还是回到"都重要"。

显然，这位教师忽视学情，用"教学设计"去"控制"课堂和学生，从而出现了课堂教学的尴尬。"以学定教"是被所有成功的语文教学实验和实践证明了的一条原则。其含义是把教学的重心放在学生的学上，鼓励学生先自主学习，在自主学习的过程中产生疑问了，教师才去教。无论是识字、写字、阅读、写作，还是口语交际的教学，都需要恰当地引导学生课前通过观察、调查、访谈、阅读、思考等途径，搜索信息，整理资料，为帮助学生由已知通向求知奠定基础。教学之前，教师要充分了解学生已有的资料，根据学情设计弹性教学方案，使教学更具针对性和实效性。

要领指导

一、有效学情分析

我们所做的语文学情分析不是表面的敷衍、应付，而是要落到实处的。那么怎么样的学情分析才是有效的学情分析呢？

1. 学情分析能否促进语文教学，提高语文教学质量。学情分析的最根本目的就是要让学生用最捷径的方法学懂，因此检验学情分析是否有效，最根本是看教学效果如何。

2. 学情分析是否是学生"真实"问题的反映。我们应该做的学情分析，是真正走到学生中，了解学生的生活体验，了解他们对知识的掌握等真实情况。如果只是教师随意的意向、猜测，那样走过场的学情分析不如不做。

3. 学情分析与教学设计能否有效结合。学情分析不是独立在教学之外的，它应该与语文教学设计有效结合，选择的教学策略应该能够解决学生的实际问题。

二、学情分析内容

1. 学生知识技能水平分析。

学生现有知识技能水平是学习新知识的前提条件。进入课堂的学生不是一张白纸。学生的学习就像"认地图"，必须先在地图上找到自己现在的位置，然后标注要去的目的地，再设计行走的线路图。所以，教师进行教学设计也要从分析学生的起点入手，要研究学生的知识起点、能力水平，要考虑学生的可接受性，把握学生学习的"最近发展区"。

分析时，可以从学生实现教学目标时具有的终点技能出发逆向往前，直到把达到终点目标的所有主要下属技能分析完毕为止。分析时，可以通过对教学目标和教学内容的分析，搞清学生学习某一新知识需要以哪些知识和技能作为基础，尽可能从学生的"已知"、"未知"、"能知"、"想知"及"怎么知"五个方面全面分析学生情况。了解所教学生在字、词、句、段、篇等方面的知识水平，掌握所教学生在听、说、读、写、译等方面的技能高度。分析出哪些是学生已掌握的，哪些是学生初步掌握了的，哪些是学生通过自学可以掌握的，哪些是教师非讲不可的。

如果发现学生知识不足，一方面可以采取必要补救措施，另一方面可以适当调整教学难度和教学方法，力求使学生体验到"跳一跳能摘到桃子"的感觉。

2. 学生认知方式和学习风格分析。

背诵同一段文字，有的喜欢高声朗诵来促进记忆，有的则用默读来记诵，有的还会以默写方式进行；同一组作文材料，有的习惯用求同思维找其共同规律，有的则用求异思维探寻其差异性。熟知了学生的认知习惯，我们才能找到适合学生的学习方式，提高学习效率。

在长时间的学习过程中，一个班级会形成整体的"班级风格"。有些班级思维活跃、反应迅速，但往往思维深度不够、准确性稍微欠缺；有些班级则较为沉闷，但可能具有一定的思维深度。作学情分析时，在把握本班的整体学习风格时，也要注意特殊学生的差异性。

3. 学生动机与学习态度分析。

俗话说："兴趣是最好的老师"；"好之者不如乐之者"。因此，我们在教学中尽量使学生由"要我学"转变为"我要学"。

我们要了解学生对课文内容本身的兴趣如何。如《老人与海鸥》这篇课文，通过对老人与海鸥的细致、生动的描写，让我们感受到了人与动物之间真挚的感情，能唤起学生的情感共鸣，学生会产生浓厚的学习兴趣。

我们也要了解学习活动的结果、意义和对学习活动目的的追求所引起的兴趣，分析出学生喜欢什么样的教学方式，喜欢什么样的教学多媒体等。

4. 学生智力水平和智力类型分析。

不同学生智力水平不同，有的学生思维能力强，有的学生想象能力强，有的学生注意力能长时间集中，有的学生记忆力好。我们就要针对学生的不同智力水平因材施教，如同一个生字"休"的记忆，思维能力强的孩子可以用理解"休"的意思，如"人靠在树上休息"来记忆；想象能力强的同学可以用"休"和"体"比一比的方法来记忆。

三、开展学情分析的途径与方法

1. 客观资料分析法。

通过已有的文字记载材料，间接了解、研究学生基本情况。如语文学科档案、语文笔记本、语文练习本、语文作业、语文试卷、语文成绩单、语文课堂预习本、语文课堂观察记录本、学生家庭情况调查表等。我们要针对具体内容，选择正确的材料进行分析。

2. 观察法。

通过课前、课堂、课后对学生进行观察。对学生听其言，观其行，察其色。观察时，一定要注意不同梯度的学生对其内容的掌握情况，不能以点带面。

3. 学生自传分析法。

可以要求学生写一篇介绍自己的"自传性作文"，也可以填写个人情况调查表。"自传"能够反映出学生的家庭背景、性格特点、学习成绩、兴趣爱好、人际交往、个人理想等情况。由于学生对这样的自我介绍颇感兴趣，能勾勒出一幅较为逼真的"自画像"。也可以通过让学生互写题为《我的朋友×××》、《我的同桌×××》的作文，童言无忌，可以从侧面了解到每个学生的突出特点。

4. 教师反思法。

这是一种通过心理迁移来了解学生的方法。

把自己当成学生，反思自己学生时代是怎么把本堂课内容学习好的，自己在学习的过程中遇到过哪些困难，再结合自己的成长经历，进行比较、分析，培养自己对学生的同理心理。其中的因素就是推己及人。如一小学教师反思道："小时，我每次听人讲《将相和》的故事，都深深崇拜蔺相如，他的机智，他的勇敢，他的大度，让我向往。长大了，看到这一篇文章，便对蔺相如的崇敬更加深刻了，同时也体会到了廉颇知错能改的可敬。现在，传道、授业的我，又要让学生习得些什么语文知识与技能呢？"

5. 谈话法。

可以通过和其他科任老师、班主任谈话了解学生，也可以通过和家长谈话间接了解学生，但主要以与学生直接谈话为主。

谈话的基本内容是学生对本节教学内容知识达到了怎样的深度和广度；学生对本节课的教学内容的爱好程度及你希望老师怎么来

教学。

谈话注意事项：教师首先要思考谈话的内容，且谈话的内容应与本节教学内容相关，不要没有目标的谈话；为了达到获取信息的准确，应和成绩不同的学生进行交谈。

6. 亲身体验法。

教师亲身体验学生学习知识的难度、情感等。如作文教学时，可先写下水作文，想想不容易写的地方；写字教学时，先写示范字，想想可能出错的地方；作业设计前，自己先做做，想想其难度。

四、学情分析的动态分析意识

我们的教育对象是学生，学生是具有灵活思维的人。这就决定了课堂是一个开放、多元、动态调整的课堂。在语文教学设计之初虽然预设了课堂教学中学生的可能性状态，但是也会生成许多不确定的因素。一旦启动了教学过程，教师就应该把原来的分析和课堂生成信息结合起来。因此，学情分析需要全方位地获取信息，构建动态的学情地图。

五、学情分析过程

学情分析一般要经过如下过程：

1. 教学内容的确立。

2. 教师分析完成本节课的教学内容需要具备什么样的知识、习惯、方法、经验等。

3. 从各个方面分析学生的已有学情。

这一过程需要教师结合以前对学生的了解进行思考，如不能了解的，或查阅资料，或调查问卷，或谈话等。

4. 对比了解到的学情和应该具备的学情的差距，采取一定的补救措施，如资料的补充、生活经验的补充等，如差距甚远，可适当调整教学内容。

5．撰写学情分析文稿。

整个过程实质上就是以学定教的过程。既是定教学方法，亦可修订教学内容。

六、撰写学情分析文稿的方式

1．文字式。

撰写学情分析前，教师应思考：

（1）学生基础怎样？学生对相关的知识掌握得如何？

（2）学生的学习能力怎样？学生对学习方法掌握得如何？

（3）学生对本节课的教学内容有兴趣吗？哪些具体内容学生能产生浓厚的兴趣？哪些地方学生学习起来比较枯燥？采取什么办法能提高学生的兴趣？

（4）我是学生喜欢的教师吗？我教学这节课时，我的教学风格哪些会是学生所喜欢的？哪些地方需要改进？

（5）学生在学习这课内容时身心处于最佳状态吗？有哪些外界干扰因素？

（6）哪些内容学生能遭遇理智的挑战，能跳一下摘到桃子吗？

（7）学生习得的知识能得以致用吗？

（8）教学内容能与学生的生活经验息息相关吗？哪些相关？哪些与他们的经验相差甚远？需要补充何种资料？

（9）有没有特殊的学生需要教师注意？

学情分析还有一个重要的方面，就是进行更深层次的挖掘，教师要思考：

在教学过程中学生可能会产生哪些问题？

学生可能会产生哪些错误？

如果产生问题时，教师应如何设置台阶来解决难点？

2．表格式。

教学内容：（"教什么"的问题：语文教学要具体到字、词、句、段、篇的目标，最好一课一得）

	有利因素	不利因素	提高措施	备注
起点知识技能	已知、能知	未知	怎么知	
生活经验	已有	还未有	补充经验	
认知风格	主要认知风格是什么？缺点是什么？怎么解决			
学段特点				
学习兴趣	哪些有兴趣	哪些枯燥	产生兴趣的措施	
环境影响	有利环境	不利环境	怎么克服	
学习信心	哪些有信心	哪些没有信心	怎么产生信心	
身心状态	是否是最佳状态，怎么使其达到最佳			
特殊群体情况	整体风格	个别特殊学生	对特殊学生应注意些什么	
动态预测	学生可能会产生哪些问题			
	可能会产生哪些错误			
	如果产生问题时教师应如何设置台阶来解决难点			

案例欣赏

案例一：关于《凡卡》一文的学情分析

北京市海淀区某小学语文组曾组织过一次以《凡卡》为主题的教研活动，教师们一起解读文本后，似乎更加困惑了：这么多可教的内容，到底应该教什么？

教师们通过讨论，归纳出《凡卡》文本自身的教育价值，然后在一起梳理新课标对本学段阅读方面的具体要求以及教材编者、教学参考书对本学段的建议。在此基础上，教师们在该校五年级某班做了一次学情调查：在学生没有学过的情况下，利用自习时间，让学生自读《凡卡》一文，回答：你读懂了什么？你有哪些疑问？让学生写在纸上，交给教师。

根据新课标、教材、教参对本学段阅读教学的要求，教师将收到的32份作业按"内容的把握"、"细节的把握"、"阅读的感受"这三个方面加以分析。

首先，对文章内容的把握。全班有3名学生对内容有比较完整的表述。大部分学生读懂了部分内容，但是缺少对文章的整体把握。例如：（李子豪）我读懂了凡卡给爷爷写的那封信，凡卡经常受老板的欺负。（冯梓晨）凡卡经常被老板欺负，凡卡爷爷非常辛苦，每天晚上都要站在大门口。全班大部分学生都能读出凡卡在鞋匠家的悲惨生活。（李涵雯）全班学生普遍对第十一段至十四段内容缺少表述。也有的学生直接指出第十三段读不懂。

其次，在细节把握上仅有少数学生对某些细节有感受，更多的是对细节的质疑。如"第二自然段凡卡担心什么？叹气时想什么？为什么凡卡愿挨爷爷打不愿挨老板打？""为什么凡卡老向窗户外面看？"

最后，在阅读感受上，大多数学生能对凡卡的悲惨生活说出自己的感受。（王漪彤）凡卡生活非常辛苦，他对爷爷的思念令人感动。（薛佳一）凡卡很可怜，我们应该珍惜现在的幸福生活。（杨增增）作者用这篇文章来让大家保障弱势者的权利，让人们在怜悯之中找到真正原因，从而让社会变得好一点，再好一点。

经过如上分析整理之后，教师们对学生学习《凡卡》一课的阅读状况有了比较清晰的了解：不需要教师指导即可读得懂的是第八自然段（凡卡信中的内容）；阅读难点是第十一至十四段内容及与全篇的关系；学生对文章某些重要细节不理解或者看不到，这些内容是阅读的盲点。由此推断出在本课学习中需要提升的阅读能力是对隐含信息的发觉与推断的能力，以及在此基础上对全文内容的整体把握。

案例赏析：

调查包括全班每一位学生。以书面文字作依据，这与口头调查相比，分析更深入；对全班调查，有利于把握全班整体的阅读状况，同时也能反映出每一个学生的阅读状况。对学生阅读调查的分析，依据新课标对阅读能力的规定和学生实际阅读状况分为三个维度：内容把握、细节把握和阅读感受。

通过这样的调研分析，能够对全班每一位学生的阅读能力、状况有一个比较具体的了解和把握。在此基础上确定教学目标、教学重点与难点就更加有据可依、更具针对性，教学有效性相应也会提高。

案例二：《秋天的雨》学情分析

1. 学情描述。

（1）学生认识的字有"柿、菠、裳"等。

（2）学生觉得难读的字有"衣裳、钥匙、扇"等。

（3）学生觉得难写的字是"爽、紧"。

（4）读了课文，学生已经理解意思的词语有：钥匙、柿子、清凉、炎热、丰收、邮票等。

（5）学生对文意的把握都停留在表面，他们大多写"秋天的雨是一把钥匙。秋天的雨有一盒五彩缤纷的颜料"等句子，并不能真正读懂这主要是讲秋天的雨来了，给树木、果实、小动物等带来了一系列的变化。

（6）"我最喜欢的内容"里，学生摘录的都是描写比较优美的词句，特别是一些用了拟人、比喻等修辞手法的句子，可以看出此时的学生已经有了比较朦胧的欣赏句子的能力。虽然他们不知道这些话好在哪里，但是已经知道这话写得好。

（7）学生不懂的地方大多是摘录运用了修辞手法的优美句子，有些孩子提出了自己的疑问，这是非常可喜的。我们把学生的疑问整理了一下，发现大致如下：秋天的雨为什么有好闻的气味？为什

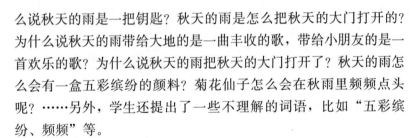

么说秋天的雨是一把钥匙？秋天的雨是怎么把秋天的大门打开的？为什么说秋天的雨带给大地的是一曲丰收的歌，带给小朋友的是一首欢乐的歌？为什么说秋天的雨把秋天的大门打开了？秋天的雨怎么会有一盒五彩缤纷的颜料？菊花仙子怎么会在秋雨里频频点头呢？……另外，学生还提出了一些不理解的词语，比如"五彩缤纷、频频"等。

2. 诊断学情，以学定教。根据学情，我们可以了解到下列几点：

（1）大部分学生都已经会认"柿、菠、裳"等字，他们反映这些字在生活中接触得比较多，超市、服装店等地方常常可以看到这些字。

（2）学生认为"衣裳、钥匙、扇"字难读，是因为"衣裳、钥匙"是轻声词，"扇"是多音字，文中发第一声，一时不容易记住。

（3）学生认为"爽"字难写，是因为对这个字的构字方法还不清楚。"紧"字难写，是因为这个字容易多一撇写成错字。

（4）学生已经掌握词意的词语大多是一些名词，来自于生活，平时的使用频率比较高。

（5）学生整体把握文意时停留在表面，还抓不住最主要的信息进行归纳。他们都写"秋天的雨是一把钥匙。秋天的雨有一盒五彩缤纷的颜料"等句子，原因之一是和课后的第二题"课文是从哪几个方面写秋天的雨的"有关，原因之二还是因为读不懂句子的意思。

（6）学生喜欢的优美句子，恰好就是他们读不懂的句子。本文想象奇特，句式多样，非常富有情趣。这样诗情画意的语言，跟孩子们的日常用语大不相同，他们对此表现出陌生感，不能读懂文字背后的意义，理解起来有一定的困难。但是学生对这样艺术化的描写有一定的感受能力，对语言形象很有兴趣。这个点既是困惑点，又是兴趣点。所以根据三年级孩子的认知能力，我们可以试着初步教学生去赏析句子，体会语言之美，积累语言。

附：《秋天的雨》课前预习表：

（1）识字小能手。

①我认识的字：_____

②我觉得难读的字：_____

③我觉得难写的字：_____

（2）读书小能手。

①读了课文，我知道了_____等词语的意思。

②读了课文，我知道主要内容是写_____。

③我最喜欢的内容是：_____（要求把文中喜欢的词语、句子、段落等写下来）。

④我不理解的内容是：_____（要求把文中不理解的词语、句子、问题等写下来）。

案例赏析：

第一，设计了课前预习表，对学生基本情况进行了摸底。这样的学情分析是学生真实情况的分析，既不会拔高学生的能力，也不会低估学生已有的知识。

第二，学情调查比较全面，从字、词、句、段、篇各个方面对学生已知、未知、难知进行了调查。

第三，教师不是单纯地了解情况，而且分析了形成的原因，并提出了措施。

第四，学情分析是以学定教的过程，这样的学情分析是有效的。

第五，让"教什么"更贴近学生实际，能比较准确地制订出符合学生实际的教学目标和教学重难点，有利于有效地提高课堂有效性。

第十一章

学情分析：作好一课学情分析

能力训练

1. 阅读下面一篇学情分析案例，指出其优缺点。

《凡卡》学情分析

本文年代距学生远，所反映的生活距离学生更远，对作者和时代背景理解不透，对外国文学作品中的，人名读不通顺，对长篇幅文章抓不住重点段落，对插叙结构的文章学生读得不多。

2. 阅读下面一段课堂教学实录片断，根据自己所在地方学生的实际情况，比较自己学生与片断中学生的学情，并提出整改措施。

人教版小学语文一年级下册《识字 2 看图学词》的教学实录片断：

师：小朋友，我们已经是小学生了，我们同学之间，课堂内外发生过许多难忘的事，学校生活多么丰富多彩啊！你看，这些小朋友在干什么呢？（出示课件：唱京戏，拉二胡，弹钢琴，养金鱼，做航模）你看懂哪一幅图了？谁在干什么？

生：我知道第一幅图的小朋友在演京戏。

师：对，你怎么知道他们是在演京戏？

生：我是从他们穿的衣服和化妆看出来的。

师：你从扮相、服装看出他们是在演京戏，看，他们又演又唱，真好看。（出示字幕：唱京戏）

生：我看懂第二幅图的小朋友在拉二胡。

师：真了不起，你都知道这个乐器是二胡。（出示字幕：拉二胡）

生：我知道第三幅图的小朋友在弹钢琴。

师：是的。（出示字幕：弹钢琴）

生：第四幅图的小朋友在做飞机。

师：他是在做真的飞机吗？

生：不是。

师：做飞机的模型就叫做航模。（出示字幕：做航模）

生：最后一幅图的小朋友在养金鱼。

师：小朋友真能干，自己养了金鱼，自己在看，多高兴呀！
（出示字幕：养金鱼）

师：小朋友真了不起，把这些活动说得这么清楚，我们来读读
这些活动吧！

生：（读）唱京戏，拉二胡，弹钢琴，养金鱼，做航模。

（重点正音：弹钢琴、养金鱼、做航模）

3. 写出下面一篇文言寓言故事《自相矛盾》的案例分析。

楚人有鬻盾与矛者，誉之曰："吾盾之坚，物莫能陷也。"又誉
其矛曰："吾矛之利，于物无不陷也。"或曰："以子之矛陷于之盾，
何如？"其人弗能应也。

第十二章 教材分析：
作好一课教材分析

学习提示

　　教材是实施教学、实现课程目标的主要依据，也是学生进行学习活动的基础。教师对教材的理解，直接影响着课堂教学质量。因此，本章立足于提高小学语文教师教材分析能力的实际需求，通过理论学习、案例反思、要领指导、案例赏析、设计操作等有效途径，切实提高教师解读教材的能力。

能力意义

　　语文是一个资源库，包含着丰富的教学资源。但这些资源是隐性、无序且综合地存在于教材之中的，只有读懂、读透教材，才知道教什么，教多少，怎么教；只有读懂、读透教材，才能胸有成竹地应对课堂生成。一句话：只有把教材读懂、读透，课堂教学效果才会好。所以方智范教授指出：对广大语文教师来说，回归语文，练好内功，尽可能正确、到位地理解和把握文本，这是一道'铁门槛'。语文课程内容和方法的改革，都应该从这里出发，而不能离开这个起点。

　　国家督学成尚荣先生说：研读教材是语文老师的第一基本功。唯有教师走进了文本，方能引导学生与文本进行心灵的沟通。

　　然而，调研中我们发现教师设计教学和实施教学时都特别在意技巧的运用，而技巧赖以立身的文本，反倒在某种程度上被冷落了，甚至出现了浅读、曲读甚至误读的情况。因此，重建文本解读地位，提升教师解读文本的能力就迫在眉睫了。

案例反思

案例一：解读浅了

所谓"解读浅了"是指教师对文本的解读浮光掠影、浅尝辄止。结果在这样的教学背景下，学生对文本的解读也就只能停留在肤浅的认识上。

（一位青年教师磨课过程中先后两次试教《武松打虎》的片段）

教学片段1：

师：如此凶猛的老虎，武松是如何应对的呢？

（生交流，师板书概括：跳，闪，躲）

师：此时，武松又给你留下什么印象？

生：灵活，身手敏捷，机智……

师：谁能用朗读表现出武松的机智？

（学生朗读平平，读不出味道）

教学片段2：

师：如此凶猛的老虎，武松是如何应对的呢？

（生交流，师板书概括：跳，闪，躲）

师：此时，武松是怎样完成这些动作的呢？

（生很快找到了三个"轻轻"）

师：这三个"轻轻"在这里说明了什么？应该怎么读呢？

（师指导朗读，抓住三个"轻轻"，引导孩子体会武松的身手敏捷和机智）

（学生读得不一样了，个个读得有滋有味）

反思：《武松打虎》这篇课文主要描写了武松"喝酒"和"打

虎"两个场面，显然，"打虎"是本文的重点内容，也最能表现人物的性格特点。武松和老虎之间争斗的两个回合从文学角度来说是细节描写，场面激烈，动感十足，人物形象生动。

如何引导学生利用文本，抓住武松和老虎争斗的场景，在语言训练中让学生充分体会武松的智勇？这是突破本文重点的关键。一开始，这位青年教师只关注到武松和老虎打斗的动词。当然这并没有什么错，只不过这种表层的、肤浅的解读，也就谈不上能对学生的阅读进行有效的指导并引导学生进行深层体验。

然而，在教学片段 2 中，我们发现这位教师经过再次认真钻研教材，用心揣摩文本，他不仅关注武松的动作，还敏锐地捕捉到了描写动作的词语身上。文中这样描写："武松腾空跳起，轻轻落在一边躲过。""武松只轻轻一闪，老虎掀了个空。""说时迟，那时快，武松只轻轻一跳又躲过了。"课文不嫌重复，三次"轻轻"，表现了武松的机智。"抡起哨棒朝它劈头打去。""哨棒打在树上，断成了两截。""空出双手把吊睛白额大虎的脑门紧紧揪住，""不敢松手，便用脚乱踢一阵。""揪紧虎头死死往地上摁，一边抽出右手，将铁锤般的拳头重重打去。"从这几句的描写来看，武松用足了全身力气，使出浑身解数，出拳之"重"，踢脚之"重"，淋漓尽致地表现出了武松的勇猛。紧扣"轻轻"和"重重"，我们发现教学线索变得更加清晰，学生的体会更加深刻明白。

案例二：解读错了

所谓"解读错了"是教师由于自身学识修养的欠缺，或由于感悟能力的不足，或由于解读态度的疏忽马虎，而导致对文本的错误理解。

《麻雀》是俄罗斯著名作家屠格涅夫的一篇名作。本意是赞美勇敢的力量，爱的力量。而当有的学生发表老麻雀的行动太冒险了的看法时，教师不作引领，还顺着学生的话说：是啊，留得青山在，不怕没柴烧。

反思：有的教师可能会以要尊重学生的独特感悟为由"搪塞"。但别忘了这有一个前提条件——注意正确的价值导向。作为教学内容的载体"文本"不是"沉默"，而是一个会说话的主体。一旦产生，就是一个客观的存在，它就不是一个任人揉捏的面团，有它固有的文本意义。因此，文本的解读必须在充分尊重作者、尊重文本本身的基础上，引导学生展开对话，引导学生透过文本表象走进文本内核。只有这样，课上的引领才不会背离作者的心灵轨迹，教学才不会曲解作者的本意，文本——作为教学的范本才能真正发挥出自身的特殊作用。

执教者没有吃透教材，不能正确理解和把握文本的价值取向，由于自己把握不住，教学中当学生对文本的理解有所出入时，教师不知所措，不加引导，甚至推波助澜，这是不行的。伽达默尔提出："只有当诠释者被（文本）主题推动着，在主题方向上作进一步询问时，才会出现真的对话。"即是说，文本对读者是有所限定的。作为阅读客体的文本有着显性的、鲜明的"规定性"。总会有个作品视界的范围，独特感悟只能在这个范围内进行。

教师解读文本或浅或深或偏或误，究其原因，可简概成两点：一是教师自身的解读能力不够；二是教师解读文本的角色定位不准，即读者角色、教师角色、学生角色。解读能力的水平决定着把握文本的广度和深度，而解读文本的角色定位影响着能否真正走进文本，走近作者，走近学生，能否架构起教师、文本、学生、编者四者之间对话的桥梁。

因而，教师只有潜心会文，钻研教材，以生为本，做好解读文本的第一人，才能引导学生正确阅读课文，才能促进学生语言素养的发展，才能让阅读教学回归语文的本真，从而提高阅读教学的实效性。

要领指导

一、教材分析的原则

狭义地说，所谓小学语文课程教材分析，就是对课文中融和的景、完整的事、立体的人、整体的概念等进行分类，找出其组成部分的本质属性和彼此之间的关系，从而更清楚、更深刻地理解课文。在分析过程中，应注意体现如下原则：

1. 目的性原则。小学语文课程教材内容涉及范围非常广泛，既可以利用它进行思想道德教育，也可以凭借它进行历史或常识的教育。一篇很短的课文，其中所包含的知识深浅跨度很大，有些是小学里学的，有些可能要到大学里才教。因此，分析小学语文教材，目标必须定位在"语文"学科上，必须控制在"小学生"应该掌握的语文知识的深浅度上，这就是分析小学语文课程教材要遵循的目的性原则。

2. 整体性原则。分析小学语文课程教材，要有整体观念，不但要把小学语文课程全套教材、单册教材分别看成是一个整体，而且具体到每一篇课文时也要把它当成一个整体。这里所说的单篇课文既包括文章正文，也包括课后练习、课文插图等，只有从整体上把握全篇课文，才能有效地提高教学效率。

3. 科学性原则。分析小学语文课程教材必须符合客观规律和人的认识规律，这就是所谓的科学性原则。教师不但要对课文中生字的音、形、义，句意的理解等进行深入研究，而且对课文时代背景的了解、篇章结构的分析、中心思想的概括、写作方法的探究，都必须有根有据，准确科学。

4. 情感性原则。小学语文课程教材分析是对一种语言艺术的欣赏和再创作的过程，分析者不仅要投入饱满的情感，而且要随着分析的深入，不断唤起感情的共鸣，引起相关的情感体验。课文既是一个逻辑结构体，更是一个情感凝聚体，这给情感体验的调动提供了特定基因。因此小学语文课程教材分析也可以说成是情感运动的过程，分析者应借助情感的力量，先打动自己，再借以打动学生的心。

二、教材分析的方法

反复读教材是教师感悟文本的重要途径，只有通过反复诵读才能发现课文的内涵所在。可以读单篇课文，读本单元课文，读本册以及全套教材甚至与文本相关的其他资料。王崧舟老师对《长相思》的解读一直被小学语文教学界津津乐道。仅仅 36 字的古诗，王老师用了两个多月的时间进行研究。他查阅纳兰性德的生平，领悟后人对这首诗的鉴评，然后逐步形成自己对这首诗的感悟。正是因为对《长相思》进行了深层解读，才使这堂精彩的古诗教学课横空出世。

1. 粗读课文，初识整体。

分析课文，首先应着眼于课文整体。可通过粗读课文，从课题与课文内容的联系中把握课文的主要线索，抓住把课文外在联系和内在联系统一起来的线索，获得对课文整体的初步印象。

2. 细读课文，局部分析。

这是分析课文的关键一步。不论是对于重点、难点的确定，还是选准"突破口"展开教学，都有很大的促进作用。

首先，要在初识整体的基础上，围绕主要线索细读课文，把课文划分为几个部分，了解各部分在整体中的地位和作用，了解各部分是怎样从外部联系在一起的。它不同于一般意义的划分段落，它是以语言文字与主线的关系为根据，使教者区别出课文的重点与非重点。

其次，要在精读课文的过程中，精心发现语言文字反映的内在联系，细细品味语言文字中蕴含着的意思，准确把握贯穿于主线之上的重点词句，弄清重点词句与非重点词句之间的联系，从联系中揭示作者的认识及感情。这一步要求分析者必须做到以下几点：

（1）准确辨认每字、每词、每句，弄懂每个知识点。对于课文每个字的音、形、义，每个词语的读音、结构、意义、感情色彩和作用，每个句子的结构、含义、语气和标点以及全文的段落层次、篇章结构、情节变化和写作方法等，都要一一弄清，做到"字字落实"、"句句落实"、"处处落实"，决不能囫囵吞枣，绝不能似是而非。

（2）透彻理解遣词造句的特点，弄懂作者布局谋篇的意图。从标题到课文，逐句、逐节（自然段）、逐部分进行分析研究，分清有几层意思，了解各节、各部分之间有什么联系，每一节、每一部分与整篇课文有什么联系，分清课文的主干和枝叶，理出作者是怎样遣词造句、布局谋篇的，是怎样安排材料表达人文情怀的。

3. 通览全文，整体升华。

这一步是在经过局部分析课文结构上的各个部分、内容上的各个方面、人文情感上的各个层面都变得清晰而明确的基础上，进一步理清重点语言文字之间是怎样一层一层地联系起来的，并从联系中发现作者认识或感情发展的过程，把握课文的内在联系，实现真正意义上的整体综合，使"工具"与"人文"重归一体，使文本通体透明、形神兼备的完整体貌得以重现，从而达到既"因文悟情"又"缘情释文"的和谐升华。

另外，语文教材中关于历史人物和历史故事的课文以及古诗词等都有特定的写作背景。这些背景包括当时的历史、文化、风俗习惯等，也包括作者的人生经历。解读文本的时候，我们必须了解这些背景。如果不知道相关的背景知识，理解起来就可能有难度。著名特级教师于永正把 80％的精力用在钻研教材上，有时走着坐着都在想教材，凡是课文涉及的知识，都尽量查清楚，即使上课时不一定用得着。

对照原文也是解读教材的一个好方法。小学语文课本有很多课文是经过编者修改的，也有的是对照古文翻译过来的。编者这样做的目的是为了便于学生更好地学习。在教学时，如果我们能够与原文进行对照学习，会收到更好的效果。

对于教材，我们除了正确、深入解读，还需要批判性解读。运用批判思维方式对课文内容进行冷静思考，发表独立见解。对于语文出版社（S版）第七册《麻雀》一文，教学参考书把"一种强大的力量"解读为"母爱"。很多一线教师，甚至名师都把"老麻雀不能安然地站在高高的没有危险的树枝上，一种强大的力量使它飞了下来"中的"强大的力量"解读为"母爱"的力量。我们却觉得值得商榷，因为从文本中根本就看不出这只老麻雀是雌麻雀，那为什么就一定要解读成"母爱"呢？这里就不能解读成"父爱"吗？难道只有母亲才可以冒死救自己的孩子吗？其实，文本中只有一处提到了老麻雀的身份，也就是第五自然段的第一句话："老麻雀想用自己的身躯掩护着小麻雀，想拯救自己的幼儿。"从这一句话可以猜想老麻雀可能是"鸟妈妈"，也有可能是"鸟爸爸"。《麻雀》原文的结尾，还有这样两段话："是啊，请不要见笑。我崇敬那只小小的、英勇的鸟儿，我崇敬它那种爱的冲动和力量。""爱，我想，比死和死的恐惧更强大。只有依靠它，依靠这种爱，生命才能维持下去，发展下去。"屠格涅夫没有说这就是"母爱"，而说"只有爱，才维系着生命，并使它充满活力"。其实，这就是动物之间的割舍不下的亲情。后来，对《麻雀》批判性解读的文章《母爱还是父母之爱》发于《语言文字报》。

总之，一个称职的小学语文教师，就应该努力使自己具备独立钻研教材的能力，不要鹦鹉学舌、人云亦云；不要跟在专家、名师或者教师用书的后面亦步亦趋。要主动、积极、大胆地和文本对话，读出自己独特的感受和理解，形成自己的判断，让语文课充满自己的个性和色彩！

案例欣赏

案例一：《检阅》文本解读

1. 读第二单元：明确本单元围绕"儿童生活"这个话题，学习本组课文，旨在"随时随地关注儿童生活。关注儿童的理想、愿望、兴趣、爱好，关注儿童的权益……"还有两个关键词：和平，平等（引自教师用书第一单元说明）。

2. 读第六课课文。读教师用书。

3. 思考：

读罢课文，本单元围绕"儿童生活"的关键词，除了"和平""平等"，还包含着"尊重"。

文章中对博莱克的尊重是有一定特殊背景的——因为他的伤病，他的不健全，但文本真正要传达的，不仅仅是"关心爱护残疾人"这样的口号式宣言，而是人与人之间的理解和爱，有了理解，才能有爱，有了爱，才能升华为尊重！

"这个小伙子真棒！"

"这些小伙子真棒！"

是文眼，也是将本文的人文价值推向高潮的地方。

自己读到此处，感慨良多，尊重别人，换来的也是尊重，我觉得了不起的，不仅是身残志坚的博莱克，理解、尊重、爱护他的同学们，理解、尊重、爱护所有孩子的成人观众们，同样了不起！

"这些小伙子真棒！"

"这些"真值得多做文章！

而文章第六自然段的矛盾心理描写，也值得带领孩子们好好感受俱乐部成员的心路历程，这是成长的过程，是"理解—爱—尊重"与集体荣誉相互斗争的痛苦经历，只有唤醒孩子们的爱心，和文中小队员一同痛苦煎熬、左右为难，才能更好地体会当队长用洪亮的声音说出决定时，他们为什么"情不自禁地鼓起掌来"。

这篇课文讲述了波兰一所学校的儿童队员，在国庆来临之际，做出了一个大胆的决定：在国庆游行检阅时，让拄拐的博莱克走在第一排。游行时，他们的检阅队伍获得了大家的一致喝彩。课文的思路很清晰：先是交代了事件发生的时间和背景，然后细致描述了两个场景：儿童队员准备参加国庆检阅，商量怎么解决一件"棘手的事"；国庆节那天儿童队员参加检阅的情景。

课文对人物形象的刻画很突出，集中体现在文中细致的心理描写：刚开始，大家都很犹豫，很矛盾，不知道怎样解决该不该让博莱克参加检阅这个难题。又想使自己的检阅队伍整齐划一，又不想伤害大家的好伙伴博莱克。还是队长打破了僵局，提出了一个大胆的方案，并获得了大家的一致赞同，大家的心情由忐忑不安到激动自豪，经历了一个艰难的变化过程。

课文的语言描写也很有特色。从文中几个人物的对话中，可以看出他们鲜明的个性特点，人物形象比较丰满。

阅读核心点：充溢全文的浓浓真情：理解、尊重、爱护。

阅读切入点：观众评论"这个小伙子真棒！""这些小伙子真棒！"

阅读训练点：观众评论句子"这个"、"这些"；第六自然段心理描写。

案例二：《匆匆》文本解读

1. 走进教材。

《匆匆》一文是现代著名作家朱自清先生的一篇脍炙人口的散文。作者把看不见、摸不着的时间形象生动地描述下来，表达了对时光流逝的无奈和惋惜。文章中有很多语句值得我们品析和深思。"燕子去了，有再来的时候；杨柳枯了，有再青的时候；桃花谢了，有再开的时候。"是啊，时光匆匆，岁月匆匆，自然界的事物时时刻刻都在周而复始，唯有一样东西永远不停留，永远不复返，那就是时间。文中将空灵而又抽象的时间化为具体的物象，引发出伤时、惜时的深长感喟。紧紧围绕"匆匆"二字，细腻地刻画了时间流逝的踪迹，表达了作者对时光流逝的无奈和惋惜，从而揭示了旧时代的年轻人已有所觉醒，但又为前途不明而感到彷徨的复杂心情。这篇文章很注意修辞，文中用长短一致、节奏整齐、对仗工整的排比句，描述了显示季节更替的诗意化景物；又用一组长短不一、节奏跳跃、口语色彩很浓的设问句，感叹日子的飞逝无痕。整句与散句的结合，不但具有一种音乐的美感，而且显得既典雅又朴实。

2. 走近作者。

《匆匆》一文是朱自清先生早期的作品，文中将空灵而又抽象的时间化为具体的物象，引发出伤时、惜时的深长感喟，也流露出作者为前途不明、无所作为而感到抑郁、彷徨、伤感的低沉情绪。但教学中不宜过多讲解时代背景，重在帮助学生树立珍惜时间的意识。

朱自清（1989 年—1948 年），原名自华，字佩弦，号秋实，原籍浙江绍兴，生于江苏省海州。现代散文家、诗人、教授。著有《踪迹》，散文集《背影》、《欧游杂记》、《你我》、《伦敦杂记》，文艺论著《诗言志辨》、《记雅俗共赏》等。

3. 走进教学。

（1）教学目标。

①正确认读 7 个要求会认的生字，掌握 8 个要求会写的生字。

②正确、流利、有感情地朗读课文，背诵课文。

③了解课文的主要内容，能抓住主要句段，体会作者表达的思想感情。知道时间来去匆匆，要懂得珍惜。

④本课是首次学习朱自清的文章，要引导学生在读中初步体会文章表达上的特点，并积累优美的语句。

（2）教学过程。

本课教学的一个主要思路是边读边思考：初读读通课文，抓住课题"匆匆"；细读读懂课文，品读重点语句。在教学过程中，可以放手让学生去自主读书，在"放"中让学生主动融入阅读情境，感受语言的神奇瑰丽，得到美的感受、情的熏陶。正如叶圣陶先生所说：设身处地，激昂处还他个激昂，委婉处还他个委婉……美读得其法，作者胸有境，入境始于亲。本课教学，应围绕"读"展开，结合情景创设，学法选择，先学后教，以学定教，以读为本，指导学生读后悟情。

以下是教学时需要重点处理的词句，教师可从以下几方面引导：

①品读叠词和短句的妙用。如叠词的应用，"匆匆"、"默默"、"斜斜"、"白白"、"茫茫然"、"赤裸裸"、"轻轻悄悄"、"伶伶俐俐"，这些词用得巧妙，细致入微地刻画时间的踪迹，表达作者的无奈之情。"去的尽管去了，来的尽管来着；去来的中间又是怎样的匆匆呢"，"早上我起来的时候，小屋里射进两三方斜斜的太阳"，这些句子都是短句，简朴、轻灵，读起来令人感到格外的轻巧、婉转，越读越爱读。

②品读各种修辞手法寄寓的含义。排比句"燕子去了，有再来的时候；杨柳枯了，有再青的时候；桃花谢了，有再开的时候"，写出了时间的流逝；"时间能'跨'能'飞'"，读起来倍感亲切；"过去的日子如轻烟，被微风吹散了；如薄雾，被初阳蒸融了。我留着些什么痕迹呢"，说过去的日子"如轻烟"、"如薄雾"，比喻独特，联想新奇；"八千多日子已经从我手中溜去，像针尖上一滴水滴在大海里。我的日子滴在时间的流水里，没有声音，也没有影子"，又是一个新奇巧妙的比喻，借此写出时光匆匆，表达作者无奈惋惜以及要珍惜时间的心态。

③品读文中精彩句段。"于是——洗手的时候，日子从水盆里

过去；吃饭的时候，日子从饭碗里过去；默默时，便从凝然的双眼前过去。"这个排比句具体写出了日子是怎样来去匆匆和稍纵即逝的。教师可以引导学生模仿排比句式，说出自己的日子在生活中是怎样流逝的，以此来进行听、读、说、写的训练。"你聪明的，告诉我，我们的日子为什么一去不复返呢？"引导学生注意这个前后照应的设问句，体会它的好处，引导学生去思考：作者回答这个问题了吗？从哪里看出来的？

④引导学生重视文章的表达方法与内容的关系。文章第一段用对比的手法写出了日子一去不复返的特点。理解时仅仅让学生知道运用对比手法是不够的，更重要的是让学生体会到对比手法的运用恰当地表达了作者对时光飞逝的无奈和对已逝日子的留恋之情。燕子有再来的时候，杨柳有再青的时候，桃花有再开的时候，唯有时光不再，去了，就一去无回。作者通过鲜明的对比把这种情感表达得自然、贴切、耐人寻味，唤起了读者的共鸣，深化了文章的主题。

⑤注重引导学生在品析过程中诵读文章，力求达到"读读品品，品品读读"的教学氛围。

（3）作业设计。

从古至今，人们都在感叹时间的流逝，积淀了不少的名言、警句、诗词，在这一环节中，可以让学生把自己搜集到的关于时间的文章、格言、警句、诗词读给大家听，讲给大家听，说出自己的感受。

通过交流讨论，学生对时间的流逝也一定有了自己的感觉，可以让学生用自己喜欢的形式（可以是名言、诗歌、散文等），写出自己最想说的话，厚积薄发，实现学语文向用语文的过渡。

教师推荐《朱自清散文选》中的《春》、《荷塘月色》、《背影》等文章，要求学生认真去读。

能力训练

1. 王安石的《泊船瓜洲》，特别是"春风又绿江南岸"中的"绿"字，更是为后人所津津乐道。教学中，很多教师紧抓"绿"字大做文章，把它当成一首写景诗来处理，试图让学生明白——春天江南的美丽。

请你查阅《泊船瓜洲》的写作背景，重新解读文本，设计一份教学方案。

2. 一位教师执教《鹬蚌相争》一课时，有学生突然发难，说鹬的嘴正被蚌夹着，怎么可能说话？蚌正夹着鹬的嘴，怎么说话呢？一开口不就让鹬拔出嘴了吗？该教师认为这就是新课改提倡的"生成性资源"，于是组织学生讨论，并且发动学生给教材编辑编写一封信，提议更改教材。

请结合本章有关知识，谈谈你的理解。

3. 请读下面的两个教学片断，从文本解读的角度，谈谈自己的理解。

《江雪》教学片段一：

生1：这么冷的天，那个老翁为什么还在江上钓鱼？

师：这个问题提得好，谁能帮帮他？

生2：我知道。因为那老翁爱吃鱼。

生3：我认为是老翁家里穷，没什么吃的了。

生4：我想，那老翁钓鱼是要拿去卖的。

师：同学们说的都有道理，你明白了吗？

生1：（一脸茫然）。

生5：（突然站起来提问）老师，现在江面结着冰，不可能钓鱼的。

师：是吗？有没有不同意见？

生 6：那可将冰凿破呀！把冰凿开可以捕到许多鱼。

师：你是怎么知道的？

生 6：我看到电视里介绍爱斯基摩人就是这样捕鱼的。

师：你真不错，在看电视的时候还注意学习语文。同学们明白了吗？

《江雪》教学片断二：

教师相机出示柳宗元生平简介及作品的写作背景资料，引导学生走进文本，走近作者，和作者对话，进行理性反思，学生的回答异常精彩。

生："老翁是在锻炼自己的意志。天那么冷，雪那么大，他一个人出来，那需要多么坚强的意志呀！""我觉得他是在告诉人们，他内心非常的孤独，因为我发现这首诗每一句的第一个字连起来是'千万孤独'。""其实是诗人借诗抒情，当时诗人被贬，虽前途未卜，但他有信心等待属于自己的春天。因此我觉得他是在钓一个春天，你想，冬天到了，春天还会远吗？"……

4. 请你任选一篇小学语文教材，反复读一读，用本章介绍的解读教材的方法，试着写一份教材分析。

第十三章 目标确定：
订好一课教学目标

学习提示

　　本章探讨什么是教学目标，教师为什么要具有制订教学目标的能力；语文教师制订教学目标的过程中容易出现哪些错误；怎样才能制订出符合新课标，符合文本特点、文体特点，符合学段要求，符合不同类学生学情实际，符合课时要求的，能实施、能落实、能反馈、能检测的有效教学目标。提升并历练教师制订、修改教学目标的能力。

能力意义

　　"有效的教学始于准确地指导希望达到的目标是什么，教师所期望的学生的变化，便是教学目标；教学目标具体而言，就是用某种特殊方式，描述在教与学双边活动实践后，学生应当能做些什么，或学生应具备哪些特征。"这是美国课程专家布卢姆关于教学目标的论述。这一论述告诉我们：教学目标是教学活动的出发点（起点）和归宿，是教学活动的核心和灵魂。它主要具有三方面的功能：一是确定教学范围、教学内容、教学重点和难点，引导学生自主、积极地参与到教学过程中；二是确定教师将采取的教学步骤、教学环节以及每个步骤或环节将采取的教学活动，指导教师有条理地去完成教学计划或任务；三是明确学生要达到的学习要求或水平，为教师本人及教育监督者提供检测的标准和依据。

制订教学目标的能力大小决定着教师素质的高低，决定着教师设计教学目标的优劣，进而决定课堂教学的成败，决定课堂教学效率的高低，最终决定教育教学质量的优劣。因此，教师制订教学目标的能力是教师素质中最重要的一项基本素质。

在教学实际中，教师的目标制订往往存在许多问题：目标描述笼统（大而空，一"标"统天下，缺乏可操作性、可检测性、可反馈性）；缺少标准（缺少目标制定的科学依据）和层次（学段不清，低段高化，高段低化，未体现"学优生、学困生"不同层次的学习需求）；三维目标割裂或混杂不清；目标与教学实施分离，未很好地落实到教学的全过程中去。究其原因还是教师制订目标的能力太差，所以历练和提升语文教师制订语文教学目标的能力就是本章节的宗旨。

案例反思

案例一

《麻雀》这篇课文既是人教版四年级课标教材，也是语文出版社（S版）四年级课标教材上册的一篇精读课文。这是由俄国作家屠格涅夫的同名散文改写的，它向人们讲述了一个动人的故事。文中记叙了"我"在一次打猎途中看到一只老麻雀，为了拯救自己的幼儿，竟然不顾一切地与比自己强大千倍的敌人——猎狗搏斗的事。有位教师拟订的执教该课的教学目标如下：

教学目标：

1. 使学生了解课文内容，让学生懂得动物也有伟大的母爱。

2. 根据提示学习文章叙述的顺序。

3. 指导学生有感情地朗读课文，引领学生体会课文中重点句子的意思，深入学习课文内容。

4. 学习本课的生字词。

以上列举的这个案例，在我们的语文教学设计中极为普遍。该教学目标主要存在以下问题：

第一，目标空洞、宽泛，无实际操作价值。该课的教学目标是我们经常见到的，表面上看似乎"符合"任何课文的阅读教学，但在实施的过程中，却毫无指导意义。主要问题是目标太空洞、宽泛，极不具体。只有清晰明确的教学目标才有实施中的可操作性和可评价性。设定一节语文课的教学目标，教师要根据新课标及学生的实际把文本的意义内化到自己的知识经验中去，制订出明确、具体、可操作、易检测的阅读教学目标。在一节教学课中，哪些知识只需要一般了解，哪些知识需要理解并会运用，要着重训练听、说、读、写中的哪些能力，并应达到什么程度等，都应尽量细化，具体而明确。同样，对于培养学生的思维品质、陶冶学生的道德情感等方面的目标，也应作出确切的要求。如"目标1"中"使学生了解课文内容"，学生应该了解哪些具体的内容？从文本中的哪些载体去获得内容？教师心中无数，学生也无从知道，教学反馈和目标检测也无法实施。如"目标2"中"根据提示学习文章叙述的顺序"，是指根据什么提示来学习文章叙述的顺序？学生应当学习文章的什么叙述顺序？对该知识的学习是一般性的了解，还是掌握或运用？目标制订中没有具体化。"目标4"中的"学习本课的生字词"。生字有哪些？会认的生字有哪些？会写的生字有哪些？各类生字学到什么程度？这一系列目标都需要具体化、细致化、可操作化并能进行检测。

第二，目标主体错位，教师与学生谁是主体不明晰。课堂是学生成长的地方，语文课堂是学生语文素养的养成之地，也是学生语文学习能力和水平的提高之地。因此，目标陈述的主体应当是学生。但许多教师在制订教学目标时，往往把教师当成了教学目标的主体。如上例"目标1"中"使学生了解课文内容，让学生懂得动物也有伟大的母爱"。一个"使"和"让"就把目标的主体转变为了教师而非学生。又如"目标3"中"指导"和"引领"就把学生这一主体湮灭了。因为课堂上排除了学生这个主体，自然就是教师了。

第三，目标学段定位不准。读书、识字、解词、析句是整个小学语文阅读教学的基础，但在不同的学段就有不同的学习要求和达成度要求，在目标确立中如果学段不同，年级不一样，而同一知识的学习没有明确的区分度，就很难体现学段要求；"语言"理解、品析，以及掌握理解、品析"语言"的方法也是如此，每个学段都有这一方面的目标要求，但对于不同年级的学生，不同的文本，学生理解的内容、程度也是不一样的；开发智力与人文熏陶及情感体验应该是伴文而行，随教学而生的，与学生的学习成长有着密切联系。对于四年级学生的语文学习水平已经进入中段并向高段阅读教学过渡，而案例中的"目标制订"则没有很好地根据四年级课程内容以及文本特点，没有针对四年级学生的阅读水平与新课标对学生的阅读要求制订阅读的教学目标。

案例二

《永远的歌声》是语文社（S版）教材六年级上册的一篇课文。课文内容贴近学生的生活实际，课文主要写了"我"在读小学的时候，大家发现爱给"我们"唱歌的老师的嗓子哑了，一起去给老师挖草药发生的事，表达了师生间深厚的情谊，体现了"我们"对老师诚挚的敬爱之情。课文脉络清晰，人物语言、动作和心理活动描写细腻，文中人物的精神品质和思想感情丰富。有位教师执教该课时确立的教学目标是这样的：

1. 帮助学生学习课文描写的典型事件，从语言、动作和心理活动的描写中了解人物的精神品质。

2. 引导学生读懂课文，把握文章的主要内容，品味文章的精彩词句，感受"我们"对老师诚挚的爱，教育学生树立尊敬、热爱老师的优秀品德。

3. 指导学生有感情地朗读课文。

4. 指导学生认识 7 个生字，会写 11 个生字，掌握"淙淙"、"龇牙咧嘴"、"鼻涕"、"剃头"、"小辫儿"、"拽住"、"吆喝"等词语。

上例目标设计在我们的语文教学设计中也相当普遍，仔细阅读分析可发现该目标存在如下问题：

第一，目标主体丧失，学生"被主体"。从"目标 1"到"目标 4"中的"帮助、引导、指导"等描述目标行为的关键词就可以明显地看出目标的主体非学生，而是教师，学生在课中应达到的目标要求不清楚，也不具体。

第二，目标层次不清，目标陈述混乱。制订目标者的陈述含混，层次不清。如"目标 1"中"帮助学生学习课文描写的典型事件"，"学习"到底是指"阅读、理解"典型事件的内容？是指"归纳、概括"典型事件的能力？还是指通过典型事件来表现人物特点的方法？陈述者没有清晰明了地告诉大家。又如"目标 1"和"目标 2"中的目标内容相互交叉，且重在人文目标，而对语文学科的本质——"语言"的品悟与体验、积累与运用、方法的习得与借鉴等语文阅读教学中最基本的目标却未清晰明白地制订出来。

案例三

《假如》是语文社（S 版）二年级教材中的一首儿童诗，作者大胆采用想象的艺术表现手法，抒发了一个小朋友要用神笔给小树以阳光雨露，给小鸟以米粒，给不幸的西西一双好腿的强烈心愿，表现了新一代儿童关爱他人，希望给人快乐的美好心灵和人文情怀。

有位教师在进行该课的教学设计时，确立了如下的教学目标：

1. 知识与能力目标：正确、流利、有感情地朗读课文，背诵课文。

2. 过程与方法目标：创设情境，通过多种形式的朗读，感悟、体验善良，生成关爱他人、关爱环境的情感。

3. 情感态度与价值观目标：激发学生关爱他人、关爱环境的愿望，同时培养学生的发散思维。

上例目标设计在推进课程改革阶段的语文教学设计中也相当普遍，我们仔细阅读分析发现该目标存在如下问题：

第一，将目标的"三个维度"错误地理解为相互割裂的三个方面。该教学设计，教师肢解了三维目标，采用三组目标分列的方式，教学目标的叙述似是而非。而新课标指出的知识与技能、过程与方法、情感态度与价值观的三维目标，是从一个整体的三个维度描述的，三个维度相互交融、渗透，三位一体，所以不应该将三维目标割裂开来孤立运作。

第二，目标遗漏，三个目标交叉重叠。识字、写字是低年级阅读和写作的基础，是一、二年级的重点，但上例中的知识与能力目标中却不见识字、写字的目标，也不见识字与写字的方法习得与形成目标，更不见词语的学习与运用的目标。同时在叙述目标时，相互混杂、交错，如"目标2"与"目标3"，"目标2"中"生成关爱他人、关爱环境的情感"并非完全是过程和方法。

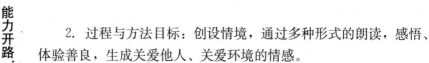

要领指导

教学目标的确立关系到教学活动的导向、教学内容的取舍、教学环节的安排、教学方法的运用和教学效果的检测与评价。因此，确立一个科学、实用、可操作、可检测的教学目标就显得十分必要了。

一、重"据"守"则"，确立一课教学目标的基础

教学目标能否科学确立，前提是是否尊重教学目标确立的依据，是否遵循教学目标制订原则。因此，要确立好一节课的教学目

标，就必须弄清教学目标制订的依据和原则是什么。

1. 编制一课教学目标的"依据"。

依据一：新课标。新课标规定了学科教学的目的、任务、内容及基本要求，它是编写教材、进行教学、评价教学质量的依据，当然，这也是制订教学目标的依据。我们编制的所有目标首先就是要符合学科新课标的总体要求。

依据二：教学内容。不同教材有不同的特点，不同的教学内容也有不同的教学要求。尤其是语文课程的特性——课程内容大于教材内容，教材内容大于教学内容。因此，教学目标的制订必须要吃透教材，把握作者的创作意图和编者的编写意图，顺着作者和编者的思路去设计教学目标，要根据教学内容的实际情况去考虑目标的侧重点。

依据三：学生学情。学生是学习的主体，脱离学生学习实情的教学目标没有任何实用价值。在确立教学目标时对学生年龄特点和实际学习能力必须予以充分考虑，在重视保护学生学习积极性的同时，还要对"学优生"与"学困生"等不同类型的学生实施因"材"设"标"。

依据四：兼顾时代发展。教材始终处于一个相对的静止不变的状态，不可能年年都变，而社会时代的发展却是动态的，因此，教材相对社会时代总是滞后的。在制订教学目标时应当考虑到这一点，做到与时俱进，充实必要的内容。

2. 订好一课教学目标的"原则"。

原则一：整体性原则。要从学科的整体要求出发，一切具体目标都不能与新课标中的总目标相悖。要力求三个维度有机结合，力求与新课标所规定的目的要求保持一致。

原则二：可行性原则。目标要适度、恰当，符合学生实际。普遍性目标全体学生都要能实现，发展性目标要能满足学优生的需要，最基础的目标学困生也要能达到。

原则三：可操作性原则。目标要简明、具体、易操作、易检测。课时教学目标主干要鲜明，数量不能过多，否则难以落实。

原则四：阶段性原则。明确学生认知能力发展的阶段性，在不同的阶段有不同的侧重。如小学分三个学段，每个学段在阅读教学中的要求都是有区别的。如"默读能力要求"：在一、二年级要求是"学习用默读的方法阅读课文"；在三、四年级则为"学会用默读的方法阅读课文"；在五、六年级则是"熟练地用默读的方法阅读课文，每分钟不得低于四百字"。

原则五：科学性原则。对不同层次、不同类别的知识，用不同的行为动词作出具体而恰当的描述，严格把握分类的准确性、描述的严密性。如新课标中关于"默读"要求的描述的严密性——"学习默读"，"初步学会默读"，"默读有一定的速度"。

二、追"真"求"实"，确立一课教学目标的关键

确立谁是课堂教学中真正的主体，决定了课堂教学的价值取向，决定了课程改革的成败。编制教学目标能否很好地将学生作为教学目标的真正主体，能否讲求目标的实际效果，更是确立一课教学目标好坏的关键。

1. 体现主体，确立具有实效性的目标。

教学的最终目的是在实施教学后学生的生长和发展，确立教学目标必须以学生为主体，满足学生的学习需要，体现教学的真正价值。所以只有制订出适宜于学生之需的教学目标，在实施教学后才可能有效，才可能显示应有的价值，才能最终落实在学生的发展上。

（1）细察学情，以"学"拟"标"。

教学目标的拟订需要细察学情，以"学"拟"标"。所谓"学"即"学情"，它有三个含义：第一就是学生的学习兴趣，第二就是学生的学习方式，第三就是学生可能获得的发展。它包括满足学生的成长需求、基于学生的学习准备、尊重学生的个别差异、开发学生的内在潜能和促进学生的学业进步五个方面。因此，在拟定教学目标时就要充分考虑学生的学习兴趣、学习状态、认知能力、学习需求、学习的最近发展区，制订出既符合学生学习需求又能适当发展和提升的教学目标。如：前面讲到的案例三的教学目标就没有细察学情，以"学"拟"标"。因为是二年级学生，识字写字依然是阅读教学的基础，是一、二年级教学的重点，"认识哪些生字"？"会写哪些生字"？"学会哪些识字方法"等等符合学生学习需求的教学目标根本就没有制订，由此可见教师在拟订教学目标时就没有充分考虑二年级学生的学习起点和学习需求以及学习提升的最近发展区。

（2）凸显主体，以"生"述"标"。

教学目标的制订是为了让学生能学得更好，学生的潜能能得到最大限度发挥，因此，其主体必须是学生。如：新课标中的"第一学段目标"中"学习用普通话正确、流利、有感情地朗读课文"，其"学习用普通话进行朗读"的目标主体就是学生而非教师。因此，在确立及描述目标时，要旗帜鲜明地体现学生这个核心，像这样的"能认读、能熟记、背诵、理解、初步感受、亲历、仿照"等行为动词就很好地体现了目标的主体是学生。教师在确立目标时应该更多地考虑学生要学什么，学到何种程度，而不要出现"让学生……使学生……"等语言形式，进而取代了学生这个主体。

（3）据"生"分"类"，以"类"设"标"。

古希腊哲学家赫拉克利特说过："人不能两次踏进同一条河流。"这个是辩证法中关于事物发展的问题。在我们的学生中，没有天生的差生，却有天然的差异。学生的认知结构、兴趣爱好、学习水平、动机意志等是不可能完全一致的。所以，不同学生获得同样知识所需的时间和努力就存在较大差异。如果把获得某种知识所需时间和认知发展水平大体相当的学生进行归并分类，并确定与各类学生的实际学习能力一致的"分类实施"的教学目标，这样定能大大提高教学的有效性。这就要求教师在设定目标的过程中，既要研究教材，又要研究学生个性特征。

如：有位教师在教完《草船借箭》，学生产生了阅读《三国演义》的兴趣后，针对全班学生阅读能力的不同，就设计了阅读《三国演义》的三个类别学生的阅读目标：

学生分类	学情现状	目标要求
一类（21人）	阅读能力强，阅读速度快，能通过批注较好地表达自己的阅读感受、阅读体会，有一定的阅读见解	阅读整本或大部分《三国演义》
二类（25人）	阅读能力一般，阅读速度一般，能理解与课文相类似的文章，表达自己的一些阅读感受	阅读《三国演义》中与《草船借箭》相关的前后几个章节
三类（9人）	阅读能力较弱，阅读速度慢，一般不能独立读懂一篇陌生的文章，理解较为肤浅	细读课内已经快速默读过的《草船借箭》

从以上分析表可以明确地看出学生的阅读水平呈现多层次性，该教师依据学生的学情状况，有的放矢地预设各类学生的阅读目标。给每一类学生都搭建了一个阅读的平台，让学优生"能吃好"，一般学生"能吃饱"，学困生"有吃的"。给每类学生都提供了一个能读懂文章的机会，让他们围绕《草船借箭》进行有层次的阅读。这样，不管是哪个层次的学生都能在自己原有的阅读水平上有所提升。

2. 关注达成，拟订具有操作性的目标。

教学目标是指通过学科教学活动所要达到的标准，它包含下列四个要素：

A. 行为主体必须是学生而不是教师，所以操作的对象就一定是学生。

B. 行为动词必须是可测量、可评价、具体而明确的，否则就无法评价。如"能熟读课文"，"能背诵课文"，"能默写课文第几自然段"中的"能熟读、能背诵、能默写"等。

C. 行为条件是指影响学生产生学习结果的特定的限制或范围，为评价提供参照的依据，如"联系生活实际，联系前后文理解词语的意思"等就是目标操作的行为条件。

D. 表现程度指学生学习之后预期达到的最低表现水准，用以评量学习表现或学习结果所达到的程度。如"能流利有感情地朗读课文"，"会书写……词语"中的"流利、有感情、会书写"等方面的水准。

在拟订教学目标时既要考虑一堂课准备教给学生什么，又要考虑通过怎样的途径和形式教给学生，更重要的是要考虑如何判定学生是否能达到预期的目的。因此，只有拟订具有操作性的目标，才可以进行有效的检测。

（1）关注学生的行为动词，目标准确化。

教学目标中的"行为动词"就是指学生"做什么"，即要求的目标行为内容。选择合适的行为动词来描述由学生完成的动作或活动，并在行为动词后面跟上所学的课题内容的描述。传统教学中，我们常使用"了解、掌握、知道、熟悉"等几个笼统的、含糊的、难以观察到的、仅表示内部心理过程的动词，往往难以检测。而采用"认读"、"背诵"、"复述"、"抄写"、"默写"、"说出"、"解释"、"分析"、"模仿"、"交流"等直接反映学生活动的行为动词，就意义明确，易于观察和检验。

如：汪玥老师在执教人教版六年级上册《穷人》一课时，确立的"教学目标 1"为：正确认读"搁板、勉强、蜷缩"等词语，书写"魁梧"；梳理小说中的人物，简要概括课文的主要内容。在这个目标 1 中，表示学生行为的动词"正确认读 、梳理、简要概括"就做到了意义明确，便于学生自测和教师检查。

（2）关注学生的行为条件，目标细致化。

教学目标的行为条件是表示学习者完成规定行为时所处的环境，即在什么情况下或什么范围内完成指定的学习活动。同样的行为表现，若是条件不同，行为的性质也将有所改变。如：汪玥老师在执教人教版六年级上册《穷人》一课时，确立的"教学目标2"："抓住'忐忑不安'、'揍'等关键词，运用联系上下文、时代背景、有感情朗读等方法，理解桑娜担心、害怕等矛盾的心理活动，感受桑娜宁可自己吃苦也要帮助别人的美好心灵"。这目标中的"运用联系上下文、时代背景、有感情朗读等方法"就是行为的条件，可见同样的行为——"感受桑娜宁可自己吃苦也要帮助别人的美好心灵"。用"联系上下文"、"联系时代背景"、"有感情朗读"等行为的性质是有区别的。如果我们不将这些行为条件在目标中制订时加以细化，教师在教学中的有效指导就很难到位，我们在评价教学时就无法操作。

（3）关注学生的行为达成，目标实测化。

教学目标制订需要清楚、明白、具体，更需要交代清楚学习结果的达成度。达成度指的是学生学习之后预期达到的最低表现水准，用以衡量学习表现或学习结果的达到程度。如：汪玥老师在执教人教版六年级上册《穷人》一课时，确立的"教学目标1"为：正确认读"搁板、勉强、蜷缩"等词语，书写"魁梧"；梳理小说中的人物，简要概括课文的主要内容。这个学习目标，写明了具体认读哪几个词，会写哪一个字，梳理小说中的什么？简要概括的内容是什么？如此，学生学习后的最低表现水准非常明确，操作起来就很简单。

而我们平时最含糊的情感目标，也需要充分考虑目标的达成度，使之可以观察和测量。如关于《穷人》的情感目标：一位教师制订的是"感受桑娜的美好心灵"；另一位教师制订的是"理解桑娜担心、害怕等矛盾心理活动，感受桑娜宁可自己吃苦也要帮助别人的美好心灵，进而产生乐于助人的想法"。不言而喻，后者的目标比前者的目标相对更具体、更可行，更具有可测性。

3. 关注整体，编制具有科学性的目标。

(1) 落实课标，融合三维目标。

语文课程的总目标是"全面提高学生的语文素养"，是从"知识与能力、过程与方法、情感态度和价值观"三个维度进行设计的。三个方面相互渗透，融为一体，注重语文素养的提高。确立教学目标，必须做好三维目标的整合，而不是把三个维度简单地叠加，要以"知识与能力"为主线，渗透情感、态度价值观，并充分地体现在过程和方法中。那种把语文教学目标分割成"知识与能力，过程与方法，情感态度与价值观"贴标签式的表述法，人为地将三维目标进行分割，将对语文教学造成严重的伤害。

(2) 统领全文，把握核心目标。

针对文章主要内容，确定一个核心目标，统领全文，贯穿课堂的整个流程，对提高课堂的有效性尤为重要。仍以汪玥老师执教的《穷人》一课为例，针对班级学生的情况，制订的核心教学目标是："抓住'忐忑不安'、'揍'等关键词，运用联系上下文、时代背景、有感情朗读等方法，理解桑娜担心、害怕等矛盾的心理活动，感受桑娜宁可自己吃苦也要帮助别人的美好心灵。"而该课作者用大量的笔墨对主人公桑娜的心理活动进行了描写，其目的就在于刻画出一个穷人的真实的内心世界，进而表现出穷人善良的本性及宁可自己吃苦也要帮助别人的美好心灵。因此，该课教学的核心目标就应确定在这一方面，教师在教学中通过多种教学手段，采取多层次、多形式的教学，其效果当然就不言而喻了。

(3) 突出实效，落实学段目标。

学生的学习从一年级开始，每个阶段既有相对的独立性，又有一定的连贯性，它是循序渐进、逐步提升的。同一知识在有些方面有它的延续性，但也有相对独立的要求。例如：阅读教学中"联系上下文解词"的教学目标，在第一学段定位为"结合上下文和生活实际了解课文中词句的意思"，提出的学习目标是"了解"；在第二学段则是"能联系上下文，理解词句的意思，体会课文中关键词句在表达情意方面的作用。能借助字典、词典和生活积累，理解生词的意义"。提出了"理解词意"、"体会关键词句的作用"等要求；到了第三学段则是"联系上下文和自己的积累，推想课文中有关词句的意思，体会其表达效果"。逐步提出了"推想词意"、"体会表达效果"的目标要求，这样循序渐进、螺旋上升，最终实现"具有独立阅读能力"的总目标。因此，我们在设计教学目标的时候，就要既着眼于学段目标的达成，又考虑原有目标的基础，兼顾与下一个学段目标的接轨。制订教学目标时对课程目标应有一个长远的规划，对学段目标做到心中有数，这样才有助于我们了解编者意图，明确所教内容在教材中所处的地位和作用，从而确定科学的教学目标。

当然，准确制订教学目标并不是我们的终极目的，实现目标才是教学活动的最后归宿。因此，还要正确处理好教学目标与课堂实施之间的关系，处理好教学目标与教学评价之间的关系。一方面，课堂教学中要落实教学目标，必须紧紧围绕着教学目标来精心选择和组织教学内容、设计相应的教学策略；另一方面，要从教学目标的角度制订真正促进师生发展的评价体系。

案例欣赏

案例一

【教学内容】人教版小学语文六年级上册第九课《穷人》第一课时。

【教材分析】

本文是俄国著名作家列夫·托尔斯泰写的一篇短篇小说。真实细腻的心理描写是这篇小说的最大特点，全文以桑娜的内心矛盾为主线，围绕收养已故邻居西蒙的两个孩子这件事，真实地反映了沙俄专制制度下渔民的悲惨生活，赞美了桑娜和丈夫宁可自己吃苦也要帮助别人的高尚品质。

【教学目标】

1. 正确认读"搁板、勉强、蜷缩"等词语，书写"魁梧"；梳理小说中的人物，简要概括课文的主要内容。

2. 抓住"忐忑不安"、"揍"等关键词，运用联系上下文、时代背景、有感情朗读等方法，理解桑娜担心、害怕等矛盾的心理活动，感受桑娜宁可自己吃苦也要帮助别人的美好心灵。

3. 领悟作者通过心理描写塑造人物形象的写作方法，尝试描写桑娜抱走孩子前的心理活动，并通过反诘比较，进一步感受桑娜善良的品质。

【赏析】

该教学目标无疑是一个教学目标制订的优秀案例。

第一，将课文特点与学段目标有机结合，科学制订课时教学目标。不同的教师研读同一篇课文，对课文教学价值的理解会存在很大的差异性。怎样减少教学的随意性，准确地制订教学目标呢？汪老师在细读课文后，把这节课的教学目标主要定位在"梳理小说人物，概括主要内容"、"读懂心理描写，体会人物品质"上，很好地体现了新课标在第三学段目标中提出的要求"阅读叙事性作品，了解事件梗概"、"联系上下文推想词句意思"、"初步领悟文章基本表达方法"。真正做到了把课文特点与学段目标要求的有机结合。

第二，目标清楚明白，具有可检测性。如"目标1"中的正确认读与书写的内容，梳理的与简要概括的内容等目标内容都是清楚明白的，而且可以检测目标是否实现。

第三，立足学生学情实际，目标具有实用性。该目标立足于学生的发展，在合理取舍课时内容的同时，注意了把目标定位于六年级学生阅读的实际水平上并适当提高。如"目标1"的定位，"目标2"中"感受桑娜宁可自己吃苦也要帮助别人的美好心灵"都非常好地体现了学生阅读水平的实际和适当提升的原则。

第四，该目标将三维目标进行整合，有机融合到一个整体中。如"目标2"中就是很好地将"知识与能力、过程与方法、情感态度价值观"有机地融合到了一起。

案例二

【教学内容】

《一只小鸟》是北师大版教材三年级上册第六单元的课文。这篇课文中，作者冰心以清闲柔美的笔触，写了一只羽翼未丰的小鸟每天在树枝上唱歌，孩子们用弹子打中了小鸟，两只老鸟接住小鸟把它带回了巢中。从此孩子们再也没有听到小鸟的歌声。文章一方面指出孩子爱鸟而不知护鸟的行为，而另一方面又歌颂了亲情的伟大。

【教学目标】

1. 学生用自主识字的方法自学本课的8个生字，会写7个生字，掌握"弹"、"血"两个多音字。

2. 熟读词语"灿烂、啁啾、倾听、弹子、斜刺、探出、抖刷、含着、跌下、滴下、仰望、一般、翻身"，并能结合语境或联系上下文理解词语的意思。

3. 正确、流利、有感情地朗读课文。

4. 理解课文内容，学生懂得应该爱护鸟类，理解亲情的伟大。

【赏析】

该目标又是一个优秀的目标制订的成功案例。

第一，目标陈述的行为动词清楚、明白、准确。如"目标1"中的"自学本课的8个生字，会写7个生字，掌握'弹'、'血'两个多音字"等对生字的教学目标要求就非常清楚、准确。目标行为动词"自学、会写、掌握"等词语准确地描述了目标的达成要求。

第二，目标内容具体且可检测。如"目标2"中的熟读的词语以及理解词语的要求就很具体，而且教学实施后，是否达成了教学目标就完全可以按目标的制订对学生进行检测。

第三，三维目标有机融合。如"目标2和目标3"中就很好地把知识与能力、过程与方法、情感态度价值观自然融合到了一起，并没有被制订者人为割裂开来。

第四，目标表述中，将学生作为了目标达成的主体。如"目标1、2、3、4"均很好地展示了目标主体——学生。

能力训练

案例一

《鱼游到了纸上》该文为人教版语文四年级下册第二十七课。记叙了作者去玉泉观鱼，认识了一位聋哑青年，发现他画的鱼栩栩如生，就像在纸上游动一样，赞扬了聋哑青年做事勤奋、专注的品质。作者敬佩这位身残志坚的青年，以他爱鱼到了忘我的境界为主要线索，写成了这篇内容生动、具体的文章。

一位语文教师制订的教学目标如下：请你指出该目标制订中存在的问题并修改。

【教学目的】

1. 使学生有感情地朗读课文。

2. 让学生体会文章的思想感情，培养做事勤奋、专注的品质。

3. 指导学生理解"鱼游到了纸上"与"鱼游到了心里"的关系。

案例二

下面又是一位语文教师对人教版四年级教材《鱼游到了纸上》的目标设计（第二课时），请你根据目标制订的依据与原则，对该教师在目标制订中的问题进行分析。

【教学目标】

1. 有感情地朗读课文。

2. 理解"鱼游到了纸上"与"鱼游到了心里"两者的关系。

3. 学习聋哑青年做事勤奋、专注的优秀品质。

4. 学习作者的表达方法。

案例三

《荷叶圆圆》（人教课标版一年级下册）教学设计中教学目标制订如下：

1. 知识目标：会认"荷、珠"等 12 个生字，会写"是、美"等 6 个生字。

2. 能力目标：能正确、流利、有感情地朗读课文，并背诵课文。

3. 情感目标：体会荷叶的可爱，并从中感受夏天的快乐。

请你说说上例中的教师按三维目标来陈列教学目标是否正确与科学。

案例四

《识字三》安排在人教版语文教材第三册的第三单元，以三字经的形式展示。文字虽少却内涵丰富，既反映了神州大地山河壮美，中华文化源远流长；又反映出华夏儿女为民族的振兴、国家的富强而团结奋斗、开拓创新的精神。

有位教师在教学该课时制订的教学目标如下：

【教学目标】

1. 由"文化溯源，多媒体触发"再现古人造字时的原生语境，显现汉字音形义的有机联系，识记 8 个汉字。初步形成对汉字的整体认知，提高自主学习的能力。

2. 追根溯源，文化寻根，感受汉字文化的无穷魅力，促进学生探究汉字的奥秘。

3. 指导书写"夕、与、川、州、台、争、民、族"8个汉字。

请你以学生的学情实际，根据新课标对一、二年级学生学段的要求，试析该教师目标制订中的问题。

案例五

《小嘎子和胖墩儿比赛摔跤》是人教版五年级下册第七组课文"人物描写一组"中的一篇，该片段节选自徐光耀中篇儿童小说《小兵张嘎》。文中作者用词准确，采取动作、心理等人物描写方法生动地刻画出了小嘎子这一机灵、活泼、充满嘎劲的鲜明形象。同时，领悟作者的表达方法，体会人物的鲜明特点也是本组课文的学习重点。

【教学目标】

1. 有感情地朗读课文，体会小嘎子的性格特点，感受作家笔下鲜活的人物形象。

2. 能正确读写、理解"精神抖擞、裆、挠、搂"等词语。

3. 理解课文内容，体会抓住人物的动作、语言、肖像、心理活动等描写人物的方法，并学习运用。

4. 激发学生阅读小说《小兵张嘎》的兴趣。

该"教学目标"设计是一个优秀案例，请你赏析该教师目标制订的成功之处。

第十四章　备课训练：
写好一份教案

学习提示

　　本章探讨的不是一份教案如何生动精彩，如何设计高明，而是学习写一份完整的教案，明白教案包括哪些具体内容，如何规范表达。

能力意义

　　教案就是教学设计的实施方案，是教师遵循教育教学的规律和原理，应用系统的方法，在把握学生的知识、技能、能力、情意等实际状况的基础上，根据新课标和教学内容，确定恰当的教学起点和终点，将教学过程诸要素有序、优化安排的过程，是表现自己的教学思考和教学准备的结果。从这个意义上可以说，教案不仅是表达教师教学设计状态与结果的主要载体，而且也是反映教师教学设计理念与价值追求的外显方式。

　　通过教案体现教师的教学设计，教师可以对教学活动的基本过程有个整体的把握，可以根据教学情境的需要和教育对象的特点确定合理的教学目标，选择适当的教学方法、教学策略，采用有效的教学手段，创设良好的教学环境，实施可行的评价方案，从而保证教学活动的顺利进行。另外，通过教学设计，教师还可以有效地掌握学生学习的初始状态和学习后的状态，从而及时调整教学策略、方法，采取必要的教学措施，为下一阶段的教学奠定良好基础。从这个意义上说，教学设计是教学活动得以顺利进行的基本保证。好的教学设计可以为教学活动提供科学的行动纲领，使教师在教学工作中事半功倍，取得良好的教学效果。忽视教学设计，则不仅难以取得好的教学效果，而且容易使教学走弯路，影响教学任务的完成。

教学过程设计包括：学期教学设计、单元教学设计、课时教学设计。本章论述的是"课时教学设计"的写作模式。常见的教案编写形式有两种：文字表述式教案和表格式教案。

教案具体内容包括教材分析、学生分析、教学目标、教学重点、教学难点、教学准备、课时安排、教学过程、作业设计、板书设计、教学后记等内容。

案例反思

《两只小狮子》教案

【教学目标】

1. 认识："狮、整"等14个生字。会写"练、习"等6个字。学习积累"懒洋洋"这一类词。

2. 正确、流利、有感情地朗读课文。学习朗读疑问句和感叹句。

3. 了解两只小狮子的不同表现，明白不能依赖父母，应该从小学习生活本领的道理。

【教学准备】生字卡片、图片、头饰。

【教学过程】

第一课时

1. 激发兴趣，谈话导入。

（1）昨天我们认识了可爱的小白兔和小灰兔，今天，老师给大

家带来两个新朋友，它们是谁呢？（在已画上草地、森林的黑板上贴上两只小狮子）

（2）板书课题。随机学习"狮"的读音和字形。

2．初读课文，感知内容，认识生字。

（1）用自己喜欢的方式读课文，遇到生字画下来，借助拼音，多读几遍。

（2）每个四人小组都有一套生字卡片，请组长领着小伙伴把课文再读一遍，然后学习生字，说说有什么好办法记住它们。

（3）检查生字学习情况（用"和狮子交朋友"的游戏检查字音，交流记字形的好方法）。

（4）指名读课文，检查朗读情况，随机指导读疑问句和感叹句。

（5）再读课文，边读边想：想和哪只小狮子做朋友呢？

3．创设情境，朗读感悟一、二自然段。

（1）学生自由练读。

（2）同桌分别读写两只小狮子不同表现的句子。

（3）指导读第一句。

（4）指导读第二句。

（5）请两名同学把两只小狮子的不同表现读出来，其他同学可以配合做动作表演。

（6）你想对这两只小狮子说什么呢？

4．巩固生字，书写生字。

节选的这个教案是个传统的教案范例，在新课程理念下有如下缺失：

（1）没有进行教材分析。

（2）缺少对此学段孩子的学情分析。

（3）教学目标的写作比较笼统，不够清晰。

（4）没有确定教学重难点。

（5）没有课时计划。

（6）课时教案没有写出教学目标和重难点。

（7）教学过程重视了教师活动，缺少学生活动，没有体现出教学设计意图。

（8）缺少教学后记。

要领指导

一、教材分析

1. 教材的内容、表达的中心、表达的特点分析。

2. 教材所处单元的知识结构分析。

3. 教材的教育价值分析。

4. 体现教育价值的教学策略的选择和教材处理情况说明。

二、学生分析

1. 学生个体对于所要学习内容的已有经验和个体差异。

2. 学生个体对于所要学习内容的各种可能与困难障碍分析。

3. 学生发展的需要和对学生可能达到的发展水平的估计。

三、教学目标

包括"知识与技能"、"过程与方法"、"情感、态度与价值观"三维目标。

三维目标中，知识与技能是解决学生学会的问题；过程与方法是解决学生会学的问题；情感、态度、价值观是解决学生乐学的问题。

"三维目标"是新课程的"独创"，是新课程推进素质教育的根本体现，"知识和技能"维度的目标立足于让学生学会，"过程和方法"维度的目标立足于让学生会学，"情感、态度和价值观"维度的目标立足于让学生乐学。如何确立某一个教学单元或某一节课的三维目标，要着重做好以下三方面的工作：要认真分析教学内容；要切实了解学生情况；要对学习内容进行重组。具体目标维度确立如下：

1. 知识与技能（一维）。

所谓知识目标，这里主要指学生要学习的学科知识（教材中的间接知识）、意会知识（生活经验和社会经验等）、信息知识（通过多种信息渠道而获得的知识）。

所谓技能是指通过练习而形成的对完成某种任务所必需的活动方式。技能目标可为分"四种"：

一是基本技能。如听、说、读、写的技能。

二是智力技能。如感知、记忆、想象和思维、推理等技能。

三是动作技能。如绘画、做操、打球、表演等。

四是自我认知技能。即认知活动的自我调节和监控技能。如自己会做计划，会核对自己的成绩，会检查自己解题方法是否合理、有效，会评价自己的作业水平等。

2. 过程与方法（二维）。

过去教学重结论轻过程，现在要求学生不仅知道简单的结论，更要知道一些过程。过去重教法，现在要重学法。

所谓过程，其本质是以学生认知为基础的知、情、意、行的培养和发展过程，是以智育为基础的德、智、体全面培养和发展的过程，是学生的兴趣、能力、性格、气质等个性品质全面培养和发展的过程。

所谓方法，是指学生在学习过程中采用并学会的方法。通过学习，采用并学会自主学习的方法（或问题探究的方法，或问题的观察方法，或思维发散的方法，或合作交流的方法，或解决问题的方法等）。

3. 情感、态度、价值观（三维）。

所谓情感，是指人的社会性需要是否得到满足时所产生的态度体验。

所谓态度，这里不仅指学习态度和对学习的责任，它还包括乐观的生活态度、求实的科学态度、宽容的人生态度等。

所谓价值观，本指对问题的价值取向的认识，这里也可指学生对教学中问题的价值取向或看法。价值观不仅强调个人价值，更强调个人价值与社会价值的统一；不仅强调科学的价值，更强调科学价值与人文价值的统一；不仅强调人类的价值，更强调人类价值与自然价值的统一，从而使学生从内心确立起对真、善、美的价值追求及人与自然和谐可持续发展的理念。

在落实三维目标的过程中，要以"知识与技能目标"为主线，渗透"情感、态度、价值观"，并充分体现在学习探究的"过程与方法"中。

教学目标写作要清楚明了，具体可操作。

四、教学重点

教学重点指要求学生掌握的基本知识、基本技能和基本方法的知识点。

五、教学难点

教学难点指学生难于理解或领会的重要知识点，但要注意重点不一定是难点。

六、教学准备

包括教学环境的设计与准备，教学用具的设计与准备，师生的相关资料准备等。

七、课时安排

指讲授该教材所用课时数。

八、教学过程

或称课堂结构，说明教学进行的内容、方法和步骤，教学活动体现设计意图，是课堂教学设计的核心。

在教案书写过程中，教学过程是关键，它包括以下几个步骤：

1. 导入新课。

2. 讲授新课（重点、难点、关键点确定以后，要抓住关键点，精心设计突出重点、突破难点的方法）。

3. 巩固练习。

4. 归纳总结，拓展延伸。

九、作业设计

说明如何布置书面或口头作业。

十、板书设计

上课时准备写在黑板上的主板书内容。

十一、教学后记（或者"课后反思"）

教学后记体现有效性——突出诊断性、反思教学细节。诊断教学预设的科学性；诊断教学实施的实效性；诊断动态生成的灵活性；诊断教学目标的达成度。

教学后记是教师对自己教学生活的思考与自我观察，是教师自己与自己的心灵对话。教学后记可以从以下几方面入手：

1. 反思教材的创造性使用。如教材中有的生活场景的选择，问题情境的创设并不是很贴近学生的生活，不能引起学生共鸣，这就需要我们对教材进行二次创作。因此，我们在创造性地使用教材的同时可以在反思中加以记录。

2. 反思教学的不足之处，如小组学习有没有流于形式，有没有关注学生情感、态度、价值观的发展等内容。针对问题找到了哪些解决办法和教学新思路，写出改进策略和教学的新方案。

3. 学生的独到见解。上课时学生提出了哪些有价值的问题。特别是对课堂上的预设生成和非预设生成的东西，一定要记录。

4. 学生的学习是否与教案设计相统一。

写教学后记追求"短"——短小精悍;"平"——平中见奇;"快"——快捷及时。

案例一:《两只小狮子》教案(一年级下册)

【教材分析】

《两只小狮子》是一篇童话故事,内容新颖,生动有趣,故事性强,具有普遍的现实教育意义。课文一共有七个自然段,主要讲了两只小狮子的不同生活态度,一只勤奋练功,另一只却十分懒惰,什么也不干。课文通过一勤一懒两只小狮子的对比,以及狮子妈妈对懒狮子的教育:应该自己学会生活的本领,不应该依靠父母的本领和地位生活。从而来告诉我们的学生:从小应该勤奋学习,学会独立生活的能力,不能一直什么事都靠父母这一道理。

本文篇幅较长,表现形式以对话为主。

【学生分析】

通过一个多学期的语文学习,班里的学生对于课文朗读有着浓厚的兴趣,并喜欢模仿各种语气、神态、动作进行朗读和表演。学生们能结合简单的生活经历和情感体验,在朗读中提出自己的见解、表达自己的感受。可以说,在这方面,学生初步具有了自主、合作、探究性学习的能力和欲望。

【教学目标】

1. 认识"狮、整"等 14 个生字,会写"练、习"等 6 个字。

2. 通过自主识字、交流等多种形式熟练地认、写生字。通过多种形式的反复诵读、扩展想象等加深对不同角色的理解,体会狮子妈妈的话。初步学会朗读疑问句和感叹句。

3. 让学生从内心喜欢阅读类似童话故事,愿意阅读更多的童话故事。通过学习,喜欢文中的勤狮子,为懒狮子担忧,希望他能改正缺点，刻苦学习，渴望自己也是刻苦的"勤狮子"，长大成为"真正的狮子"。明白不能依赖父母，应该从小就学习生活本领的道理。

4. 学习积累"懒洋洋"这一类 ABB 形式的词。

教学重点：指导朗读进行识字教学，了解"刻苦、懒洋洋"等词的意思。弄清懒狮子不练功的原因，读懂狮子妈妈的话。

教学难点：有些生字音不容易读准，有些生字的字形易与熟字混淆。

教学准备：①生字卡片；②课文插图；③狮子捕食的课件。

5. 两只小狮子和狮子妈妈的头饰。

教学时间：2 课时。

第一课时

【教学目标】

1. 随文识字，在阅读中会认"我会认"中的全部生字，会写"我会写"中的全部生字，并掌握一定识记生字的方法。

2. 初步感知课文内容，让学生体会两只小狮子不同的生活态度。

【教学重点】

1. 学生探究识记生字的方法。

2. 学习第一、二自然段，体会两只小狮子不同的生活态度。

【教学难点】随文识字，在阅读中掌握一定识记生字的方法。

【教学流程】

1. 导入新课。

播放一段狮子捕杀猎物的镜头。

（激发学生的兴趣，并使其直观地感受到狮子的捕猎生活需要哪些本领）

2. "开火车"领读字卡。

3. 学习第一、二自然段。

（1）自读第一、二自然段，思考两只小狮子学本领时有什么不同表现。

（2）自由汇报。

（3）让学生做动作理解"懒洋洋"一词，再读读相关语句。

（根据学生形象思维为主的特征，达到使其理解词语的目的）

4. 合作探究学习第三至七自然段，读中感悟，对教材进行再创造。

（1）同桌分角色朗读第三至七自然段，研究讨论每个角色的语气该怎么读，并探讨可以给这些角色设计什么样的动作。

（2）合作表演。

（3）学生评价表演，并提出自己的建议。

学生表演添加过提示语后的课文片断：

小树（抚摸着小狮子的头，好奇地/关心地）说："你怎么不学点本领啊？"

小树（奇怪地）说："那你以后怎么样生活呢？"

懒狮子（拍着胸脯、跷着大拇指，得意洋洋地/骄傲地）说："我爸爸和妈妈是林中大王，凭着他们的地位，我会生活得很好！"

这话被狮子妈妈听到了，她（亲切地/严肃地）说："孩子，将来我们老了，不在了，你靠谁呢？你也应该学会生活的本领，做一只真正的狮子！"

教师在原文的基础上把学生的合理建议记录下来，相机进行朗读指导。

（以读为主，学生通过不同的理解和情感体验，去体会不同的语气，设计不同的动作，充分发挥他们的创造性，从而进一步理解课文、有感情地朗读课文）

在指导朗读的过程中，积累 ABB 型的叠词。

学生说到"慢吞吞"或"懒洋洋"这样的提示语时，请他们根据自己的积累，再说出几个这样的叠词，并读一读。

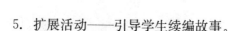

5. 扩展活动——引导学生续编故事。

（1）同桌合作探讨，续编故事。

（2）自由汇报。

（3）通过续编的故事，说说自己喜欢哪只狮子。

（通过发散思维，让学生的想象力得到充分的发挥，从而渗透思想教育）

6. 再次巩固生字。

学生把课前拿到的小词卡贴在挂图的相应位置上并带读。

7. 指导写"练"、"习"两字。

四人小组互相评价。

你认为哪个字你写得很好，就请你对这个字笑一笑或对同桌夸一夸自己写的字。

（语文教学要有人文性。让学生享受到成功的愉悦，从而培养学生认真写字的习惯）

8. 作业练习：每日一积累。

让学生从本课中找到喜欢的词句，并记住它。

（语文的学习是一个积累的过程。每一课都让学生去发现好词、好句，并记住它们，既可以在日积月累中学到丰富的语文知识，还可以让学生养成时时积累、事事积累的好习惯）

附：板书设计。

两只小狮子

	刻苦		懒
	滚		
整天	扑		怕吃苦
	嘶		不
练习	咬		凭父母

真正的狮子

【课后反思】

真是没有想到！课堂中，学生能把这样长的一篇课文读得津津有味。想一想，这是有原因的。

这节课中最重要的一环就是给原文添加提示语。学生根据自己的生活经验以及对课文的理解，给"人物"设计了不同的动作，给对话加上了不同的语气词，课文在他们的感悟中变成了童话剧，学生读得有趣、读得有味。面对自己再创造的成果，学生读起来怎么会没有兴趣呢？这也培养了学生创新思维的能力。

添加提示语有利于指导朗读。低年级的语文教学，总是苦于朗读指导不得法。但通过这一课的实践，我发现，学生见到一些提示语后，会自然而然地去感悟这些语气。比如，我在"狮子妈妈说"这一句中填写了"亲切地"一词，学生自己就开始体会妈妈说话时和蔼可亲的态度，并且在读的时候自然而然地流露出了这种情感。

另外，我意外地发现，添加提示语可以帮助学生积累一些词汇。真可谓"一箭三雕"！

如此看来，在教学中以读为主，读中感悟，还真的能悟出好多东西呢！

说明：括号里的文字是教案设计者的设计意图。

我们这里不讨论教案设计的精巧和创新，而学习教案设计的格式、操作要求和规范表述。

第一，此教案从课程设计到课时计划，结构完整，内容翔实。

第二，根据"要领指导"学习理解这个案例，能很快掌握方法，便于模仿。

第三，教案的各板块标注清晰，表达规范，易于学习。

案例二：表格式教案

《春笋》教案（一年级下期）

一、教材分析

本课是语文一（下）继识字单元后的第二单元中的一篇教材。这一单元紧紧围绕"春天"，从《春笋》到《草原的早晨》，处处洋溢着春天的气息，引导学生从多角度、多侧面去感受春天。该单元有三篇课文以"醒"字开篇，生动地描写出从冬天进入春天，自然界万物复苏的欣欣然之感。在《春到梅花山》、《草原的早晨》两课中，"挨"、"涌"、"奔"等动词的运用传神地表现出景物的生机和活力。该单元语言生动活泼，运用了大量的比拟手法。

《春笋》一文，语言活泼生动，全文运用比拟的手法，展现了一声春雷后，春笋在春雨中破土而出，在春光里拔节向上的勃勃春景。文中整齐对仗的短语，不仅使文章节奏明快，韵律感强，而且读来能让人感受到春的生机，春的活力。文章短小凝练，一连串的动词"冲破、掀翻、冒"、"迎、笑、长"，不仅准确形象地再现了春笋的生长过程，而且把小春笋不畏困难、快乐向上的精神淋漓尽致地表现出来，向我们展示出了自然界中生命的强大力量。

文中用形象的比喻"春笋裹着浅褐色的外衣，像嫩生生的娃娃"将春笋拟人化，让春笋走近孩子，让孩子置身春笋的世界，引导孩子和春笋一样迎着美好的春光快乐成长、茁壮成长。文末对仗的句子"一节，一节，又一节。向上，向上，再向上"短促有力，语调上扬，简洁凝练，鼓舞童心。

二、学生分析

1. 关于预习习惯：基本养成了按要求逐条预习的习惯，能标好小节，初步读通课文。

2. 关于理解积累：学生的语汇还比较贫乏，语言基本来自于生活，书面语言有接触，但缺乏理解的能力和关注的意识，因此对文中出现的书面化语言理解有障碍，如本文中"嫩生生"、"唤醒"等，或理解不到位，如文中的"冲破"、"掀翻"、"冒"等，还没有形成在语境中品读的意识和能力，有待教师"唤醒"孩子理解、积累、运用的意识，并逐步形成能力。

3. 关于朗读能力：学生在经过一学期的训练和开学至今的指导后，读句的能力有明显提升，已由匀速读字到一般句子合理停顿，部分结构复杂的句子学生齐读会有障碍。因此文短句居多，对于本文的初读学生应该没有障碍。

4. 关于识字写字：学生已经知道应从音形义三方面结构化地来学习汉字，但三方面的学习往往是随教学分层推进，在识字环节形成一个综合结构。他们对多样的识字方法已有感知，并能针对一个字选择性地运用。本学期识字篇中象形字和形声字的归类出现，对学生识字兴趣和能力又是一个提升。

三、教学目标

1. 识记部分形声字"冲"、"迎"、"笑"等，积累与春笋苗壮成长相关的词语。

2. 尝试运用想象说话、替换比较、动作演示、实物观察等方法品读"冲破"、"掀翻"、"冒"、"笑"、"裹"等动词。

3. 能有感情地朗读"他们冲破泥土，掀翻石块，一个一个从地里冒出来"，"一节，一节，又一节。向上，向上，再向上"等句子，感受春笋冲破重重阻碍、不断向上生长的顽强生命力和春天的勃勃生机。

四、教学重点：目标 2

五、教学难点：目标 3

六、教学准备："西"的汉字文化，对"笑"的文化理解，春笋实物，词语卡片

七、课时安排：一课时

<table>
<tr><td colspan="4" align="center">教学过程</td></tr>
<tr><td>教学环节</td><td>教师活动</td><td>学生活动</td><td>设计意图</td></tr>
<tr><td>常规积累
(3')</td><td>听句仿说训练：
春风姐姐轻轻吹了一口气，柳树醒来了。
（板书：醒）
小结：春天，一切都像刚睡醒的样子，欣欣然张开了眼。</td><td>1. 听句复述。
2. 仿说。</td><td>常规化的听力训练重在培养学生专注倾听的习惯和能力。
引导学生融入自己的所学所感，导入新课。</td></tr>
<tr><td>开放式导入
(2')</td><td>组织学生理解"一声春雷，唤醒了春笋"。
（板书：唤）</td><td>1. "唤醒"，情境说话。
2. 理解"唤"。</td><td>从"醒"入手，提领全文的学习。</td></tr>
</table>

第十四章　备课训练：写好一份教案

课文学习	感知春笋形象（5'）	1. 让我们踏着春光走进竹林，看看春天的笋芽儿。（揭题板书：春笋）你见过春笋吗？引导交流。2. 出示句子，指导品读比喻句。	1. 认识春笋，介绍春笋（外形、颜色等）。相机理解"裹"。（实物观察）2. 文中是怎样写春笋样子的？读一读，找一找，画一画相关句子。	引导学生学习观察事物，并基于自我表达学习课文语言。
	品读春笋成长（20'）	1. 醒来的春笋是怎么做的？再读课文，你能找到吗？相机出示句子，引导学生规范表达。2. 品读第一句：冲破、掀翻、冒。（1）放手表演，捕捉资源。（放）（2）提取资源，探究学习。（收）（课文中做提示）（3）重建表演，挖掘心理。（放—收）（4）朗读指导，关注句式。提炼：抓住词语，动作演示，替代比较，体会心情。（板书：冲、掀、冒）（5）简笔画，引导积累词汇。（板贴词语）	1. 再读课文，边读边思：醒来后的春笋怎么做的？（同桌交流）2. 读句子，做做动作。（1）自主练习。（2）个别表演，评价中理解"冲破"、"掀翻"、"冒"。（3）集体表演，采访：坚实的泥土挤着你，厚重的石块压着你，你怕吗？你为什么这么急切地要冒出来？（4）感情朗读，读好短句。（5）看着小春笋一个一个冒出来的情景，让你想到了哪些词？	根据文本表达特点，抓住动词进行品读，在多种方法不同形式的学习活动中品味动词的精准和表达的效果。学生亦动亦静，在趣味的体验和充分的朗读中丰富情感，发展思维。动词的品读，前后三处短句的朗读指导，试图体现教结构与用结构的过程。

	3. 品读第二句：（板书：迎、笑、长）引导观察想象，并相机朗读。 提炼："笑"字意味深长，通过观察想象，体会了心理。 4. 品读第三句：又、再。 （1）出示句子，引导自读发现，并组织交流。结构相同，意思相近，节奏感强。 （2）指导朗读。	3. 读读句子，看看画面，同桌想象说话：他们笑着在说些什么？ 4. 学习最后两句。 （1）自由读句子，说说发现。 （2）朗读体会不断向上。	
开放式延伸	总结延伸（5'）	1. 小结：小春笋醒来后的一系列动作和短句的朗读，让我们感受到了竹林里小春笋蓬蓬勃勃的生长景象。引读。 2. 笋芽儿是我们的形象代言人，你想做（ ）的春笋。	1. 师生配合表演背诵全文。 2. 激情表达：我想做（ ）的春笋。	巩固复习。
	识字教学（5'）	1. 出示本课的动词，认读。唤、醒、裹、冲、掀、冒、迎、笑。 2. 教师引导学习"笑"、"冒"。	1. 自由认读，读出结构和部首，发现形声字的特点。 2. 了解汉字文化，学习书写"笑"。	此处归类，一方面集中巩固随文识字的效果，同时强化识记字形的方法。

续表

	春笋
板书设计	又一节　再向上 一节　　　向上 一节　　　　向上

副板书：

迫不及待 破土而出 争先恐后 你追我赶 生机勃勃 蓬勃向上（由下而上地贴）

醒 唤 裹 冲 掀 冒 迎 笑（注 部首）事先写在田字格里

【教学后记】

《春笋》这堂课的教学令我自己很满意，主要是学生的积极性被调动起来了。课从开始到结束，孩子们几乎始终情绪高涨，表现出少有的活跃、专注和投入。让孩子们学得有趣快乐的是以下几个环节的教学。

1. 学雷公公叫一叫。

课文开头写道："一声春雷，唤醒了春笋。"在模拟了春雷的声音以后，我说："雷公公是怎样唤醒春笋的呢？谁来扮演雷公公？"孩子们一听，兴趣来了，纷纷要求做雷公公。于是，我让孩子们都做雷公公来唤醒春笋，愿意怎么唤就怎么唤。

通过这一环节，一开课就充分地调动起了孩子们的积极性，而且在一定程度上展现出了孩子们的童趣。

2. 把关键词演一演。

在雷公公的呼唤下，春笋破土而出了，文中这样写道："它们冲破泥土，掀翻石块，一个一个从地里冒出来。"这个地方，我试着让学生来演一演。我拿起一张废纸和一支铅笔，对学生说："小朋友，这张纸代表地面，这支铅笔代表春笋。谁能来表演'冲破'的意思？"一个学生走上来，手拿铅笔放在纸的下方，慢慢地把纸给顶破了。应该说，他的演示是正确的，他们理解了"冲破泥土"的意思。

这一环节则是通过最直观的方式让孩子们理解课文中词语的含义，我觉得效果很不错！

3. 扮作春笋说一说。

我让孩子们把自己当成春笋。"春笋，春笋，你从黑洞洞的泥土里钻出来了，你看到了什么呀?"孩子们激起了强烈的表达欲望，他们调动大脑中关于春天的一切信息——来自书本的，来自生活的，来自平时积累的……畅所欲言。

这一节课，孩子们之所以感觉学得快乐，是因为这节课上他们真的动起来了，真的说起来了，真的笑起来了。我想：我们经常说课堂上要让孩子们思绪飞扬，个性张扬，要激发孩子们的创造性，促进自我的发展，其实关键是我们有否创设生动活泼的课堂氛围，让全体学生都参与进来，让全体学生都动起来！兴趣真的是最好的老师。

表格式教案在课时案例方面，能更为清晰直接地看到教师与学生的活动以及每个环节设计的意图，有助于教师备课时心中有新课标，头脑里有教材内容，眼睛里有学生，手中有丰富的材料，既备教更备学。

文字表述式教案和表格式教案各有千秋，虽然呈现的形式有不同，但是教案编写的要求和模式却是一样的。

能力训练

1. 指出下面一个教案的编写不足之处。

《惊弓之鸟》教案

【教学目标】

(1) 会认 5 个生字，会写 12 个生字。正确读写"惊弓之鸟、魏国、射箭、打猎、大雁、拉弦、悲惨、愈合、裂开"等词语，懂得"惊弓之鸟"这个成语的意思。

（2）分角色朗读课文，抓住关键词句，理解课文内容。

（3）从课文的学习中受到启发，懂得只有善于观察、善于分析，才能对事物有正确的认识；学习对事物进行分析推理的方法。

【教学准备】

查找资料，了解大雁的相关知识；小黑板（生字词）。

【教学过程】

第一课时

（1）从更羸入手，激发学生探究兴趣。

①出示小黑板：更羸是古时候魏国有名的射箭能手。

从这句话中你知道什么信息？（学生根据自己的理解回答）

②导入：一句话，我们就了解了更羸这么多的情况，时至今日，我们还谈到他，是因为他与一个成语紧密地联系在一起（板书"惊弓之鸟"）。读了这个故事，我们会揭开他成为有名射手的奥秘。

（2）初读课文，认读生字。

①自由读课文，把课文朗读正确、流利。

②指名分段读课文，对读不好的段落重点指导读好。

③认读生字词：

惊弓之鸟、魏国、射箭、打猎、大雁、拉弦、悲惨、愈合、裂开、大吃一惊、孤单失群。

提醒："更"是多音字，在课文里读 gēng，不要读成 gèng。弦，读 xián，不要读成 xuán。"愈"读"yù"，不要读成"yuè"。"惨"是平舌音，不是翘舌音。

（3）初步理解课文内容，质疑并归纳问题。

①默读课文，想想课文主要讲了一件什么事？

②全班交流。

③再默读课文，提出自己不明白的问题，解决简单的问题，归

纳出有价值的问题，如：

    A. 更羸为什么不用箭也能射雁？

    B. 更羸依据什么判断出这是一只受伤的大雁？

    2. 熟读教材《掩耳盗铃》，结合教学实际，设计一份表格式教案。

第十五章　上课训练：
上好一堂课

学习提示

　　课堂教学是一个充满不确定因素的动态生成过程，不同的时空、各异的师生，使教学呈现出千差万别、丰富多彩的面貌。本章主要以笔者多年的教学教研经验和积累，针对如何构建动态生成的课堂提供相关的策略，希望赋予课堂以新的生机，重建教学以真的精彩。

能力意义

　　努力建设开放而有活力的语文课程，这是新课标的基本理念，在新课程理念的导引下，淡化课前预设，关注课堂生成，呈现出一道亮丽的新景观。

　　生成是一种新的教学形态，它反对教师的固化预设，提倡富有弹性的教学设计，是一种互动的、多元的、动态的、开放的教学形式，关注生成就是更深切地关注人，关注人的生命的完整性、丰富性、自主性。

　　小学语文课堂教学是师生共同经历的生命历程，它不应该只是按部就班地执行"电脑程序"（预设），而应该是师生互相激发、相互唤醒的时空。在平时的语文课堂教学中，我们不宜机械呆板地按照既定方案操作，应根据课堂教学中的动态发展，灵活调整原先的教学计划，从而使课堂教学始终处于动态变化和不断生成之中。"教育的技巧并不在于预见到课的所有细节，而在于根据当时的具体情况，巧妙地在不知不觉之中作出相应的变动。"（苏霍姆林斯基语）

无论是先进的教学理念，还是先进的教学手段，最终都要落实到课堂上，体现在课堂教学的方式上，体现在动态生成的课堂教学过程中。在教学中，精心预约"生成"、准确把握"生成"、呈现精彩"生成"，给一线教师带来了挑战。本章提供的案例与策略可供大家参考。

案例反思

案例一

【现象】

作文课上，教师把怎样做不倒翁的过程示范了一遍，然后要求学生用带来的材料做一个不倒翁，再把做不倒翁的过程说一说并写下来。

大部分学生做的不倒翁都倒下去了。教师看看时间，说："因为时间关系，不倒翁就不要做了。请同学们说一说做不倒翁的过程，要求用上连接词：先……接着……然后……最后……"大多数学生仍关注于做第二次尝试。于是教师生气了，要求所有学生的手全部背到后面去。

【访谈】

研究人员：既然那么多同学的兴趣都在第二次实验上，您为什么不让他们继续做下去呢？

上课教师：再让他们做，我的教学任务就完不成了！

问：您不觉得让他们找到失败的原因，培养他们勇于探索的精神，比完成本节课的教学内容更有意义吗？

答：这可不是我的语文课追求的目标。

【反思】

站在不同的角度评价这节课，可能会得到完全不同的结论。从语文教学的角度出发，这位教师紧紧围绕语文教学的目标开展教学，无可厚非。因为如果按照研究人员的思路开展教学，会"种了人家的地，荒了自家的田"！长此以往，有人担心将丧失语文教学的功能。

站在学科视野中的教师，往往囿于学科的教学目标，学科本身成了学科教学关注的轴心，至于学生在成长中经常会出现的困惑、好奇、问题、期望、兴趣以及许多潜在的能力等，在学科设置上是得不到体现的。中小学学科教学最终想达成的目标，是让学生掌握学科的基础，为进一步的学习或将来专业化的学习做好准备。基于这种理念的教学导致了学科育人价值的贫乏化。

叶圣陶先生早在 20 世纪 40 年代就说过：学校里的课程各个分立，这是不得已的办法，不分立就无从指导，无从学习。但因为分立了的缘故，某种课程往往偏于一种境界。可见，着眼于单一学科所要达到的目标，而忽视学生的终身发展，这样的教学缺乏系统化或结构化，不仅不利于帮助学生形成有机的、完整的人类知识的图景，而且还会肢解完整的精神生产过程，导致智慧能力片面、畸形地发展。

所以，语文教学，必须基于语文，又超越语文。

案例二

在执教《将相和》一文时，待学生自主学完"完璧归赵"这个故事后，教师让学生交流自主学习的心得。一个学生谈了自己的感受："我认为蔺相如这个人是个不诚实的人。"教师一听，感到这个问题涉及蔺相如这个主要人物的品质，立即抓住这个生成点，引导其他学生参与讨论："你认为蔺相如到底是一个什么样的人？"学生纷纷谈出自己的见解。刚才那位同学也进一步谈了自己的看法："第一次不诚实表现在，他骗秦王说璧上有小毛病，事实上根本没有。第二次，人家要给他城，他却说要举行典礼，结果他偷偷地让人把璧送回了赵国。这些铁的事实，说明他是个不诚实的人。"对于这样的感受，教师不置可否。

【反思】

为搞自主学习而把课堂变成了自由牧场，即把课堂学习的主动权几乎完全放给学生，教师不拿主张，不提意见，不对学生的学习活动进行组织、调控，凡事都放手于学生，自己只是面带微笑，站在一旁"观战"。结果因为学习内容由学生确定、学习方式由学生选择、学习过程由学生操作、学习结果由学生评价，使得课堂秩序混乱，学生收获甚少。

淡化课前预设，关注课堂生成，这是新课标理念下一道亮丽的新景观。然而，对生成的过分热衷与宠信，非但不能收获期待的精彩纷呈，反而会导致文本失落，课堂失控，"生成"也最终沦为"无成"，甚至变成虚假的、负效的生成。

虽然，新课标倡导"阅读是学生的个性化行为"、"珍视学生独特的感受、体验和理解"，然而，每一篇课文蕴含着一定的思想情趣和价值取向，指蔺相如不诚实，显然有悖本意，与课文主旨背道而驰，如果教师对此不置可否，显然是一个被动的、负效的、不负责任的教学行为。

要领指导

传统的小学语文课堂教学注重"以本为本"，突出"（大纲、教材、教师）三个中心"，是教师将自己拥有的知识传授给学生，是教与学两方面的机械叠加。一成不变地执行教师的预设使课堂变得死板、机械、沉闷、缺乏活力。新课标倡导"动态生成"，那么，应该如何实现小学语文课堂的动态生成，让语文教学更开放、更具生命力呢？

教学进展中的不确定性和非预期性客观存在，这必然要求教学活动突破预期目标和既定计划的限制而走向生成、开放的创造天地。因此，语文教学不应游离于教学情境之外，教师要摆脱既定课程计划和课程目标执行人的角色，真正赋予学生语文学习的自主权，和学生共同构建起学习的"互动网"。开放的语文教学具有较强的资源性，如何将学生的生成变成教学资源，可采取以下一些策略：

1."让学生先开口"——找准起点、因人施教。

教学新知识前，让学生先开口说说对新知识已经知道了多少，可以使教师对学生的知识水平、能力发展水平有一个较清晰的认识，避免超前，防止滞后，根据学生的认知程度因人分层施教，增强教学的针对性。该教学策略的特点是通过学生先"动口"，获得学生头脑中已有的可利用的教学资源，从而生成新的教学起点和因人施教的切入点，它是教师"胸中有人"教学观的体现。

2."巧用学生的话"——自此及彼，趁热打铁。

课堂上，学生的回答中会有一些很有意思的话，如果教师能够及时抓住这些"话"，巧用这些"话"，灵活地调整教学方案，就会使课堂出现一些让人记忆深刻的闪光点，从而取得出其不意的效果。该教学策略的特点是通过捕捉学生回答中有意义的"接下茬"，教师由此及彼，突破原先预案的设计，生成"趁热打铁"的新教学思路，它是教师"胸中有整体"教学观的体现。

3."妙用学生的错"——将错就错，因势利导。

新知识教学时，学生限于自己的知识水平，在思考的过程中出现一些错误的想法是很正常的。教师如果从伴随着教学过程中出现的错误想法出发，进行引导点拨，引出正确的想法，得出合乎逻辑的结论将收到意想不到的效果。该教学策略的特点是通过利用学生的错误，并使其充分暴露出错的过程，然后进行因势利导，从而生成正误知识的辨析点，它是"学生的错误也是一种教学资源"教学观的体现。

4."善用学生的问"——顺势延伸,乘胜追"思"。

新课程的课堂教学是一种开放性、多向性的信息交流活动,有师生之间的,也有学生之间的。通过学生的质疑问难来推进教学,使其认识逐步深化便是其中一种重要手段。该教学策略的特点是通过及时抓住学生的提问,并顺着学生的思路延伸下去,通过步步追思,从而生成新知识教学的深化点,它是"教学要顺着学生的思路来组织"教学观的体现。

一位教师教学老舍所作的《养花》时,学生在初读课文后提出:"文章不太真实,作者在搬花时忙得腰酸背疼,还说'真有意思'! 要是我,讨厌还来不及呢!"教师紧紧抓住了这一信息,引导学生思考、讨论。"是呀,为何说'有意思'? 这样真实吗?"在老师的启发下,学生积极地投身于朗读、探究之中,经过反复思考和交流,踊跃地参与了讨论。

生1:"作者喜爱养花,把它当成乐趣,搬起花来自然觉得有意思,所以这样写是真实的。"

教师肯定地说:"是呀,从事自己热爱的工作,能不高兴吗?"

生2:"我认为是真实的,因为作者热爱劳动,认为劳动是乐趣,自然觉得有意思。"

教师赞赏地说:"劳动创造了美! 劳动创造了世界! 劳动最有乐趣! 你们今后应该怎样做?"

生3:"我要积极参加力所能及的劳动。"

生4:"我们应该尊重各行各业的劳动者,任何一种劳动都是神圣的!"

生5:"我们必须爱惜劳动成果,不浪费粮食。"

从学生意外的问题进行讨论,大家纷纷对养花的乐趣有了自己的理解。他们学着并快乐着,在感悟出老舍养花的乐趣后,又进一步形成了热爱劳动、尊重劳动者、珍惜劳动成果的正确认识。

5."活用学生的题"——急中生智,随机应变。

教学中为了引导学生充分地参与学习活动，给学生提供广阔的思维空间，可以让学生在新授环节中自己出题作为探究的材料，在巩固环节自己出题作为验证的材料。怎样将学生的这些材料用足、用活，并顺着他们的思路深入下去，能充分体现出教师的教育机智。该教学策略的特点是充分利用互动中生成的学习材料，当学生编的题出乎教师的意料时，要急中生智，随机应变，从而生成教学的创意点，它是"教师要创造性地开展工作"教学观的体现。

叶澜教授曾说：课堂应是向未知方向挺进的旅程，随时都有可能发现意外的通道和美丽的图景，而不是一切都必须遵循固定线路而没有激情的行程。课堂是师生生命经历的重要场所，教师要树立动态生成的正确态度，把握有利时机，运用有效策略，让课堂焕发生命的活力。课堂有了师生互动中的即兴创造，学生的个性才能得到张扬，思维的火花才会绽放，凝固的课堂场景才会变成一幅幅鲜活的、生动的画面，流淌出生命的活力。

案例欣赏

案例一

【预设】

设计《草船借箭》一课时，让学生形象感知课文重点，再根据重点提炼阅读专题，通过"还有哪些句子让你感受到诸葛亮的'神'"的设问引领孩子揣摩重点词句。其中预设课文第二节的朗读训练，是通过学生分角色来进行的。

【生成】

在课堂演练正热闹时，突然一学生提出疑问。

生1：老师，周瑜和诸葛亮的话没有提示语，老是"周瑜说""诸葛亮说"的，读起来一点味道都没有，感觉太单调了。

师：（一愣）是呀，提示语包含了说话人的动作、神态、语气等，可以帮助我们更好地理解人物特点和个性，读起来感情丰富多了。（师露出失望的表情）可惜，这篇文章没有。

生2：老师，那我们一起给它加一些提示语吧！

师：同学们愿意吗？

生：（齐答）愿意。

师：那么现在就让我们以小组的形式尝试着读一读、加一加，看哪一组加得最恰如其分。

（生积极读文、思考、讨论、交流）

生3：他故作忧愁地对诸葛亮说："我们就要跟曹军交战……"

生4：诸葛亮轻摇羽扇微笑着说："用弓箭最好。"

生5：周瑜满脸堆笑地说："对，先生跟我想的一样……"

生6：诸葛亮站起身来郑重地说："都督委托，当然照办……"

最后，在分角色朗读中，每个"周瑜"、"诸葛亮"都个性分明、活灵活现。

【反思】

在动态的语文课堂中，教师尽管在课前会预备好不同的教学预案，但实际教学中，还是会遇到一些意想不到的问题。面对课堂中出现的诸多意外情况，有经验的教师总能抓住稍纵即逝的信息，巧妙引导，寻根究底，及时调整教学设计，从而不断引领学生的智慧生成，让教学沿着最佳的轨道运行。

在这个教学片段中，"对话太单调"，是学生在和文本对话过程中的顿悟，教师迅速捕捉到这一蕴含着巨大教育价值的教学资源，通过巧妙点拨，不仅训练了学生的语文能力，而且使课堂充满生命活力，生成质量在有效的资源整合中得到了提升。

案例二

一年级某班《蚂蚁和蝈蝈》的公开教学课上。屏幕上投影着一组量词训练："一（ ）蚂蚁，一（ ）甲虫。"

孩子们的小手高举如林，应答如流。

　　就在"一只蚂蚁，一条甲虫"的标准答案即将被锁定的刹那间，突然出现了一种"杂音"——"一（位）蚂蚁，一（名）甲虫"。

　　闻听此言，孩子们哄堂大笑。

　　笑声中"标新立异"的六岁男孩面红耳赤，胖乎乎的小手直搔后脑勺。

　　"嘘——"年轻的语文教师将右手食指放在嘴前，教室里顿时寂然无声。

　　"好孩子！能说说理由吗？"教师的眼睛里满含期待，嘴角带着微笑，轻抚着男孩的小脑袋。

　　得到教师的鼓励，小男孩满怀自信地反问道："熊先生、狼外婆，动画片上不都这么说吗？"

　　"没错！"教师带头为小男孩鼓掌，"诗人也这么说。"

　　接着，教师神采飞扬地为大家背了一首诗，一首非常有趣的诗。它是60多岁的香港女诗人西西写的，名字叫《可不可以说》：

　　"可不可以说/一枚白菜一块鸡蛋一只葱一个胡椒粉？/可不可以说/一架飞鸟一管柳树一顶太阳一笆斗骤雨？/可不可以说/一株柠檬茶一顿雪糕一亩阿华田？/可不可以说/一朵雨伞一束雪花一瓶银河一葫芦宇宙？/可不可以说/一头训导主任一只七省巡按一匹将军一尾皇帝？/可不可以说/龙眼吉祥龙须糖万岁万万岁？"

　　孩子们，这么说可不可以呢？

　　孩子们听了，又是一阵哄堂大笑。

　　那笑犹如一朵朵灿烂的花，开在每个人的脸上，开到每个人的心里。

　　【反思】

　　要把握语文课堂教学中的动态生成，教师就要立足文本，更加关注在成长中的人的整个生命。唯此，才能使我们的课堂充满生命活力，让学生的灵性得以真正释放。正如叶澜教授在"新基础教育"理论中所说：教师只要在思想上真正顾及了学生多方面成长、顾及了生命活动的多面性和师生共同活动中多种组合和发展方式的可能性，就能发现课堂教学具有生成性的特点。

这节课的美学价值来源于师生间精神上平等的相遇。它意味着对学生作为大写的"人"的一种尊重和认可；它意味着对学生生命的唤醒与激赏；它意味着人格对等基础上的灵魂交融和相互信赖为前提的心智启迪；它意味着交流之后的认可，肯定之中的引导，这种交流与撞击导致蕴藏在师生生命潜能中创新火花的迸发，是创新思维涌动的催化剂。给学生一个平等对话的课堂，意味着用心灵感动心灵，用生命点燃生命，用灵魂塑造灵魂，用智慧开启智慧。

案例三

在小学语文四年级下册的《自然之道》一文中，作者讲述了自己与几名同伴在观察太平洋小绿龟离巢入海时，出于善意，救下龟群的"侦察兵"，却导致龟群惨遭捕食的一幕悲剧，告诉人们要认识和尊重自然规律的道理。一位山村教师在执教这一课时，发现由于学生生活在偏僻的山村，知识面狭窄，加之事例太少，很难悟出题目中的"道"是什么意思？在文中具体指什么？在这种情况下该如何引导学生认识自然界事物的规律是不尽相同的呢？于是，教师在教学中补充了三段文字资料：

1. 最狠心的子女——蟹蛛。

澳大利亚的蟹蛛，子女会吃掉自己的母亲，小蟹蛛一旦破卵而出，就开始吸吮母蟹蛛的腿，直到母亲完全干涸。

2. 最狠毒的情人——刚毛海蚯蚓。

在刚毛海蚯蚓家族中，"男孩"约会时会吃掉"女孩"，当雌性刚毛海蚯蚓死之后，雄性爸爸会细心照料受精卵，直到它们孵化出来。

3. 最大的孝子——乌鸦。

乌鸦是有名的孝子。乌鸦年老体衰，无力觅食，灵性的小乌鸦们轮流照料，奔波于田野、丛林与鸟巢之间，觅寻害虫、谷物，喂养老鸦，直至其寿终正寝。

老师让学生自由阅读这些材料，再交流读后的感受，学生争先恐后地发言，联系阅读材料和课文内容，他们惊叹于自然界不同族群的大相径庭的生存之道，深刻地体会到这些生存之道与我们平常的"善良"或者"残酷"没有关系，只有尊重"自然之道"，就是"善良"；违背"自然之道"的行为，才是真正的无知甚至愚蠢。

【反思】

新课标指出：语文阅读教学的重点就是培养学生具有感受、理解、欣赏和评价的能力。学生限于生活经验和阅读能力，在阅读文章时，往往浅尝辄止，停留在表面，难以领略其中的深意。如何收放自如地适当拓展语文学习的"宽度"和"深度"，体现在平常的教学细节中，体现在对学生阅读的有效指导之中。

素材，原意为文学或艺术中未经加工的原始材料，引申到小学语文课堂教学中，我们可以把它理解为非语文内容的外来材料，以及对促进课堂教学效果提高有益的文字资料、影像资料、图片资料等。随着课堂教学改革的深入，这些素材的巧妙使用已显得日益重要，发挥着更大的作用。

小学语文教材中有很多教学重点和难点，学生理解起来有一定的难度，如果仅靠教师去讲、去读，是不能让学生明白的，倘若教师用相关素材辅助一下，效果就会截然不同。

能力训练

1. 请你用新课改理念、新课标作参照，联系当前语文课堂教学改革的趋势，来谈谈下面这两个课堂教学片段各自的成功之处。

（1）教学郑板桥《竹石》一首诗时发生的一幕。

郑板桥的诗是这样的：

咬定青山不放松，立根原在破岩中。

千磨万击还坚劲，任尔东西南北风。

在教学这首诗的第三个环节，教师让学生想象郑板桥在什么情况下写下这首诗的，学生纷纷猜测。有好多孩子讲到他辞官在家，为了表明自己的艺术追求而写。这时班级里的才女，小声地说：他为官很清廉！

教师听到了她的发言，忙让她站起来！

"思思，你来说说，怎么清廉呢?"

"有这样一个故事——"

思思居然要讲故事！教师矛盾了，课堂时间是宝贵的，如果让她讲，那么下面的教学任务怎么完成？如果不让人家讲，思思的面子往哪里搁？教师寻思着。

"那就简单讲讲吧!"

"故事说的是郑板桥辞官后，整天与书画为伴，生活过得很是清廉。有一天晚上，他正要入睡时，有个小偷悄悄地溜到床边，准备从郑板桥的衣裤里掏钱。恰好被郑板桥发现了，他随口吟出了四句诗：月儿高挂夜沉沉，梁上君子进我门。腹有诗书千万卷，床头银子无半文。"

"小偷一惊，连忙抽身向门口走去。郑板桥又吟了两句：出门莫惊黄尾犬，越窗休碰芝兰花。小偷连忙转身悄悄地越窗而逃。板桥又吟道：天寒不及披衣送，趁着月色赶豪门。"

思思的故事讲完了，教师带头为这个精彩的故事鼓掌，同学们也报以热烈的掌声。

（2）《盘古开天地》教学片断。

师：天和地终于成形了，盘古却累得倒下去了，倒下后，盘古的身体发生了巨大的变化！（板书：变）同学们，请你们轻声自由读第四自然段，多读几遍，一边读、一边想，相信你们会有不少发现的。开始吧！

（生自由读，读后说发现）

生：我发现盘古的四肢变成了大地上的东、西、南、北；我发现他的双眼变成了太阳和月亮……

师：哦，盘古的变化很神奇。是吗？同学们还有什么发现？

生：我发现盘古倒下后，他的身体发生了各种不同的变化。

师：你真了不起，自己概括出了这一段的主要内容。你用"各种变化"来说说，课文中用了那个词？（巨大）是啊！还有谁想说？与别人一样的就甭说了，说不一样的。

生：我发现第四自然段写的都是盘古的什么部位变成了什么。

师：哦！都是用……变成了……来写的，连句式特点都发现了。

生：我还发现这个自然段有许多"××的××"，比如：隆隆的雷声、茂盛的花草树木、滋润万物的雨露……这些词语都很美。

师：你有一双善于发现美的眼睛。

师：读书就应该像这些同学学习，一边读、一边想，还要善于发现。

2. 请你用新课改理念、新课标作参照，指出下面案例中的错误做法并作简要分析。

《草船借箭》教学片段：

师：看过《三国演义》吗？你能说出书中记叙了哪些故事吗？

（学生纷纷举手，说出《三顾茅庐》、《空城计》、《草船借箭》等）

师：今天我们就来学习《草船借箭》，（话锋一转）请大家猜猜，这个故事发生的时候诸葛亮有多大年龄？

（一时间课堂上像炸开了锅一般）

生1：20岁。

师：低了。

生2：50岁。

师：高了。

……………

（最后总算一名学生猜到了）

老师接着趁热打铁，让学生猜测周瑜当时的年龄，于是教室里再一次上演前面的闹剧。

3. 下面是小学五年级下册的一篇精读课文，请根据学段和文章特点，创设出课堂教学有效推进的关键问题情境。

桥

谈 歌

黎明的时候，雨突然大了。像泼，像倒。

山洪咆哮着，像一群受惊的野马，从山谷里狂奔而来，势不可挡。

村庄惊醒了。人们翻身下床，却一脚踩进水里。是谁，惊慌地喊了一嗓子，一百多号人你拥我挤地向南跑。近一米高的洪水已经开始在路面上跳舞。人们又疯了似的折回来。

东西没有路。只有北面那座窄窄的木桥。

死亡在洪水的狞笑声中逼近。

人们跌跌撞撞地向那座木桥拥去。

木桥前，没腿深的水里，站着他们的党支部书记，那个全村人都拥戴的老汉，清瘦的脸上流着雨水。他不说话，盯着乱哄哄的人们，像一座山。

人们停住脚，望着老汉。

老汉沙哑地喊话："桥窄！排成一队，不要挤！党员排在后边！"

人群里喊出一嗓子："党员也是人！"

老汉冷冷地："可以退党，到我这儿报名？"

竟没人再喊，一百多人很快排成队伍，依次从老汉身边跑上木桥。

水渐渐蹿上来，放肆地舔着人们的腰。

老汉突然劈手从队伍里拖出一个小伙子，吼道："你还算是个党员吗？排到后面去！"老汉凶得像只豹子。

小伙子狠狠地瞪了老汉一眼，站到一边。

木桥开始发抖，开始痛苦地呻吟。

水，爬上了老汉的胸膛。最后，只剩下了他和那小伙子。

小伙子推了老汉一把，说："你先走。"

老汉吼道："少废话，快走！"他用力地把小伙子推上木桥。

突然，那木桥轰地塌了。小伙子被吞没了。

老汉似乎要喊什么，猛然间，一个浪头也吞没了他。

白茫茫的世界。

五天以后，洪水退了。

一个老太太，被人搀扶着，来这里祭奠。

她来祭奠两个人。她丈夫和她儿子。

4. 课堂的"生成"现象是相对于"预设"和"教案"而言的，并不是无法捉摸的，它同样有自己的特点：①强烈的现场性。课堂教学的过程，是个动态建构的过程。在课堂交流互动中，学生以自己的知识、经验、思考、灵感、兴致参与，从而使这种"现场"交流呈现出丰富性、多变性和复杂性，产生许多突出性的"即时"因素。②完全的过程性。课堂教学过程不是简单的知识传递、一一接受的过程，而是师生共同成长的生命历程，更是学生的生活经验、知识结构等多方面进行解码、重组、提升、再解码、再重组、再提升的过程。③难以预测的不确定性。每位学生都是独立的生命体，而每个生命体又不尽相同，课堂教学源于学生的个体差异。在尊重每个学生的差异的教学过程中，其生成的状态就具有了难以预测的不确定性。那么，"生成"主要产生于课堂教学中的哪些方面呢？在自学活动中，质疑问难时，自由感悟时，引发体验时，解答作业时等几个方面。请你结合自己的课堂教学实际，具体谈谈你对课堂教学是一个动态生成的过程的理解、体会或者实践。

第十六章　说课训练：
说好一堂课

学习提示

　　本章探讨什么是说课；说课与备课、上课有什么区别；教师为什么要具备说课的能力；说课有哪些要素；小学语文教师怎样说课才能做到教材分析到位、目标定位准确、重难点确立科学、教学流程清晰、各环节设计有理有据。大家可对照本章"要领指导"加强训练，形成基本的小学语文说课能力。

能力意义

　　说课，是以教师口头表达为主，以教育科学理论和教材为依据，以教师为对象，对一堂课的教学设计进行理性陈述。这是在备课和上课程序之间进行的一种教学研究方式。

　　备课是教师在教学前对课堂教学的规划与设计，侧重点在怎样实施；说课也在教学前，但说课不仅要交代怎样实施，更重要的是说明为什么要这样实施；上课则是对备课或者说课设计的具体实施。

　　开展说课活动，可以促进教师自觉学习教育学、心理学知识，研究教育现象，提升教育教学理论水平，促进教师由教书匠向教育家的转变。

　　开展说课活动，能检测教师是否熟悉教材，能否驾驭教材，是否能确立准确的教学重难点及具体可操作的教学目标，是否领会教材的编排意图。

开展说课活动，能让教师在"教什么"、"怎么教"和"为什么要这样教"之间进行系统而理性的思考，做到既能知其然，也能知其所以然。

小学语文是小学的主要学科之一，也是小学课程里课时最多的一门学科。对于小学语文教师来说，不断提升自己的专业素养，不断提高小学语文课堂教学质量，就更具有紧迫性与重要性。从这个层面上说，小学语文教师练就说课的基本本领，就显得尤为重要。

为此，无论是校本教研，还是其他各级教学研究活动，都可以说课为研究手段，推进教师在理论学习、教材解读、目标制订、策略预设、方式选择等方面进行较深层次的探讨。这是提高小学语文教师课堂教学能力和综合素养的一个很好途径。

案例反思

案例一：二年级《小鹿的减法》说课之教材分析

《小鹿的减法》是一篇童话故事，讲的是小鹿想造桥，獐子想铺路。小鹿每天坚持从太阳升起忙到月亮出来……这个故事告诉我们：做事要有坚定的信心，坚持到底，一定会获得成功。

这个教材分析看似介绍了课文的主要内容和思想意义，但是很不完整。

1. 缺乏对教材位置的交代，一是教材版本不明，二是年级学期不明。

2. 缺乏对单元主题的交代，一是单元主题不明，二是本单元训练要求不清。

3. 缺乏对文本在该单元作用的交代，单元位置及前后文本的联系，承载的训练作用等不清。

案例二：二年级《小鹿的减法》说课之教学目标

根据刚才对教材的分析，我将《小鹿的减法》第二课时教学目标设定为：①理解课文内容，有感情地朗读课文；②教育学生无论做什么事，都要坚持到底。

根据新课标和教材，该教者确立的《小鹿的减法》第二课时教学目标存在如下的问题：

1. 确立教学目标的依据不明。确立教学目标的一般依据是新课标的年段要求、教材位置、学生年龄和学情等。

2. 教学目标不完整。一是忽略了二年级学生识字写字的重要任务，二是对词语理解等重要阅读教学任务没有关注。

3. 教学目标针对性不强。尤其是第一个教学目标，空泛不具体，不具有针对性与操作性。

案例三：六年级下册《窃读记》说课之教学过程

在《窃读记》第二课时，我安排了四个大的教学板块。下面我先说第一个板块：复习课文，整体进入。这个板块我分为三个环节。首先，学生齐读课文题目；接着，学生快速浏览全文，回顾课文主要内容，并抽学生回答；第三个环节，找出并勾画作者写"窃读"感受的句子。

从逻辑上来说，这个教学过程的叙述是清楚明白的，也是简洁干练的。但是，从说课的要求来说，这仅仅是走了说课第一步——教什么和怎么教。说课的重点"为什么这样教"却根本没有涉及。说课和备课的最大区别就是备课只写明教什么与怎么教，而说课却要从理论层面上讲清楚为什么要选择这样的教学策略。此处就需要说明为什么第一个板块要设计为"复习课文，整体进入"，重点说清楚回顾课文主要内容和勾画文章中心句的设计理论依据，以便让大家更为明白此设计是否恰当有效。

其实，说课，无非是将一堂课教什么、怎么教、这样教的理论依据等三个方面，向教师或者评委陈述清楚。一般来说，小学语文的说课限定在 10 分钟~15 分钟。说课要包含以下一些板块：教材分析、学情分析、教学法设计、教学准备、教学过程、板书设计、作业设计等，个别教师还要陈述设计理念，或者在教学中的创新点等。下面将说课的几个主要板块从说明白和说精彩两个方面分别进行说明。

一、教材分析

1. 说明白。

（1）教材。先交代说课的课题内容，接着交代教材版本及教材所处年级、单元位置。

（2）单元主题及训练要求。

（3）教材主要内容。简要概括课文主要内容及课文在本单元承载的训练任务。

（4）教学目标。根据新课标、单元导语、教材内容、课后训练、具体课时和学生学情等几个方面确立教学目标。要求从知识与能力、过程与方法、情感态度与价值观三个维度来说明。因为三个维度的目标在实施时是相互依存、相互交融的，因此说法上可将三个维度的目标进行整合，不必特别截然地进行分开。确立教学目标时，不仅要求定位准确，而且要求切实具体，可测、可控、可操作。这个环节考查的是教师深入解读教材的能力，也是考量教师教学能力高低的一个重要指标。

（5）教学重点、难点。根据教学目标和学生学情，选择确定本课时的教学重点和难点。有时，教学重点和难点是各自不同的目标；有时，教学重点和难点可以是重合的目标。这要根据具体的文本来确定。

2. 说精彩。

（1）开门见山。说教材，是说课的第一个板块，也是说课的重头戏。切忌弯弯绕绕，力求开门见山，将应该陈述的内容简略清楚地交代明白。如：《坐井观天》是人民教育出版社九年义务教育六年制小学语文第三册第四单元第十二课。这是一篇寓言故事，讲的是青蛙和小鸟争论天的大小，告诉我们像青蛙这样目光狭小，所见有限，还自以为是，是不对的。《坐井观天》位于本单元四篇课文中的第三篇，上承《捞月亮》、《狐狸和乌鸦》，下接《小马过河》。它处于由知识的学习向知识的运用转化的过渡位置，因此，它是本单元从感性认识上升到理性认识阶段中的一步棋子，是从掌握知识逐步向培养能力转换的一架桥梁

（2）抓"纲"务"本"。以新课标为准绳，以单元导语和教材为依据，深入解读教材，以全面提升学生的语文素养为目标，精心选择教材中恰当的语言文字训练点、能力增长点、情感激发点，恰当确立教学内容。如《花钟》是人教版三年级上册的一篇课文，单元导语的关键词是：认真阅读，了解作者发现的秘密，我们要留心观察，看谁有更多的发现。课后练习有三："把喜欢的地方背下来"；"用自己的话说一说，为什么不同的植物开花的时间不同"；体会"用不同的说法来表达鲜花的开放"。依据新课标的学段目标、单元导语和课后练习，结合课文特征，本课的教学内容可确定为：有感情地朗读课文，背诵第一自然段；认真阅读，用自己的话说说不同的植物开花的时间为什么不同；学习运用不同的句式来表达事物的特征。统观全文，我们发现，能体现这些教学内容最有价值的是课文的第一自然段，而其他自然段，则可以作为一般的教学内容让学生大致理解就行。而教学目标，就要根据这样选择后的教学内容来确立。

（3）准确到位。是指教学目标的确立，要根据新课标年段要

求、教材内容、学科特点、学情特点等方面的情况定位准确，既不拔高要求，也不降低要求。目标切忌空泛模糊，也忌千课一面，不具操作性与检测性。

例如，绵阳市富乐实验小学钟芙蓉老师在教学义务教育新课标实验教科书（S版）二年级上册第五单元的课文《我真希望》时，是这样确立第二课时的教学目标的：①巩固会认字和会写字，巩固词语"晶莹、芬芳、悠扬"，指导书写"彩"、"扬"；②有感情地朗读课文，并背诵课文；③理解诗歌内容，品味"轻盈"、"清澈"、"晶莹"等词语的美妙；④引导学生体验作者真诚的情感，激发对美好环境的向往之情。四个目标很符合二年级上册学生的学习要求，既涵盖了知识与能力、过程与方法、情感态度与价值观三个维度，又包含了识字写字、朗读背诵等方面的基本要求，同时，又把品味词语、体验情感等方面的目标确立得明确到位，便于操作。

（4）主旨正确。每篇文章都有自身独特的人文价值，教师要解读准确到位，不能牵强附会。

例如，《地震中的父与子》不仅讲的是父子情，更多的是让我们感受信念的力量；《圆明园的毁灭》不仅是让我们了解圆明园毁灭的痛苦，更重要的是培养学生的使命感，反思"落后就要挨打"的道理；《自己的花是让别人看的》这篇课文重点是介绍异域风情，让学生明白别样的生活方式，而不是非要栽一个爱国的尾巴。

（5）梯度清晰。新课标中对小学语文第一、二、三学段分别提出了明确的学习要求，我们在根据教材制订教学目标时，脑子里就应该有清晰的梯度意识，把握好各个学段的主要任务，避免出现"种了别人的地，荒了自己的田"的现象。现实中，要注意防止低段拔高要求，而在高段又降低要求的现象。

（6）语文味浓郁。崔峦老师说：语文老师要念好"八字"经：识（识字）、书（写字）、读（读书）、记（积累）、说（交际）、写（习作）、法（方法）、习（习惯）。我们的教学目标就要围绕这"八字",强化学生语言学习,落实能力和方法的培养。

二、学情分析

1. 说明白。

(1) 学生所处的年段。

(2) 结合本堂课需要培养的语文能力,介绍学生在这些方面与之相关的能力基础。

(3) 结合本篇教材的特点,分析学生学习方面已有的优势和需要重点点拨的方面。

2. 说精彩。

(1) 抓特点。准确把握该年段学生的生理心理特点,如注意、思维、想象及语言表达方面的特点。

(2) 说具体。结合教材,分析学生学习方面的具体情况,说得具体明白。

例如,一教师是这样说《火烧云》一课的学情的:四年级的孩子灵动活泼,形象思维依然占据主体地位,想象较丰富,这对于文本的学习颇有帮助。文中描绘色彩的词语不仅丰富,而且富于变化,孩子极感兴趣,但对构词方式学生却未必心中了然,这需要适时地点拨;虽然孩子在表达方面有一定的积累,但孩子从火烧云活灵活现的形态变化中感悟如何生动具体表达仍然会有难度。在教学中,教师应善用文本,读写结合,让孩子感悟文本语言并学习表达。

三、教材、学法

1. 说明白。

(1) 教法。三个方面:一是采用什么教法,二是教法分析,三是采用这些教法的理论依据。

(2) 学法。一是说清本节课要掌握何种学习方法,二是这种学习策略的理论依据,三是将采取什么样的方法策略培养学生学习方法。

2. 说精彩。

（1）明确基本的教法、学法。

常见的教学模式：以情境创设和朗读训练为核心的"导读、练读、赏读"模式；以自学能力培养为核心的"学、导、练"模式；以培养学习方法为核心的"方法指导、训练、运用"模式等。常见的教学方法：朗读法、背诵法、讨论法、练习法、谈话法和创设情境法等。

常见的学法指导：质疑法、朗读法、讨论法、合作探究法和练习法等。

（2）掌握基本的教学法理论依据。

①基本的现代教学理论。

②新课标。

③教育专家的理论。

例如，叶圣陶先生说：教的法子要根据学的法子。又如：教法要因文而异，因学定教，顺学而导等。

例如，四年级《火烧云》的教法学法设计：因为语文是实践性很强的课程，应着重培养学生的语文实践能力，而培养这种能力的主要途径也是语文实践。为此，在本堂课中，教师通过播放色彩变幻迷离的火烧云视频，创设生动形象的语言情境，激发学生的学习愿望，引导学生勾画描写火烧云变化的重点词句，朗读、品悟、积累语言，并通过读写结合法，体会文本的表达效果，学习文本的表达方法。

（3）简洁明了。教法学法设计要说得简洁明了，避免拖泥带水，半天不知所云。

（4）避免生搬硬套，穿靴戴帽。说课时要避免贴标签，将一些本堂课不适用的教法学法胡乱粘贴过来。

四、教学准备

1. 说明白。

（1）教师的准备。如有关文本背景资料的查阅，教学图片、多媒体课件等。

（2）学生的准备。如有关文本作者或背景资料的搜集或整理，相关材料的阅读等。

2. 说精彩。

（1）简明。教学准备力求围绕该课说得简单明白。

（2）形式为内容服务。一切教学手段以及教学准备，都是为教学服务的。坚决摒弃花架子，摒弃走形式。

五、教学过程

1. 说明白。

（1）内容全面。教学过程是一堂课怎样实施的具体阐述，是说课的重点，也是难点，在时间分配上要占整个说课的六七成。这个部分应该包括三个方面的内容，一是这堂课教什么，二是这堂课怎么教，三是为什么这么教。教什么是由教学目标决定的；怎么教，则是围绕教学目标而采取的策略和方法，以及在这些方法指导下，设计的教学流程；为什么这么教，是选择这些教学策略和方法的教育教学相关理论依据。

（2）思路明晰。说课，是口头语言表达，时间短，对听者来说是稍纵即逝。这就需要说课者有清晰的思路，先教什么，后教什么，采取什么样的策略与方法，环环紧扣，层层递进，逻辑严密。

（3）重点突出，难点突破。每堂课都有其重点和难点，重点在哪里，确立是否恰当，课堂上怎样处理，处理是否得当；难点是什么，确立是否妥当，设计中怎么突破，突破是否顺利到位，这些方面都需要在说课中进行重点陈述。

（4）恰当的理论依据。说课与备课、上课最大的区别就在于要阐述教学设计的理论依据。这些依据主要来自于新课标、教育学心理学观点、教育名家名言等。阐述理论依据时要准确恰当，不能乱贴标签。

2. 说精彩。

（1）简明扼要说框架。一堂小学语文课，整体框架大致在四到六个环节。在说教学过程时，可先将教学框架的几个板块进行简要阐述，这样可以让听者对整堂课的逻辑结构有一个简单的了解。

（2）字斟句酌说名称。这是指教学过程中几个大的环节名称要字斟句酌。可考虑：①字数相等；②结构一致；③层层递进。

例如：绵阳外国语学校胡泉英老师在教学人教版五年级教材《桥》第二十一课时，设计了这样几个大的环节：

①谈话引入，感知课文内容；

②奔向"桥"，感知情况危急；

③奔上"桥"，感悟老汉形象；

④祭奠"桥"，感动老汉精神；

⑤重建"桥"，体会深刻含义；

⑥拓展"桥"，促进情感升华。

（3）详略得当说过程。基本策略处简单说，教学重点处详细说，教学难点处分散说，教学亮点处着重说。

（4）有理有据说理论。理论依据不是贴标签，也不是每个环节都要细细说到，只是选择一些关键的地方说明设计依据就行。

如，在创设情境开课时，可说"兴趣是最大的动力"，创设有趣的情境，意在激发学生的学习兴趣和主动性。

在引导学生自读自悟时，说："阅读教学应重视语文的熏陶感染作用，注意教学内容的价值取向，同时也应尊重学生在学习过程中的独特体验。"

在设计多种方式的朗读训练时，说："语文是实践性很强的课程，应着重培养学生的语文实践能力，而培养这种能力的主要途径也应是语文实践。"

在设计不同层次的朗读时，说："对朗读的训练不再是一遍又一遍无目的的重复，而是要结合对语言本身形象、情感的理解，以读引思，以读悟情，以读学写，使朗读训练有层次，显实效。"

（5）有勇有谋说创新。教学设计既要敢于创新，更要善于创新。创新点可穿插在教学过程里说，也可在说整体框架后单独提出，引起人们注意。

六、板书设计

1. 说明白。

（1）读懂课文，理清脉络，明白主旨。

（2）设计简明的板书。

（3）说明这样设计板书的依据。

2. 说精彩。

板书设计历来被人们称为微型教案，好的板书，是教者对课文的一种再创造，能再现教者对教材的深刻理解和巧妙处理，显示教者的教学思想和教学风格。

（1）线条清晰。

（2）设计精妙。

（3）富有艺术性。

（4）符合学生年龄特点。第一学段可以多采用直观生动的图画、简笔画加上简单的文字，第二、三学段则可以多用文字表现。

如：于永正老师教学《圆明园的毁灭》一课，上到激动处，黑板上的板书被"毁灭"得干干净净，只剩下于老师激情写就的两个大大的狂草："怒""恨"对英法联军入侵的"怒"，对侵略者疯狂掠夺的"怒"，对带不走还要毁灭的"怒"；对封建统治者软弱无能的"恨"，对卖国求荣者屈膝献媚的"恨"，为国人蒙受奇耻大辱的"恨"。狂"怒"痛"恨"，深深地刻在了孩子们的脑海中，文本所蕴含的深刻内涵也得到了凸显，对学生产生了广泛而又深远的

影响。

又如：一教师设计的《"精彩"极了与"糟糕"透了》的板书：结合课文中的重点词语：父亲批评，母亲鼓励，运用简笔画，以直观的图画代替了抽象的文字，起到了事半功倍的作用。

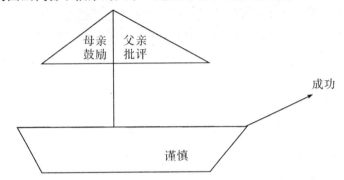

七、练习设计

1. 说明白。

（1）课堂练习。指课堂上的写字、辩词、背诵、读写结合等练习。先说设计什么练习，再说设计的依据。

（2）课后练习。指课后的读写结合练习、拓展练习等。

2. 说精彩。

（1）练习设计注重语言文字训练。

（2）设计有新意。

八、"锦上添花"的技巧

1. 引人入胜的标题。如果依据说课内容和设计理念，给说课稿加上一个恰当而富有新意的标题，就会使整个说课稿"纲举目张"，起到"如虎添翼"的效果。

2. 落落大方的礼仪。包括三个方面：一是仪表，要尽量端庄大方；二是礼貌，要彬彬有礼；三是台风，要抬头挺胸，大胆自信，切不可畏畏缩缩。

3. 准确生动的语言。要做到普通话准确，表述流畅，速度适中，最好有抑扬顿挫的变化，如在阐述教材分析和教法学法时，可用叙述式，显得平直简明；在讲述教学过程时，可用富有变化的课堂教学语言，激情处高昂，委婉处低沉。这样的语速和语气变化，可以让听众始终保持专心倾听的状态。

4. 适度恰当的体态。体态也叫肢体语言，是指在说课过程中，运用恰当的肢体动作，如微笑、举手、身体倾斜等，使口头语言表达更生动直观形象，更富有激情。但是，肢体语言一要恰当得体，二要适度，避免"画蛇添足"、"弄巧成拙"。

案例欣赏

案例一

倾听文字与心灵的对话
——《西风胡杨》说课设计之教材分析

《西风胡杨》是义务教育新课标实验教科书语文（S版）五年级上册第二单元的第三篇精读课文。上承略读课文《大自然的语言》，下接略读课文《我家门前的海》。这个单元以神奇的大自然为题材，目的是让孩子们在感受大自然美的同时更要意识到：人类不仅有热爱她的权利，更有保护她的责任。本单元的训练主题是：注意作者是如何观察大自然的，想想文字采用了哪些表达方法。

（点评：教材分析简明扼要，既概括了文本的主要内容，也点明了教材的位置以及在单元中的位置及承载的训练作用）

《西风胡杨》是一篇感物吟志之作，作者以充满激情和哲理的语言，以深邃的目光和睿智的笔触描绘了"沙漠神树"胡杨的高贵品格。在作者笔下，胡杨的命运就是人的命运，胡杨的风骨就是人的风骨。

根据新课标对小学高段学生的阅读要求，结合本单元的训练要求，以及本课的课后练习，特制订《西风胡杨》第二课时教学目标如下：

1. 流利、有感情地朗读课文，背诵第二、三、四自然段。

2. 抓住重点词句，理解课文内容，感受胡杨的坚韧、无私、悲壮。

3. 体会作者对胡杨的热爱、赞美，感受作者对胡杨命运的同情与关注，增强学生保护环境的责任感与使命感。

4. 学习作者抓住胡杨特点描写的表达方法，体会其表达效果。

（点评：教学目标符合小学高段学生年龄特点，关注了"知识与能力、过程与方法、情感态度与价值观"三维目标，不仅在对课文的理解背诵和语言品味上确立了目标，而且根据高段要求，关注了表达方法和表达效果。几个教学目标，既切合高段学生实际，符合新课标要求，又切实可行，具有操作性）

案例二：人教版四年级上册《爬山虎的脚》说课设计之教法、学法

结合本课的特点和本组课文的训练重点，以读书训练为经，语言文字训练为纬，开发全脑为桥，调动学生的多种感官参与学习过程，以学生饶有兴趣的说、演、画、议，来代替教师单一的讲、管形式，在艺术的熏陶下激发学生兴趣，在兼容并举中力求最大限度地发挥学生的自主性、主动性、发展性、创造性，从而达到激发兴趣、理解感悟的境界。

（点评：该教法、学法结合本单元训练重点，针对中年级学生喜爱参与的特点，设计了说、演、画、议等学法，而教师则以朗读和语言文字训练为教法，具有浓郁的语文味）

案例三

一座生命之桥　一曲不朽赞歌

——人民教育出版社五年级上册《桥》说课设计之教学过程

下面我分六个板块将教学过程进行说明。

1. 谈话引入，感知课文内容。

（设计意图：齐读课题，明白学习任务，回顾课文主要内容，便于从整体上感知全文）

（点评：直奔主题，简洁明快）

2. 奔向"桥"，感受境况危急。

这个板块分为两个环节。

（1）了解故事发生起因。首先让学生默读课文第一、二自然段，标注感受，了解故事起因。接着抽生汇报，相机指导朗读，抓住"像泼、像倒"等处，体会作者用词的精妙准确。最后播放洪水视频，创设情境，渲染朗读效果。这样设计的意图是让学生根据事情发展顺序来学习课文，了解故事起因，同时品味语言，体会用词的准确性。

（点评：此处设计符合小学生年龄特点，既能让学生顺序进入文本，也能在朗读指导时，品味语言，感受作者语言的精妙，具有浓郁的语文味）

（2）学习第三自然段，了解人们面对洪水时的表现。

首先用过渡句"面对汹涌的洪水，人们有什么样的表现"引导学生读文，同时在第三自然段中用"＿＿＿"画出有关的词句，并批注。不动笔墨不看书，此处的勾画和批注不仅引导学生关注了语言，而且培养了学生良好的读书习惯。学生汇报后，启发学生想象"拥挤的人群，窄窄的木桥，汹涌的洪水，会出现怎样的情形"？新课标指出：要大力培养学生的语言文字应用能力。因此，此处设计一个语言训练点，意在为学生创设情境，激发学生的想象和表达欲望。

（点评：此处的设计符合新课标对高段阅读教学的要求，同时关注了学生读书习惯的培养，设计了想象表达的练习，为老支书的出场顺理成章地做了铺垫）

3. 奔上"桥"，感悟"老汉"形象。

师过渡：同学们想象的桥毁人亡的情形出现了吗，是谁避免了这种情况？一个过渡句将学生的注意转换到老支书身上，品味描述老支书的文字，体会老支书的人格魅力是本课时一个重要教学目的。由人们面对洪水的惊慌失措来衬托老支书的镇定，是作者的匠心所在。这个板块将分为四个环节来完成。

（1）洪水前，初识老汉的镇定与果断。

A. 默读第七至十自然段，用"〜〜〜"画出描写老汉的语句。专家说，要让学生与文本对话。学生静心于文字并勾画，有利于学生与文本直接对话，有利于培养学生自读自悟的能力。这也是师生对话的基础。

B. 学生汇报，教师相机指导理解品味与朗读。此处要抓住几个重点句子引导学生对老支书形象的感悟。

a. "木桥前，没腿深的水里，站着他们的党支部书记，那个全村人都拥戴的老汉……像一座山。"在理解和品味中引导学生感受老汉的沉着镇定。

b. "老汉沙哑地喊话……党员排在后边！"体会短促的喊话透射出的老汉的果决，指导朗读。

设计意图：阅读教学的重点是培养学生具有理解、感受、欣赏和评价的能力，在学生自读自悟后，安排汇报交流环节，就是为了更好地引导学生抓住关键词句理解、感受、欣赏文本语言，体会老支书形象，从而为积累和运用语言打下良好的基础。

（点评：方法的训练和知识的习得同样重要！"读文—体会—抓词—悟情—表达"这一阅读方法的运用，学生学习就得心应手）

（2）矛盾处，感受老汉心系群众。

A. 生自读课文第十一至十六自然段。

B. 生质疑，教师引导学生共同交流。此处意在让自读质疑，从老汉抓出小伙子的语句中，探寻老汉揪出小伙子的原因。

C. 突破"党员也是人"这句话是什么意思。小伙子的做法可以理解吗？那为什么老汉要冲上去，揪出小伙子，还怒吼他？后来情况怎么样了？理解老汉等党员心系群众。

设计意图：引导学生自读自悟，自主质疑。

（点评："党员为什么要排在后面"这是本篇课文教学的一大难点。教者在处理上，没有简单地贴政治标签，也没有忽略不管，而是通过引导学生紧扣文本，联系情境，结合资料，让学生深刻领会人性与党性的关系。这一难点的突破，为理解党支书的高大形象奠定了充分的情感基础）

（3）悲伤时，感受老汉无私。

A. 找打动人心的词：第十七和十八自然段中的哪些词让你的心一下子提到了嗓子眼？此问题意在让学生从语言的激烈碰撞中感受到老支书在生死关头的父爱。

B. 补充想象：老汉一瞬间闪过脑海最强烈的念头是……在对老汉心理活动的揣摩中，体会在生死攸关的关键时刻，老汉舍己为儿的慈父情怀。抓住刚才的"揪出"，对比此时的"推"，在这一"揪"一"推"之间，你感受到什么？

C. 指导朗读。

（点评：抓住老汉的一"揪"一"推"大做文章，情由文生，人由情立。一个舍己为群众的支书、一个舍己爱儿子的父亲形象跃然纸上）

（4）动情处，感知老汉牺牲的壮烈。

通过指名读、齐读、回读等多种方式，让老支书的形象一步步升华。

（点评：通过对"木桥前……他像一座山"的几次回读，使学

生对老支书的形象认识逐步丰满，情感共鸣更加强烈！回读的设计犹如聚沙成塔，聚水成河，人物形象呼之欲出）

4. 祭奠"桥"，感动"老汉"精神。

这个板块分为 3 个环节。

（1）师配乐朗诵最后一段，渲染情境，激发情感。

设计意图：文本到最后才交代老人与小伙子的关系，这种欧亨利式的小说结尾是本文的精妙之处。在这里设计配乐朗诵，能起到渲染情境、升华情感的作用。

（2）回读文本，体会老支书在群众与儿子中选择群众、在自己与儿子中选择儿子的高尚情怀。首先把"儿子"这个字眼带到文中，齐读第十五自然段。接着回读"像一座山"，感悟老汉高大的共产党员形象。最后，配乐齐读最后一段。

（点评：对文章结尾的音乐渲染，教师的深情范读，激荡出强烈的课堂"冲击波"，人物关系的揭示，催人泪下，使师生达到了情感共鸣的高潮，让小说这一悬念的设置效果顿显）

5. 重建"桥"，感悟其含义。

水退了，桥没了，老支书走了，大难后获救的乡亲们含泪重建了这座桥。现在，桥建好了，请你为这座桥起个名字，并结合课文说说自己的理由。新课标指出：要着重培养学生的语言文字运用能力，此处的设计就是给学生搭建一个表达内心情感的平台。

（点评：取桥名这一教学环节的设计，给了学生一个表达的平台，此时的"说"正是学生情感的喷发口，自然而真挚，水到而渠成。通过"说"，既加深了对人物形象的理解，又深化了对"桥"意蕴的拓展）

6. 拓展"桥"，促进情感升华。

此处让学生回忆生活中感受到的共产党员在关键时刻建立的一座座"桥"，再次升华党员形象。此设计目的在于让文本内容得到拓展。

1. 比较：下面是两位教师就语文出版社六年级下册《窃读记》第二课时说课时设计的教学目标，请比较其优劣并说明理由。

A 老师：

（1）正确、流利、有感情地朗读课文。

（2）理解课文内容。

（3）学习作者抓住时间认真学习的优秀品质。

B 老师根据新课标和第六单元训练要求，结合教材及课后练习，确立了如下教学目标：

（1）有感情地朗读课文。

（2）抓住课文主要内容，体会"窃读"时快乐与惧怕交织的复杂滋味，感悟作者对读书的热爱，对知识的渴求，并受到熏陶和感染。

（3）学习作者通过细致入微的动作和心理描写来表达情感的方法，学习作者用词的准确。

2. 赏析：下面是一位教师说课时就一年级下册《春雨的色彩》第一课时设计的创设情境环节，请赏析其成功之处。

我设计的第一个环节是"创设情境，激发兴趣"。这个环节我分两步来进行。首先播放多媒体课件，内容为配乐的春天春雨画面，生观察后我让生根据自己的体验先说出春雨的声音和形状。这样设计的理由一是因为一年级学生还处于形象思维阶段，他们的注意力、思维力都要借助于直观生动的形象；二是通过课件激发学生的旧知，唤起学生的生活体验。第二步则激发学生对春雨色彩的关注，用三只小鸟对春雨色彩的争论，相机引出课题，接着板书课题、指导齐读课题。这样从春雨的声音到形状，再到色彩，学生进行了自然而然的过渡，巧妙地进入了课题。

3. 纠错：下面是一位教师在说课时设计的语文出版社（S版）五年级《提灯女神》第一课时"初读课文，整体感知"这一教学环节，请指出其中的不当之处。

在这个环节，我设计了三个步骤：

（1）教师范读课文，学生听并评价。

（2）抽生回答课文主要写了南丁格尔的几件事。

（3）教师将事情大意写在黑板上，生抄写后，师告诉学生这篇课文分为三个部分，生在教师的解说下，分别在课文适当地方做上意义段的符号。

4. 分析题：下面是一位老师就人教版三年级教材《荷花》第二课时精读部分设计的说课环节，请根据学到的说课要领，对该环节的说课作一简要分析。

第二个环节是"品读美文，领悟语感"，这是本课时的重要环节。我主要分为三个步骤来完成。

第一步，指导朗读第一自然段。

（1）指名读第一自然段，思考"一……就……"说明了什么？

（2）抓住"赶紧、跑"等词语体会作者赏花的急切心情。

（3）指导朗读，读出对荷花的喜爱。

第二步，赏析第二、三自然段。

（1）以喜欢的方式读自然段，勾画喜欢的句子，小组交流。

（2）领会荷叶的茂盛。引导学生观察画面，品味"挨挨挤挤"，体会荷叶的数量多、颜色美、形状大，并指导朗读。

（3）感悟荷花的美。抓住"一幅活的画"，引导学生才语言文字中，体会荷花的颜色、形态和勃勃生机，通过多种方式的朗读，品味语言，渗透情感。

第三步（略）

…………

第十七章 评课训练：
评好一堂课

学习提示

　　评课容易步入哪些误区？评课应该关注的重点及操作方式有哪些？本章将结合具体评课案例深入剖析，解答这些困惑。在"要领指导"中将简要介绍好课的标准，语文教师评课应遵循的基本原则、注意事项；能力训练不仅提出了要求，还给出了提示。教师们要多联系自己参与评课活动的实际去学习借鉴，其评课能力一定会迅速提高。

能力意义

　　评课是学校教研活动的一个重要组成部分。通过评课活动，促进教师反思并改进自己的教学行为，从而使教学经验得到交流总结，教学疑惑得到点拨解答，教学特色得到发掘提炼，教学思想得到传播更新。

　　评课能力是教师应具备的一项基本能力。评课不仅研究授课者的思想、行为，也是对评课者教学思想、课堂教学水平与能力的一次考验。评课要求评课者看得出、抓得住评价对象的亮点与缺点，做得出恰如其分的判断，提炼可供借鉴的经验、可供选择的改进方案。评课也是对评课者在群体中人际关系、交往能力的一次考验。评课要求评课者具备心理学素养，针对不同的评价对象，采用不同方法和策略，以真诚的评价获得评价对象的理解、接纳，参与活动人员的领悟、认同，从而使评价氛围和谐融洽，评价结果积极有效。

评课是教师获得专业发展的重要渠道。经常性地参与评课，对教师加深课程理念认识，增强教育教学悟性，提升课堂教学能力具有重要的促进作用。

案例反思

案例一

教研"批斗会"上的17条意见

被迫承担了公开课《鸟儿的侦查报告》后，我惴惴不安地来到评课会场，不知会受到同事们怎样的"审判"。我们教研会的风气是，少说成绩，多谈问题——领导们认为能发现问题，提出问题，那可是教学能力的重要体现——因而同事们戏称教研会为"批斗会"。

我硬着头皮记下了同事们提出的17条意见，总算完成了这次评课的洗礼。现将问题梳理于后：（1）环保教育的价值观要渗透在语言文字的感悟中；（2）语言文字训练不到位，应在读中感悟，品中激情；（3）略读课与精读课联系不紧，没能把单元训练重点"几个方面写一层意思"作出有效的迁移运用；（4）教师少讲点，多给学生发现的机会，多让学生诵读；（5）问题要整合，少用"是不是"，增加问题的思考价值；（6）小组活动形式主义，没有形成生生互动；（7）课堂中因材施教未得到体现，发言权被少数学生霸占；（8）语言的感悟不能流于形式；……（17）要有教学机智，顺学而教。

我敬佩同伴们的火眼金睛，真知灼见，他们说的的确是我应该改的。然而，我心中有一种更强烈的感受——煎熬：好比一个

"黄"厨子，鼓足勇气做了一桌子菜出来，众人指指点点，说咸道淡，甚至于批得体无完肤，一无是处。坚强一点的厨子可能会再接再厉，心理脆弱的厨子恐怕会恨不得一头扎进涮锅水淹死。

"批斗会"除了锻炼我抗打击能力外所获甚微，不足还是不足。单单一个"评"字显得单调和高高在上，没体现出参与者智慧的碰撞与再生。"评"强调的是发现问题，而往往弱化了解决问题，帮助老师们找到解决问题的方法才是一次成功的教研活动所要追求的目标。我觉得，最好的评课方式应该是"1＋X"式的讨论，在提出一个问题的同时必须要讨论和研究解决这个问题的若干种方法。这样，对于授课者来说，问题容易得到一针见血的解决；对于评课的人来说，这种实战演习更利于自我提高。（摘自陌上花开的微博，有删节）

陌上花开的处境值得同情，心境可以理解。这个案例暴露了评课活动中存在的这些问题：

1. "多说问题，少说成绩"打击了评价对象。评课的目的不是批驳，不是甄别，而是为了促进教师的发展，促进教学行为的改善。评课应该以赏识为主，亮点放大，问题抓准。通过正面评价，树立信心，引领方向。这样才能变"被迫"为主动，变"煎熬"为享受。

2. 居高临下拉开了评价双方的距离。评价者不能高高在上地炫耀，指出问题时，要协助找到解决问题的方法。评价语言不能生硬冷漠，而应该含蓄委婉，平易近人。把指责变为期待，把要求变为协商，使批评的话也说得很受听，让被评者心悦诚服地接受并领你的情。

3. 四处出击，不痛不痒。俗话说，虱子多了不咬人，提出问题多、杂，往往让被评价者无所适从。评议活动要突出解决问题的主要方向——伤其十指，不如断其一指。

案例二

某老师《地震中的父与子》的评课发言

听了韩老师《地震中的父与子》一课后，我深深地被执教者的精彩表现所打动，被文中动人的故事所感染，禁不住热泪盈眶，可以说，这是成功的一课。我学到了很多：（1）韩老师贯彻了以教师为主导，学生为主体，训练为主线的"三主"思想，体现了新课改理念；（2）注重工具性和人文性的统一；（3）播放汶川大地震的画面，营造了悲壮的氛围，创设了良好的学习情境；（4）教师范读指导声情并茂，扣人心弦，有很强的感染力，表现了浓浓的父爱；（5）板书设计形象、简练，用心形图案表达了文中爱的主题。

当然，韩老师也有不足的地方，比如对儿子坚信父亲这部分内容处理力度不够。

这段评课发言虽然语言委婉，条理清晰，却存在这些突出的问题：

1. 没有关注学生的表现，没有剖析学生的言行，体察学生的情绪。教学效果的好坏，目标的达成，并不主要看教师表演如何精彩，听课者如何感动，而关键要看学生在学什么，怎么学习，发生了哪些变化。

2. 肤浅。评价者所谈前两点只是贴个标签，套些时尚的理论和时髦的评语，但是没有与课堂具体的教学行为联系起来，脱离实际，没有多大的指导价值；后三点虽然体现了课堂特点，但属于表象问题，缺乏理性剖析，没有深度。

要领指导

一、按什么标准去评价一堂语文课的好坏

判断一节课是好课还是不好的课，那首先要有一个评课的标

准。从目前大家对好的语文课的认定上来看，一般会关注以下几方面：

1. 优质的教学目标。

（1）教学目标全面。从知识与技能、过程与方法、情感态度价值观三个维度上确定立体的目标。重视在学会理解、品味、欣赏、积累与运用语言文字的过程中，启迪思想，陶冶情操，培养学习母语的兴趣。

（2）教学目标具体、明确。对需要传授哪些知识，进行哪些语文能力训练，达到什么程度，都明确具体；情意领域的目标指向明晰。

（3）教学目标切合实际。目标能以新课标为指导，符合年段要求；能体现教材编写意图，指向教材所要求的重点训练项目；符合学生的年龄特点和认知规律，有利于不同层次的学生都能参与探究活动，有利于促进学生在原有基础上发展。

（4）教学活动围绕教学目标组织开展。师生心中有目标，教学活动围绕目标，教学过程体现目标。

2. 适宜的教学内容。

（1）教学内容适度集中。教师正确理解并根据学生的实际发展水平和特点创造性地使用教材，合理确定重点和难点，精选具有基础性、范例性和综合性的内容进行重点训练，使教学内容相对集中而利于学生学得相对透彻。

（2）所教的是"语文"的内容：教学内容指向听、说、读、写、书、悟的训练，指向立足于语言的情感体验、审美、文化积淀。

（3）立足于教材，适当引进语文课程资源，拓展学习渠道。

3. 丰实的教学过程。

（1）教师发挥主导作用。①营造有利的学习情景，不断启迪学生的思维；精心设问，巧妙设疑，激发学生大胆质疑、主动探究。

②引导学生总结和运用学习方法，就势创造条件促使生成转化。③面向全体，尊重差异，准确把握教学的基点和学生最近发展区，因材施教，尊重学生在学习语文过程中的独特体验。④教学主线安排清晰，教学切入点合理，教学板块组织恰当；善于抓住课堂生成，掀起学习高潮；及时反馈与调节学生的学习活动。

（2）学生积极参与学习活动。①学生参与学习的必要时间、空间和相应的条件得到保障。②参与有广度、有深度、有品质：课堂教学活动中，学生进行课堂语言实践活动的人次比率高，贯穿课堂活动始终；多种感官积极参与，进行充分的思考、实践，经历问题的发现、解决过程；能够合作学习，能提出有质量的问题；善于倾听，能及时抓住要点，通过群体的交流获得理解与体验。③学生在语文实践中，发现自我价值，获得成功感，学习的积极性和主动性不断增强。

（3）师生互动，课堂氛围和谐。①教师相信学生潜能，尊重学生观点，鼓励求新求异，课堂成为学生畅所欲言、独立思考、乐于学习的场所。②在教学活动过程中，师生间、学生间能进行平等、多向的思维交流，有言语的交锋及思想碰撞，能生成教学资源。③教师对学生的评价以真诚的爱为出发点，以激励性的信息发布为主。

4. 良好的教学效果。

（1）达成了目标中规定的知识与技能，学生对语言文字的感受、理解、欣赏与运用能力有了最大限度的发展和提高。

（2）学生获得怎样学习、怎样思维的一般方法，学习方法具有应用价值，能增强学生的实践能力和可持续的学习能力。

（3）学生在学习过程中产生了积极的情感体验及对学习的浓厚兴趣，注意力比较集中，能保持较强的求知欲、好奇心和进一步学习的愿望。

二、评课应遵循哪些基本原则

1. 实事求是原则。评课要做到有理有据；评价时就事论事，不能无中生有，以偏概全。

2. 发展性原则。要善于挖掘亮点并加以肯定，激励教师积极进取；真诚指出问题并提出改进建议，为教师专业发展指明方向。

3. 民主性原则。评课者与评课对象之间是平等的合作伙伴关系，评价时多采用商讨、探究方式，在同伴互助、智慧共享的氛围中交流反思。

4. 针对性原则。就研究主题或执教者的主要目标进行评述，问题要集中明确。针对不同的评价对象、不同的活动类型采用不同的评课策略。如新教师从常规要求来评，骨干教师则从教学特色上来评。实验课，不能求全责备；研讨课，围绕专题探寻规律。

三、评课要注意哪些问题

1. 评课前要做好充分的准备。①熟悉新课标，把握教材，设想自己对本课的解读和设计，想自己"教什么"和"怎样教"，以此分析授课教师是否抓住了重点，突破了难点，完成了任务。②听课时重点观察记录学生的表现，看学生学什么，怎么学，学得怎么样，然后通过学生的表现思考教师是用了怎样的教法使其这样的。并设想：要是由我来上，我该怎么处理？③评价前要倾听评价对象的教学意图，要站在被评价者角度去思考学生和文本，增进沟通、理解。

2. 选准评课的着眼点。评课可涉及的内容很多，如：教学思想，教学实施，目标的设定与达成，教材处理，教学结构，教学过程，教学手段，教法学法，教学基本功等。评课者应树立整体意识，根据研讨专题和课堂特点，评课中要把点和面、局部和整体结合起来，重点问题多加分析，道理讲透，一般问题可一带而过，对缺点问题要抓要害，不能面面俱到。

3. 评课中要以学评教，把学生作为关注的焦点。通过学生在课堂中是否主动积极地参与各项活动，是否保持和谐、有效、多向的信息交流，是否真正在发现问题、解决问题，是否有所收获和成长，是否有继续学习的愿望，来评价教学的成败。

4. 评课是艺术，要善于将批评的语言转化为建议或商榷。评课要真诚，切勿好为人师，要抱着学习研究、探索切磋的态度，从提高教学质量的愿望出发，提出中肯客观的评价。

案例欣赏

案例一

《在深情中主动探究　在阅读中落实训练》
——评李筱华《圆明园的毁灭》课堂教学

李老师所上《圆明园的毁灭》一课，选自八册第六单元。本组教材，要求体会文章所表达的思想感情，领悟作者的表达方法，进一步训练"分清文章的主次"。这堂课，体现了"自主、合作、探究性学习"意识，学生学得轻松，学得主动，学得实在，基本实现了本课所确定的三大目标（略）。本课的主要教学特色体现在两方面：

1. 突出一个"情"字——真情滋润的课堂，爱恨交织的参与。

新课标指出："应让学生在主动积极的思维和情感活动中，加深理解和体验，有所感悟和思考，受到情感熏陶，获得思想启迪，享受审美乐趣。"李老师在教学中总是用情感去拨动心弦，引发学生的共鸣；用情感去滋润课堂，使教学充满生机和活力。

（1）依托文本表达特点，引发学生情感冲突。

教者确定的本课的情感目标是："激发学生热爱祖国文化、仇恨侵略者的情感，增强振兴中华的责任感和使命感。"教者是如何实现这一目标的？根据教材特点，她将本课的教学分为两大板块，前部分调动一切手段，层层铺垫，极力渲染，引导学生在对语言的品味中充分地感受、领悟、享受圆明园的美，祖国文化的博大精深，此时，学生对圆明园的热爱之情已溢于言表，刻骨铭心；后部分则直观地展示圆明园惨遭毁灭的残酷现实，通过语言品悟感受"毁"之痛，强烈的对比引发了学生强烈的情感冲突，难怪学生那稚嫩的眼睛会噙着痛苦的泪水，会闪着仇恨的火花。通过这种强烈的情感体验，学生已悟到这种对比所表达的效果。

（2）创设情境，激发学生激情参与。

情感是激发兴趣的催化剂。学生是学习的主体，只有让学生学习的需求变为自觉自愿的心理渴望，才能变被动吸收为主动探求。教者善于激情，使学生学得更主动、更投入：轻柔舒缓的乐曲，将学生带入那轻松恬静的意境，梦幻的圆明园更美了；凄凉哀婉的旋律，将圆明园的残垣断壁烘托得更惨了，催人泪下。画面再现各类建筑、珍宝，令人叹为观止；火烧惨景，让人发指。在教师极富感染的语言描绘中，学生闭目遐思，畅游古今，饱览中外……圆明园形象立体呈现在学生脑海中。情感是理解语言的重要动力，因为有了对圆明园美的充分感受，对圆明园爱的深切体会，学生们能用变化的语调生动地演绎出"漫步"，展示出"饱览"；因为有了眼观"毁灭经过"的切肤之痛，在朗读"……实在运不走的，就任意破坏、毁掉……"时，能深切地感受到学生们在牙缝里挤出的是愤怒。

（3）人文关怀，换得学生热情回报。

李老师对学生尊重、真挚，营造了一种和谐民主的课堂教学氛围。她给学生的总是积极性评价，"请给他掌声"、"你说得真棒"时常挂在嘴边。她鼓励一个男孩"单枪匹马"挑战强劲的对手；学生回答问题错误时，她嗔而不怒，引导比较；学生思维短路时，她总是充满期待地引而不发。课堂上，学生学得多么愉悦、热烈，他们的自信心在不断增强。

2. 体现一个"实"字——扎扎实实的训练，真真实实的"自主"

本课课堂结构严谨，教学思路清晰。既有重点学习的环节，又给学生留下自主发展的空间。

（1）从整体入手，以整体感知为基础组织教学。

本课采用层层剥笋的方式进入重点段落的学习。①回顾全文，了解课文主要内容；②抓中心词"举世闻名"；③建筑风格（"举世闻名"的具体体现）。

（2）精选语例，突出重点。

教者精心选择第三自然段为重点训练段落，集中精力大力开展语文实践活动，收效良好。教者选点准确：其一，本段教学是实现本课教学目标的关键所在，本段抓实了，三大目标将基本实现；其二，本段是本课训练资源的富集带，利于品词析句，利于情感体验，利于培养学生的想象力和语言表达力；其三，本段具有典范性，对非重点段落的学习能起到示范作用。

在重点段落的教学中，教者强化一个"读"——以读为本，扎扎实实搞训练。表现在：读的方式多，读的面积大，读的要求明确，读的指导及时到位。下面是第三自然段中第一层的朗读指导片段（略）。

教者不但善于引导学生从吟咏中体验情感，还注重从字面去推敲，去品味，领悟语言形式之美。如：通过调换词语，学生悟出了用语的精当："金碧辉煌"突出了气势宏伟，壮丽；"玲珑剔透"突出了小巧精致。通过揣摩，学生品出了词句神韵：在品析"漫步"一词时，学生现场演示出了那份悠闲自得、尽情欣赏的情味，惹得同学们会心微笑，其他学生跃跃欲试。

（3）虚实结合，留给学生自主发展的空间。

对于非重点段落的教学，教者则大胆地放手，创造条件让学生自主学习，合作学习。自主学习，但不是放任自流。教者创造了这样的条件：①给题目，让学生去发挥。提供两个题目，让学生自主选择感兴趣的问题学习讨论；②给方法，让学生去实践。以"学法提示"的方式，介绍了学习的步骤和注意事项，学生有据可依；③给时间，让学生去安排。每个学生都参与了，学生们按自己的习惯、水平、方式和速度在读、在想、在议，教师穿梭其间，没打断他们；④给对手，让学生去竞争。课堂生成的那场挑战赛，双方都不示弱，抢着发言，争着评论，脸儿更红了，眼睛更亮了，掀起了课堂互动的高潮。

教学是一门遗憾的艺术，李老师在教学中也存在许多不足之处。最突出的表现是提问后，留给学生思考、说话的时间不够，多次催促学生，压抑了学生的表达欲望。对"分清文章主次"这一单元教学要点还未点破。

案例剖析：

这个案例是一个综合性评课材料，它有如下特点，可为我们学习评课提供参考：

1. 关注教学目标。关注目标设置的依据（单元训练重点）；关注目标的达成途径（如：依托文本特点，引发情感冲突）；关注目标的达成情况：课堂氛围的描述表明学生经历丰富的情感体验、扎实的语言实践成长了，继续学习的愿望更强烈了。

2. 突出评价对象的主要特色。抓住"情"、"实"两点赏评，把特色置于整节课的环境中来分析，分析这些特色是如何展现的，如何促进了学生的发展。特色点既有细节的评析，又有总体的看法。其他内容，点到为止，增强了评价的针对性。

3. 关注教情，更关注学情。评课者始终把目光聚焦在学生身上，呈现了学生的情绪状态、生成状态、交往状态，以学生的表现论教学的成败。阐述教师教的行为时，也用诸如"创设情境，激发学生激情参与"这样的表述方式，与剖析学生学习的行为联系在一起，体现了"学生是课堂的主人，是学习的主体"的思想。

4. 突出学科特点。人文性和工具性的统一是语文课的基本特点。评课者着眼于"人文"，关注情境的感染、心灵的感动，关注学习活动中人文情怀如何渗透于语言品悟之中，评出了一个情深意浓的感性课堂；评课者着眼于"工具"，关注课堂中如何促进学生语文素养的形成和发展，关注语言的感悟、理解、积累、运用的方式方法，关注如何赋予语文训练以形象和情感，评出了一个扎实训练的实践课堂。

5. 言之有理，言之有据。评课应该理性分析与事实呈现相结合，做到以理析课，以事实服人。案例以新课标要求论述了"用情感去拨动心弦"的必要性，揭示了现象背后的教育价值和理论基础；以三点理由论述了教者选择教学重点的合理性，揭示了规律。阐述特色，是用具体的教学情境作出描述阐释的，形象明了，能发挥启发作用。

案例二

《普罗米修斯盗火》课堂教学实录（片段，执教者：顾丽芳）

师：没有火的时候，人类的生活是多么的困苦。现在"有了火"，人类的生活就怎样了呢？谁能用上"有了……就……"来说说？

生：有了火。人类可以烧熟食物，驱寒取暖；有了火，人类就可以打造工具……

师：大家说得真好！在寒冷和黑暗中过着漫长的困苦生活的人类，得到火种的时候，是一种怎样的情景呢？课文上没有写，我们能想象得出来吗？

生：当普罗米修斯把天火带到人间的时候，我想，所有的人都沸腾了！

师：你真了不起，一句话就把整个场面给概括了，请你上台来。（生走到台前）

生：我觉得人们当时肯定是欣喜若狂，载歌载舞。

生：他们还可能会围住普罗米修斯。甚至把他抛到空中……

师：好，现在请刚才发言的同学到台前来。（四学生上台，按发言顺序依次排好）同学们，你们的想象力多么丰富，让我们再一次来欣赏他们带给我们的沸腾场景。

四名学生按照顺序先总后分地说欣喜若狂的场面。

评课内容：

话题：语言训练，该训练些什么？

周振芳：这里有两个训练点：一是给出句式，让学生说说火的作用：二是想象并说出得到火种时的欢快场面。两点之间互相关联，因为火的作用很大，所以得火时的场面特别欢快。教学中，让学生思考想象，把发展思维和发展语言统一起来。有了思维（想象）的活跃，才有了说话的精彩，语言实践才有可靠的保证。

居文进：本环节中的两个训练都不是外加的，而是和感悟课文、学习语言紧密结合，比较成功。我认为稍觉遗憾的是：联系全课看，语言训练是否多了些？感受"无火"、"有火"的场景均安排了相关的语言训练，此外本课还有重要的朗读训练和复述训练，是课后练习要求，即本课目标。训练多，则学生的参与就成了问题，时间是否够用也是个问题。阅读课堂上的语言训练点应相对集中，突出重点，这样才不至于眉毛胡子一把抓。

顾丽芳：本环节中的几个训练点都是经过精心设计并认真筛选过的。"有了……就……"句式训练，接读反义词，想象场面说一句话等的设计，与其说是在进行语言训练，不如说是引导学生感悟盗火对于人类文明进步的重要作用。如果这些训练都不能到位的话，那么对普罗米修斯人物形象的感悟目标也许就难以达成。（摘自《小学语文教师》2009 年第 7、8 期，《普罗米修斯盗火》教学辩课，有删节）

案例剖析：

这是一个围绕话题对教学活动片段进行评议的评课材料。它有这些特点值得借鉴：

1. 片段评议，关注细节。不是关注整堂课如何，而是选取典型片段进行评析，把评价的关注点放在课堂细节的处理上，关注细节带来的变化，使评价更具课堂洞察力。

2. 话题明确，针对性强。以"语言训练"为话题，着眼于一议一得，避免了胡子眉毛一把抓，议论指向集中，评议从现象到本质，从表象到规律，使评课更有成效。

3. 民主氛围，质疑精神。参与人员一起从不同视角进行剖析，围绕具体问题展开争议，大家畅所欲言。评议中提出不同看法，陈述事实支撑观点；被评价教师积极进行争辩，表明自己的教学思路和教学观念，避免了误解。这样的互动评议，让真理越辩越明。

能力训练

1. 现场观课评课。

能力训练要求：做好评课前的理论准备；观察记录课堂事件；抓住特色并加以评议。

能力训练提示：①首先熟悉新课标，明确新课标规定的阶段教学目标，把握好评价尺度。其次要提前钻研教材，了解需要完成的教学任务。②训练听课中观察、记录、梳理的科学方法，把学生学习情况作为观察的重点。听课记录中要设置评议专栏，随时在记录过程中作出评议：对亮点、特色、学生反映特别热烈的地方进行总结，对意外、冷场、效果不明显的地方进行思索，都要透过现象分析原因。听课结束时及时梳理笔记，概括出评价要点，建立评议要点与课堂现象之间的联系。③训练评课语言的组织与表达。先总说，然后进行铺陈。语言要清楚明白，不能模棱两可。提供的信息必须真实、简洁，不要东拉西扯。抓住核心问题对上课教师作评价，尽量举些课中的例子来证明你对该课的看法。

2. 赏析教学片断，围绕话题评课。

课堂教学案例：《我的战友邱少云》（片段，执教者：孙双金）

师：邱少云是一位伟大的战士，作者为什么把他比作"石头"呢？烈火中的邱少云与石头有哪些相似之处呢？

生（思索后回答）：石头在烈火中是不会动的，邱少云在烈火中也一动不动，所以作者把邱少云比作"石头"。

师：这是他们的一个相似之处。还有呢？

生：石头是不会发出声音的，邱少云在烈火中也一声不吭。

生：老师，还有一个原因。石头是坚硬的，不怕火烧的，邱少云也像石头那样坚强，不怕烈火烧身。

师：哦，石头是不动的，烈火中的邱少云也是纹丝不动的；石头是无声的，烈火中的邱少云也一声未吭；石头是坚硬的，烈火中的邱少云也意志坚强，不怕火烧。正因为这三个相似点，所以作者才把烈火中的邱少云比作"石头"。这一比喻句用得多么恰当啊！

师：为什么作者不说"邱少云像石头一样趴在地上一动也不动"，而说"邱少云像千斤巨石一般"。这里的"千"和"巨"各突出了什么呢？

生："巨"是高大的意思。这里用上"巨"字突出了邱少云趴在烈火中形象的高大，仿佛要抬起头来才能看得清楚。

生：老师，我是这样理解"千斤"的。"千斤"说明很重很重，这里的邱少云像泰山一样稳稳地趴在烈火中，即使别人去推他也推不动。这里突出了邱少云为了严守潜伏纪律，宁愿牺牲自己决不暴露部队的决心。

师：看，普通的一个比喻句竟然包含着这么丰富的内容，我们祖国的语言文字是多么有表现力呀。我们读书就应该咬文嚼字，体会语句所表达的情感，读出语言中的味道！

评议话题：语文课程的三维目标如何充分体现？

能力训练要求：针对这一教学片段，围绕话题进行评课。

能力训练提示：三维目标是一个不可分割的整体：学生在教师引导下用一定方法对语言文字进行感悟、理解与表达，在此过程中掌握语文知识，提高语文能力，同时形成一定的情感、态度和价值观，语文学习能力也获得提高。评议这一片段，要评教者是如何强化这种整体意识，是如何在语言文字训练中注重学生的情感体验的，是如何进行适当的价值引领的。

3. 观摩教学录像，对同课异构课进行比较式评价。

教学案例：王崧舟老师围绕《与象共舞》一文，进行了以体现"为读而读"和"为写而读"的两节同课异构（一个人的同课异构）。请观摩这两节课的教学录像。

能力训练要求：比较评议王崧舟老师《与象共舞》的两堂同课异构课。

能力训练提示：处理问题的不同方式，不仅是形式上存在不同，最核心的问题是课堂教学的价值取向不同。评这两堂课，要评教学目标的异同，评教学内容、教学手段、学生参与状态的差异。透过现象探究教学的本质，最终落脚到教学目标对教学内容、教学过程、教学方式方法产生的决定性影响。

四、自评一堂课

能力训练要求：自选内容上好一堂语文课，及时进行效果测评，写一篇课后反思，对自己的课进行评议。

能力训练提示：回忆课堂情境，比较预设与生成的差异，想想为什么会这样，它的背后还隐藏着什么教育教学规律。如果能联系名家名师的观点从多角度去看待问题则会更深刻。

后 记

语文教师专业成长，路在何方？本书《能力开路：小学语文教学能力训练》与《理念指路：语文教育观念的革命》《名家引路：小学语文特级教师评介》《案例铺路：小学语文教学案例评析》合为一套（4本），勾画出了语文教师专业成长之路，属国家教师教育创新平台西南地区小学语文教师教育共建共享的优质课程资源，是语文教师专业成长、发展、教育、培训的优质课程资源，是致力于语文教育的师范生和在职语文教师、小学语文教育研究者的专业发展用书。

本书第一章由李雪琴撰写，第二章由罗军撰写，第三章由杨春霞撰写，第四章由孙健秀撰写，第五章由何俊撰写，第六章由张先华撰写，第七章由罗君撰写，第八章由廖学军撰写，第九章由汤小芳撰写，第十章由曾方林撰写，第十一章由梁艳撰写，第十二章由马红撰写，第十三章由叶正国撰写，第十四章由何春燕撰写，第十五章由巩建华撰写，第十六章由姚爱萍撰写，第十七章由杨志勇撰写。张先华负责全书的策划，张先华、巩建华共同负责全书的组稿和统稿工作。

本书每章都由学习提示、能力意义、案例反思、要领指导、案例欣赏、能力训练六个板块组成。

在论证观点和训练设计中，本书引用了一些典型案例。在此，我们感谢案例的提供者（作者），并请与我们联系，以便致谢。

在写作中，我们尽量做到用事实说话，如案例反思、案例欣赏，以增加可读性，也尽量做到精要，如能力意义、要领指导，我

也总觉得不很满意。尽管我们努力追求完美，但是也不可能达到完美。因此，本书出版后，会引起人们的关注和议论，很正常。被人议论，总比没人议论强。

　　这本书能否得到你的青睐？这需要借你一双慧眼，把这世界看个清清楚楚、明明白白、真真切切……

张先华

2013 年 3 月于绵阳师范学院